Post Operation Management

工业和信息化普通高等教育“十二五”规划教材立项项目

21世纪高等院校经济管理类规划教材

邮政运行管理

□ 范鹏飞　王凯　编著

人民邮电出版社
北京

图书在版编目（CIP）数据

邮政运行管理 / 范鹏飞，王凯编著. -- 北京 : 人民邮电出版社，2012.1（2022.3 重印）
21世纪高等院校经济管理类规划教材
ISBN 978-7-115-26921-8

Ⅰ. ①邮… Ⅱ. ①范… ②王… Ⅲ. ①邮政管理－高等学校－教材 Ⅳ. ①F611

中国版本图书馆CIP数据核字(2011)第261362号

内容提要

世界经济的全球化趋势和信息技术的迅速发展，给邮政创造了巨大的发展空间。同时，传统的邮政技术手段及运行模式正由于电子技术的替代、民营企业的竞争而经受着极大的挑战。为适应邮政新的发展形势，本书比较系统地阐述了邮政运行过程管理的有关理论与方法，较为详尽地讨论了邮政通信系统、邮政通信网发展规划、邮政运行管理系统优化、邮政运行过程组织、邮政运行现场管理、邮政营业工作管理、邮件分发工作管理、邮政运输工作管理、邮政投递工作管理、邮政通信设备管理等内容。此外，还介绍了现代管理方法在邮政运行管理中的应用。

本书是为邮电院校经济与管理类专业的本科生编写的，但在写作过程中作者力求为读者提供一本合用、管用、好用的个性化很强的邮政教材，因此本书也适合于邮政局中各个层次和岗位的邮政通信生产人员、管理人员和技术人员使用，同时可用作邮政企业培训有关人员的教材和教学参考书，还可供邮电院校有关专业的研究生和其他学员使用。

21 世纪高等院校经济管理类规划教材
邮政运行管理

◆ 编　著　范鹏飞　王　凯
责任编辑　蒋　亮
◆ 人民邮电出版社出版发行　北京市丰台区成寿寺路 11 号
邮编　100164　电子邮件　315@ptpress.com.cn
网址　http://www.ptpress.com.cn
北京七彩京通数码快印有限公司印刷
◆ 开本：787×1092　1/16
印张：17.5　2012 年 1 月第 1 版
字数：424 千字　2022 年 3 月北京第 9 次印刷

ISBN 978-7-115-26921-8

定价：38.00 元

读者服务热线：(010)81055256　印装质量热线：(010)81055316
反盗版热线：(010)81055315
广告经营许可证：京东市监广登字20170147号

前　　言

中国邮政历史悠久，在漫长曲折的发展历程中，孜孜不倦的邮政人从未停止过对邮政变革的探索。1998 年走上独立运营发展道路的中国邮政，跨出了历史性的一步，同时也走出了原邮电企业耀眼的“光环”，开始了艰难的二次创业。经过十多年的艰苦奋斗，邮政整体实力有了很大提高，总体业务水平有了较快的发展，基本满足了人民群众的用邮需要。但与此同时，邮政行业整体盈利水平差、效益不高的问题仍然影响着邮政的长期、健康、稳定的发展。2007 年 1 月 29 日，“中国邮政集团公司”正式成立。至此，酝酿数载的中国邮政政企分开的体制改革画上了一个圆满的句号，一个崭新的主营邮务类、速递物流类和金融类业务的大型国有企业自此站在了历史新的起点上，开始走上新的征程。

为了加速和推进我国邮政事业的发展，必须打造一支实力强大的百万职工队伍，邮政职工队伍的建设关键在教育，而高质量的教育需要有“好用、管用、适用”的教材。

本书是专为高校本科生开设的有关研究邮政的理论与方法的一门专业课程而编写的，侧重于研究邮政通信内部的运行过程的组织。本书由南京邮电大学经济与管理学院范鹏飞教授和王凯讲师编著而成。编者根据二十多年来讲授这门课程所积累的经验和我国邮政企业的实际情况，同时参阅了有关专家学者的研究成果，编写了本书。

本书于 2010 年 12 月经相关专家审批，成为 21 世纪高等院校经济管理类规划教材，经过近一年的努力，编者完成了本书的编写。编者根据教学实践以及邮政改革与发展的新形势，在写作上力求使本书体系更完备，内容更充实。

在本书的编写过程中，编者得到了我国邮政界众多专家、学者、企业家的大力支持和帮助，同时收集了大量的有关专家、学者的资料和数据，参考了国内外有关专家、学者的观点和资料，在此一并表示诚挚的感谢。

由于编者水平有限，加之邮政通信及其理论发展变化很快，因此书中难免会有不妥甚至错误之处，恳请广大读者批评指正。

编　者

2011 年 10 月于南京

目　录

第一章

绪　论

学习目标： 通过本章的学习，了解邮政通信的由来以及在我国发展的历史沿革，理解邮政通信的特点及其作用，掌握邮政通信业务的种类和内容，掌握邮政通信质量的内涵及其意义。

学习重点： 邮政业务和邮政通信质量。

学习难点： 邮政通信质量。

第一节 邮政通信概述

一、邮政通信的由来

邮政通信是以实物传递为基础通过对文字、图片、实物的空间转移传递信息，是处于不同地点的人们相互进行通信的一种特殊方式。

在远古时代，人类由于生存的需要，彼此交往就有了以语言、声响、火光或以物示意等方式进行的原始通信活动。随着人类社会的发展，出现了国家、政权，通信与政治、军事、经济、文化的关系便愈来愈密切，传达政令和情报的通信方式和组织也就随之产生，于是出现了有组织的邮政通信活动。由于这一活动一开始主要就是服从和服务于国家政权统治的需要，所以叫做邮政。“邮”指通信方式和组织；“政”指由国家政权进行统治。

在人类邮政通信史上，古中国、古波斯和古希腊都以善于办理邮驿事业而著名。据史料记载，公元前3000年，位于西南亚的亚述国的商人，用泥制的黏土板与亚洲西部的商人通信，把文字雕在黏土板上，形成一种楔形文字。

公元前2000年左右，古希腊等国已出现了“送信者”，当时交通不便，送信者都是从健跑的人中挑选的。为了保守通信秘密，希腊还把挑选出来送信的奴隶，剃掉头发，把要传送的信息写在送信者的头上，头发长出来，文字就被遮住了。到了目的地后，只要把他的头发剃光，头发上的文字就显出来了。

公元前6世纪，波斯帝国开始使用骑马送信，沿途设立驿站，备有马匹和骑士，一站一站地传送，大大地加快了邮政通信的速度。但当时驿站是官府的通信机构，只传送公文，不办理民间通信。

1490年，联结马克西里米利安一世皇帝在因斯布鲁克（奥地利）的宫廷和菲利普王子在马林（比利时）的宫廷的邮路诞生了。它以驿站的形式为两地传送邮件，这就是世界上第一条邮路。

到16世纪初期，英国在全国各主要城市开设邮局，并收寄民间信件。17世纪初期，法国各大城市也开设邮局，并规定了资费表，也收寄民间信件。但各国邮政传递信件收费都是实行“递进邮资制”，也就是按信件寄程的远近收取不同的资费，而且资费比较昂贵，由收信人付邮费，邮递员的大量精力耗费在邮资的收取上。

英国人罗兰·希尔（1795—1879）从1835年开始潜心于对当时英国邮政状况的调查研究，于1837年出版了《邮局改革》一书，其中列举了当时邮政存在的一些弊病，提出了一系列改革措施，如实行“均一邮资制”，凡重量不超过半盎司的信件，都只收1便士邮资；取消国会议员免费寄信的特权；邮资由收信人支付改为寄信人支付；国家邮政部门发行邮资凭证（邮票），供寄信人购买贴在信件上，表示邮资已付。罗兰·希尔的改革方案得到老百姓的拥护，经议会讨论通过，1839年8月17日由维多利亚女皇批准实施。

1840年，英国对邮政进行了改革，于同年1月10日实行了著名的“1便士均一邮资制”，并于同年发行了世界上第一枚邮票——“黑便士”。这一改革是邮政史上的一个里程碑，确定了近代邮政的基本特征，并逐渐为世界各国所采用。

19 世纪中叶以后，随着火车、轮船、汽车、飞机等先进交通工具的陆续使用，近代邮政得到了长足的发展。1874 年 9 月 15 日，22 个国家的代表在瑞士首都伯尔尼集会，10 月 9 日签署了创立邮政总联盟的伯尔尼条约，标志着万国邮联的诞生。后来 10 月 9 日又被确定为“世界邮政日”。1914 年 3 月 1 日，中国加入了万国邮联。

二、我国邮政通信的历史沿革

我国邮政通信的历史十分久远，它起源于中国古代邮驿。邮驿在中国历史上起过重大的作用，而且一直延续了 3000 多年。中国的近代邮政也在 500 多年前就已出现了萌芽，在明代永乐年间产生了为民众和商人传递书信、物品和办理汇款的民营邮递组织——民信局。直到 1896 年的 3 月 20 日，光绪皇帝批准正式开办大清邮政，才是中国国家邮政的开始。时至今日，我国的国家邮政走过了 110 多个年头，这在整个邮政历史的长河中只是很短的一段。但是这 110 多年却是一个内涵丰富、变化频繁、错综复杂的历史过程，其间经历了大清邮政、中华邮政和中国人民邮政三个时期，每个时期又各有不同的发展阶段。虽然 110 多年来政权更迭，社会制度变迁，但是作为社会基础设施的邮政事业，它的社会地位和作用，它的服务功能，它的发展规律，却有着相当多的共同之处。

总的说来，邮政通信在我国的发展历经古代邮驿、近代邮政和现代邮政三个阶段。

（一）古代邮驿

我国古代邮驿是古代统治阶级利用驿马和邮车传递军情和文书的通信组织，大约创始于殷商年代，历经周秦以下直至清朝等几十个朝代，前后延续达 3300 年左右。

我国邮驿通信制度源远流长。史载：“昔在黄帝，作舟车以济不通，旁行天下。”可见，自黄帝时起，我国各地便普遍制造利水陆道路的交通工具——舟和车，开拓了水陆道路交通。

在商代甲骨文中，已有边疆的通信兵——“僖”传递军情的记载，这是我国最早记载通信的文字资料。早在殷商盘庚年间就有边防守将敲鼓传信，并初步建立了通信传递制度。到商纣王时，烽火得到初步的使用。

在商朝的基础上，西周开始用烽火狼烟来传递军情，并逐渐形成了以烽火为主的早期声光通信系统和以步行乘车为主的邮传通信系统。

春秋战国时期，随着经济的发展以及各诸侯国之间战争的需要，各诸侯国争相建设国道、通信设施和邮驿馆舍，并出现单骑通信和接力传递，声光通信也得到广泛采用，目的是更迅速地传达政令、飞报军情。

秦始皇统一中国后，修驰道，开河渠，车同轨，书同文，制定《邮驿律令》，对传递官府文书的时间要求、处理手续、人员条件、生活待遇、机构管理和奖励办法等都作了明确的规定，并规定十里设亭，其中有士兵和兵器，除供邮人停歇外还承担稽查责任，促进了邮驿的发展。

汉承秦制，规定“五里一邮，十里一亭”，“三十里一驿”，驿设“传舍”，并专设官员掌其事，在制度上也日趋严密；而且对邮书的保密、邮书传递的速度、邮递里程等方面都有严格的规定；传送命书及标明急字的文书，应立即传送，不急的，当天送完，不准耽搁压，耽搁的要依法论处。那时邮驿通信的速度较快，马传一天可行三四百里，车传则可行70里左右，步行较慢，一天约可走四五十里。另外，汉朝邮驿不仅用于国家管理，还用于对外联系。当时据《后汉书·西南夷传》记载，永宁元年（公元120年）中国邮驿已通达缅甸、印度、波斯等国。

东汉末年，军阀混战，中原地区非常混乱。由于受到战乱的影响，邮驿通信遭到破坏。三国时期，战火纷飞，更需要迅速获得必要的信息。各国在征战之余，都挪出一部分财力人力进行邮驿的建设。并且随着交通的发展，南方的吴和北方的魏，都和西方的罗马有往来。

魏晋南北朝时期，随着交通的发展和当时传递信息的需求，"传"和"亭"逐渐统一为驿站制度。即中央和地方的一般公文，一概由"驿"独立承担；主要文书则由发件单位派出专人送递，但途中替换的车马和食宿，也全由"驿"来供应。这样，"驿"就成为邮路上的唯一机构，它同时兼管起交通线上送往官员、专使和宾客的任务（这一任务先前是由传和亭来担负的）。另一方面，安排非官方的客商及私人旅客的食宿，则由一种新兴的私人旅店和寺院旅店来替代。这种制度的确立为我国邮驿制度的发展起到了承上启下的作用。

公元589年10月，隋文帝统一中国创立隋朝，开启了中国历史上统一强盛的隋唐时代。建国之后，隋文帝推行了均田制、整顿了赋税和户籍、统一了钱币和度量衡，施行了一系列休养生息和经济改革的政策，使得当时的经济迅速地恢复，这不仅为大唐盛世奠定了坚实的基础，也为整个隋唐时期的邮驿发展打下了基础。隋唐时期建立起了庞大的邮驿通信网络。通过"驿"来取代以往所有的"邮、传、亭"的形式，实行了驿传合一制度。驿站里面不仅有驿舍，还配有专门的驿传人员以及包括驿马、驿船、驿驴、驿田等在内一系列的配备和设施。

唐朝是当时世界上强大的封建帝国，经济发达，丝绸之路远达欧洲，邮驿设置遍及全国，规模宏大，并采取陆驿、水驿和水陆兼办的方法，还订有完善的管理制度和规定，具有很高的组织管理水平。唐玄宗开元年间（公元713—741年），邮驿开始传递"邸报"（报刊发行的开始）；公元806—820年又兼递"飞钱"（汇兑上用的证券），是我国邮政传递报纸和开办汇兑业务的开端。唐朝的邮驿制度以及多样化的传递方式都对后人产生了积极的影响，极大地推动了我国古代邮驿事业的发展。

宋朝邮驿的规模不如唐驿，但有其特色。战时设置"急递铺"，每十里设一铺，日夜兼程，加快了传递紧急公文的速度；驿卒由民夫改为兵卒担任，实行以兵卒为主体的专业通信制度、紧急文书传递制度，以及严格的交接责任制度，强化了邮驿的军事性；宋初关于邮驿经费制度的变革，关于官员私书可以入递的规定，更是突破了自秦汉以来传统邮驿的旧框框，把发展缓慢的封建邮驿向前推进了一步。宋朝邮驿以它的独特形式和内容，上承隋唐五代之后，兴利除弊；下启元明清三朝通信的发展，影响深远。

元朝疆域辽阔，横跨欧亚两大洲，邮驿也随之发展。公元1229年，元朝在我国境内建立固定邮线和驿馆，设"站赤"达1495处，并在欧亚两大洲版图内广置"急递铺"多达两万余处。正如元《经世大典》所描述的"凡在属国，皆置传邮，星罗棋布，脉络贯通，朝令夕至，声闻毕达"。在此基础上，元朝建立了以驿站为主体的马递邮驿网和以急递铺为主体的步递邮驿网，从而构成完整的元代邮驿系统；并陆续制定和颁布了一套邮驿管理制度，如《站赤条例》、《品从铺马条例》等。

朱元璋建立明朝后，定驿律，颁令全国建立“水马站及递运所、急递铺”，把元朝的“站”一律改称“驿”，并修改“驿名”。明朝的邮驿机构是在京师设立会同馆，由兵部车驾司来管理。在地方上邮驿受布政使和按察使的双重领导，以后者为主，下设驿传道，主管地方邮驿；州府县设驿丞。由于海上交通发达，郑和“七下西洋”，出航印度、阿拉伯、东非等地，使海路邮驿，盛极一时。公元 1403—1424 年间出现了民信局，是与邮驿相并存的传递民间书信、物品和办理汇款的私营商业组织。

清朝邮驿是在明朝的基础上建立和发展起来的，经过清政府整顿与改革，在康熙、雍正、乾隆三朝百余年间，邮驿制度发展到顶峰。根据《钦定大清会典事例》等典籍记载，清光绪中期，全国共有 2000 多个驿站，7 万多驿夫和 14000 多个递铺、4 万多名铺兵，大部分分布在全国十余条干线、一百多条支线、13 万多里的道路上。清代的邮驿组织，规模庞大，星罗棋布，网路纵横，无论在广度和深度上都超过了以往的任何朝代。为了更好地完成通信任务，清朝将“邮”、“驿”这两种组织形式融为一体，这就使得驿站不仅作为官方的交通组织，也作为通信组织让交通与通信融于一体，驿站从间接为通信使用变为直接办理通信事务，接受并传送紧急公文，这是我国邮驿制度发展的重要标志。

晚清年间，由于政治腐败，外犯频临，邮政制度开始废弛，邮递迟缓，继之而起的有客邮（外国邮局）、工部局书信馆、太平天国邮政、麻乡约、文报局、送信官局和华洋书信馆等各种传邮组织。在当时，各类传邮组织各自经营，各立制度，自成体系，互不统一。在此情况下，有识的革新之士就提出裁驿的主张，1913 年 1 月，北洋政府宣布将驿站全部裁撤。近现代化的邮政代替古老的驿站，已成为历史发展的必然。

（二）近代邮政

“中国近代邮政是随着英法等资本主义国家的入侵而产生的，是一个首先由外国人在华设立邮局，后来逐步转到由中国政府自己开办的过程。”中国近代邮政的产生、形成与演变大体上可分为“近代邮政的传入”、“海关邮政”、“大清邮政”和“中华邮政”等几个阶段。

1．近代邮政的传入

近代邮政是随着帝国主义列强对华侵略之后在中国出现的。鸦片战争以后，英国于 1842 年 8 月 24 日最先在香港设立英国邮局；同年 8 月《南京条约》签订后，又以香港为基地，陆续在各通商口岸开办邮局，即谓“客邮”。随后法、美、日、德、俄等国家，竞相效法，先后在中国各地设立自己的邮局。据统计，当时在各地设立的“客邮”局，曾经达到 300 多处。这些外国设立的邮局，不仅收寄本国侨民的信件，而且还收寄中国人交寄的国内外信件。西方近代邮政因其全程全网，联合作业，既通官书，又通民信，具有明显的优越性，所以这种通信方式颇受中国一些有识之士的赏识。1859 年，太平天国总理朝政的洪仁轩在《资政新篇》中，主张效仿西方近代邮政的做法，明确提出了“设立邮局”的设想，其中内容包括：“设书信馆以通各省郡县市镇公文”和“各色家书”；“兴邮亭以通朝廷文书”；“倘有沉没书札银信……轻者罚，重者罪”；“邮亭由国而立，余准富民纳饷，禀明而设……”。这些设想，受到了洪秀全的高度赞赏。1851—1864 年，太平天国为了调遣军队，接济运输和公文传递，从以望楼、鸣锣、吹角、击鼓、举旗为通信号令，发展成为专人专送并正式设立专门通信机关，建立了自己的邮政通信组织——“疏附衙”，独创了自己的通信方式和联络系统，在中国近代邮政史上写下了光彩的一页。

2. 海关邮政

1861年，清朝总理各国事务部门成立以后，因各国公使感到自行寄递邮件不便，故改由总理衙门转交驿站代寄。1866年总理衙门将代办邮递业务交海关兼办。同年12月起，北京、上海、镇江、天津海关先后设立邮务办事处兼办邮递，承担原由驿站传递的各国驻华使馆公文，并收寄办理海关公私信件。1867年3月4日，海关总税务司署发布《邮政通告》，公布邮件封发时刻表；从1868年1月起收寄外侨信件。1878年3月9日，根据李鸿章的建议，在北京、天津、烟台、牛庄（营口）、上海五处海关，仿照欧洲办法试办邮政，并于当年3月23日发行大龙邮票。1882年11月，海关“拨驷达局”公布《海关邮局章程》。章程的公布，扩大了海关邮局的影响，也使越来越多的中国人认识到了邮政的优点。由此开始，海关试办的邮政已经在我国北方和长江流域一些通商口岸建立了机构并提供服务，但由于当时体制不健全，网络、经费、人员方面不到位，影响不是很大。洋味十足的中国海关邮政（Chinese Customs Post）并未被当时的中国人普遍接受和使用。到1896年初，全国24处设有海关的地方，基本上都已开办了海关邮局。

3. 大清邮政

为阻止客邮的不断扩充并控制国内邮政，南洋大臣刘坤一和北洋大臣李鸿章分别于1892年和1896年上书呼吁清政府尽快正式开办邮政，否则异日中国再议推广，必要维艰。1896年，张之洞又奏开办国家邮政。设立国家邮局已成为封疆大吏的共识，也成为客观形势的需要。于是，1896年3月20日光绪批“依议”，在附呈章程上朱批“览”。总理衙门即据以委令赫德为“总邮政司，专司其事”。从此，“大清邮政”正式开办。在1897年2月20日大清邮政局正式营业时，全国24处海关邮局改称大清邮政官局。大清国家邮政经过35年的“海关邮政”试办，终于在1896年国家决定成立了一个自主的邮政局。1899年，《大清邮政章程》颁布，这是中国有了国家邮政以后的第一部邮政法规。从1906年11月6日起，清代邮政有了专业管理单位，即成立了邮传部。邮传部在1906年官制改革中成立后，其作为主管航路电邮四政的中央政府职能部门，致力于清末我国邮政事业的发展，并取得了突出的成绩。

4. 中华邮政

1911年，孙中山领导辛亥革命，推翻了清王朝的封建统治，1912年建立了中华民国。中华民国成立后，1913年成立中华民国邮政，简称中华邮政，隶属于交通部，先后由法国人帛黎、铁士兰及挪威人多福森担任“邮政总办”或“邮政会办”。1914年中华邮政加入万国邮政联盟。

1922年2月6日，太平洋会议通过了《九国间关于中国事件应适用各原则及政策之条约》。其中规定：“德人前在山东之优先权，日本一律放弃”，“海底电线交还中国”，“无线电台于撤退之日同时交还，由中国秉公给价”。但日本坚持不撤在我国南满铁路沿线以及旅大地区的邮电机构，中国政府派员交涉，始终没有得到解决，最后中国政府宣布列为悬案，直到1945年8月，抗日战争胜利，日本彻底投降之后，日本在华的“客邮”问题才得到彻底解决。中华人民共和国成立后，英国在1955年将西藏地区所设的邮局才由印度政府交还中国。至此，中华邮政邮权才彻底收回。1934年撤销各地民信局，全国邮政专营权最终收回，出现了中华邮政统一、自主管理的新局面。由于历史的原因和过去的基础，中华邮政凭借其“独立王国”，引进了欧美的文官制度，建立了一套人事、业务和财务管理机制，在管理体制上实行垂直领导，管理职能上集中统一，使我国邮政通信也取得一定的发展。

从抗日胜利后到1949年新中国成立前，中华邮政处于即将结束的时期。这一时期的中国正处于在近代历史上最重大最深刻的变化时期，是旧中国行将灭亡、新中国行将诞生的时期。中华邮政作为国家邮政，在抗日胜利后，依靠政府的支持，曾一度雄心勃勃，积极开拓，因此有过较好的发展与建设的设想，尤其在改善服务方面曾经取得了可观的成绩。

（三）现代邮政

中国人民邮政是在中国共产党领导下的长期革命斗争中逐渐建立起来的。1921年中国共产党成立，就有了党内秘密通信；土地革命时期，各根据地在原有秘密交通和递步哨、传山哨等群众通信联络组织的基础上，于1928年开始建立赤色邮政，以后又发展为苏维埃邮政；抗日战争时期，各抗日根据地先后建立了交通总局或战时邮政；解放战争期间，随着解放战争胜利的前进步伐，各解放区相继成立了人民邮政通信机构，为解放战争和解放区人民群众提供通信服务。

1949年10月1日，中华人民共和国成立。11月1日成立邮电部，主管全国邮电工作，全国建立了各级邮政机构，经营邮政业务，从此开始了人民邮政的新时代。当时对邮政和电信采取“统一领导、分别经营、垂直系统”的体制，即邮政和电信由邮电部统一领导，部内设邮政总局和电信总局，分别经营邮政和电信。1950年1月1日，邮政总局成立。这标志着中国邮政事业进入了一个新的历史发展时期。

1950年7月，邮电部召开各大行政区邮电管理局局长会议，讨论新的管理体制方案。会议认为，邮政和电信是全国性的国营企业，是社会主义性质的经济，只有高度集中管理，才能有计划地适应国家整个经济发展的需要。因此，中央人民政府政务院决定对邮政和电信企业实行中央集中统一的领导体制。

1952年11月19日，邮电部发布《关于克服发展业务中的缺点及对今后方向的指示》，明确提出把“迅速、准确、安全、方便”这八个字作为邮电企业的服务方针。

1955年5月23—30日，邮电部召开第四次全国邮电工作会议。会议确定，县邮电局作为一级企业，负责管理县内的全部邮电工作。这样又在全国形成了邮电部—省（自治区、直辖市）邮电管理局—县市邮电局三级管理体制。

1958年6月，经中央批准，除北京市的邮电企业和国家通信一级干线仍由邮电部为主领导外，所有省、市、区的邮电企业都下放给当地政府，实行以地方为主的邮电管理体制。邮电部负责国家一级通信干线的建设和指挥调度，省、市、自治区的通信网络建设则列入地方计划。正是这样的管理体制，使得邮政通信管理权层层下放，造成了建设无计划、邮政通信无秩序、调度失灵的严重混乱局面。

1961年5月，邮电部向中共中央提出了《关于调整邮电体制的请示报告》。1961年12月，中共中央批准了这个请示报告，从1962年1月开始实行新的管理体制。除西藏自治区外，各省、市、自治区的邮电企业实行以邮电部管理为主的部和省、市、自治区地方政府的双重领导，对县（市）邮电企业，实行以省、市、自治区邮电管理局为主的省局和县（市）地方政府的双重领导。在邮电系统内部，实行部—省—县三级管理。此次邮电管理体制的调整，不仅加强了邮电部对邮电通信的集中领导，统一了一级干线建设计划，统一了全程全网的指挥调度，恢复了正常的通信秩序，使国家通信有了可靠保障；同时还加强了业务管理、经济管理和干部管理，使我国邮电事业的可持续发展有了坚强的组织保证。

"文革"期间，邮电部被撤销，分别成立中华人民共和国邮政总局和中华人民共和国电信总局，从上到下实行邮电分设。邮政总局属国务院领导，由铁道、交通、邮政合并后的交通部管理；电信总局由军委总参谋部通信兵部管理。北京长途电信局直属电信总局领导，北京市内电话局改称北京市电信局，实行以中国人民解放军北京卫戍区为主与北京市革命委员会双重领导。各省、市、自治区邮电部门下放地方，撤销邮电管理局和邮电局，分别设立省、地、市、县邮政局和电信局。上述领导体制的重大改变，由邮电部军管会、铁道部军管会、交通部军管会、军委通信兵部于1969年12月1日交接完毕。12月31日，邮电部军管会结束工作，邮电部正式撤销，邮政、电信正式分开。1970年1月1日，新组建的邮政总局和电信总局开始办公，并启用新的印章。

1973年5月23日，国务院、中央军委下达了《关于调整邮电体制问题的通知》。5月31日，军队停止对电信总局的领导关系，邮政总局从交通部划出。6月1日，邮电部恢复。

1979年邮政部门首先进行了管理体制的调整。调整工作于1980年初结束。邮电部对全国邮电实行统一管理，实行了邮电部和省区市双重领导，以邮电部为主，县市以下的邮电局所则由县市邮电局直接领导，从而使通信网的发展建设、通信网的指挥调度、业务技术和政策标准的制定等实现了邮电部统一管理。

为了规范我国邮政市场的秩序，1986年12月2日第六届全国人民代表大会常务委员会第十八次会议通过了《中华人民共和国邮政法》（以下简称《邮政法》），同时，国家主席李先念以第47号命令颁布，定于1987年1月1日起实施。这是新中国第一部邮政法律。

为了适应我国经济建设的飞速发展，1998年3月全国人大九届一次会议审议通过了国务院机构改革方案，实施邮电分营，成立了国家邮政局，主管全国邮政工作。

在国际邮政改革浪潮的大背景下，为了促进我国邮政业适应市场经济发展的需要，2005年7月，国务院通过《邮政体制改革方案》，具体可用"一分开，两改革，四完善"概括。"一分开"即政企分开，重组邮政监管机构，组建国家邮政管理局和中国邮政集团公司以及邮储银行；"两改革"即改革邮政主业，改革邮政储蓄；"四完善"即完善普遍服务机制、特殊服务机制、安全保障机制和价格形成机制。2006年9月4日，天津、浙江、山东、四川、陕西邮政管理局正式成立，9月15日，北京、湖北、西藏三省（区、市）的邮政管理局成立，至此，在短短的两周之内全国31个省、区、市的邮政监管机构全部成立。2007年月1月29日，中国邮政集团公司和新的国家邮政局同时正式挂牌，原国家邮政局副局长刘安东出任中国邮政集团公司总经理（2011年9月14日李国华接替刘安东成为新的中国邮政集团公司总经理），原国家邮政局副局长马军胜出任重组后的中国国家邮政局局长。2007年3月20日，中国邮政储蓄银行正式挂牌营业，至此，原中国邮政一分为三的格局形成，实现了邮政政企分开。新组建的中国邮政集团公司经营邮政专营业务，从事普遍服务业务，对竞争性业务（包括快递、物流业务）实行商业化运营，主要经营国内和国际邮件寄递、报刊等出版物发行、邮政汇兑、邮政储蓄、邮政物流、邮票发行等业务。此次邮政体制改革形成了"政企分开、监管独立"的新模式，结束了维系多年的"政企合一"体制，中国邮政事业由此进入了一个崭新的发展阶段。

三、邮政通信的性质及其特点

（一）邮政通信的性质

邮政以传递实物信息为主，利用邮政通信网向社会提供邮政通信服务。因此，邮政具有社会公用性和服务性。

1. 邮政通信具有公用性

邮政通信的服务对象是全社会，任何人都享有邮政通信的权利，即邮政通信承担普遍服务的义务。邮政通信是社会基础设施的重要组成部分，在国民经济和人民生活中占有重要地位。邮政通信作为社会的基础设施为全社会提供服务，必须达到服务普遍、使用平等、价格低廉的要求。邮政通信是人们最普遍使用的通信手段，是发展社会主义市场经济的重要媒体和渠道。邮政通信的公用性主要表现在以下三个方面。

（1）邮政服务范围的广泛性。邮政通信的服务地域很宽，服务对象很普遍。全社会的任何人在任何规定地点都能使用邮政设施寄递信件。

（2）邮政服务使用的平等性。凡邮政用户的通信自由和通信秘密都受法律保护；所有用户都必须缴纳邮资并遵守邮政法规的各项规定。

（3）邮政经营的非营利性。信件传递实行低资费政策，以社会效益为首要目标，不以营利为目的。

2. 邮政通信具有服务性

邮政不生产新的实物产品，它根据用户的需求，利用邮政通信网络把邮件从甲地运送到乙地，实现邮件的空间位移，它的使用价值就是邮件空间位移的价值。同时，在传递邮件时根据用户的不同时间需求开办不同传递时限的业务种类，也体现了邮政通信的时间效应。另外，邮政通信只为社会提供劳务，其生产过程就是用户的消费过程，这是服务业所具有的共同特征。因此，邮政通信具有服务性。

（二）邮政通信的特点

邮政通信和其他各种通信方式一样，具有自己的特点，主要体现在以下五个方面。

1. 邮政通信的生产活动是通过传递附有信息的实物产生效益

邮政通信生产的结果不是新的实物产品，而是对信息作空间的转移，向社会提供更广泛的通信服务，使用户从中获取有益效用。在这一过程中，邮政通信的生产活动是通过传递附有信息的实物产生效益。为实现实物信息传递，邮政部门建立了实物传递和运送网络，以从分散到集中，再从集中到分散的方式，经过收寄、分拣、封发、运输和投递等环节，完成实物和信息的传递。

2. 邮政通信的生产过程与用户消费过程的一致性

邮政通信的生产始于交寄，止于投递。用户交寄邮件是用户使用邮政业务的开始，也是邮政生产过程的开始，一旦邮件投递给收件人，生产过程就结束，同时实现了信息的空间转移，消费过程也随之结束。因此，邮政通信的生产过程与用户的消费过程是不可分割的。

3．全程全网、联合作业

邮政通信的全部运递过程通常由两个或两个以上的邮政企业协同作业才能完成。邮政通信全程全网、联合作业的特点要求邮政系统内部各企业、各环节密切配合。为了实现协同作业，必须制定统一的作业流程和操作规范，并且统一计划、统一指挥调度。

4．邮政通信点多、线长、面广

邮政通信的开始和结束一般都要与用户直接接触，因为它要接受用户委托，将实物信息和物品进行空间转移，最终完成传递任务，所以凡是有人生活的地方就有通邮的可能。邮政通信网点遍布全国城乡各地，几乎覆盖全国的每一个地方。通信网点的广泛性正是邮政通信的优势所在，这是任何形式的通信手段都无法比拟的。邮政企业要充分利用点多、面广、线长的特点，不断开发新业务，为邮政通信的发展创造更有利的条件。

5．邮政通信有着很强的群众性和社会性

邮政通信的群众性，主要表现在邮政服务范围的广泛和邮政服务对象的普遍上。邮政通信的社会性，则主要反映在邮政一方面要办好各种业务，为社会的正常活动和发展服务，使整个社会受益；另一方面，邮政要为社会服务好，也离不开社会有关方面的紧密协作和广大用户的配合支持。这就决定了邮政企业要搞好邮政通信生产，必须面向社会，注重公共关系，尤其要重视社会效益。同时，邮政通信在为社会服务中，必须努力争取社会有关方面的紧密合作和广大公众的配合支持，并要学会和掌握运用《邮政法》，通过法律明确邮政与社会各方面及公众的关系，依靠社会力量办好邮政。此外，邮政企业在注重社会效益、依靠社会办邮的同时，还要特别重视企业自身效益，邮政企业在充分满足社会各种各类用户用邮的前提下，必须切实把邮政企业自身的事情办好，扎扎实实地搞好邮政通信运行管理工作。

邮政通信的上述特点，对邮政部门和邮政企业的生产活动和经营管理产生着重大影响。为了适应邮政通信的这些客观性，要求邮政生产部门必须特别重视通信质量；要求邮政企业既要组织好生产，又要组织好服务；要求邮政通信管理者必须指挥调度好邮政通信，发展邮政通信网，提高管理水平，促进邮政通信业务量的增长，在发展邮政企业本身的同时，更好地满足整个社会对邮政通信的需要。

四、邮政通信的作用和意义

邮政通信活动已经深入到社会的各个领域，涉及千家万户，其作用是多方面的，意义是重大的。要研究邮政通信的作用和意义，必须从整个社会来考察。人们生活在社会中，总是互相依赖，又互相作用，并且这种依赖与作用在有了文字之后往往是通过通信联系进行的，所以，在漫长的历史发展过程中，人们是离不开邮政通信的。社会愈发展，这种互相联系互相作用的关系愈密切，邮政通信的作用也就愈大。

邮政通信是我国通信事业的重要组成部分，邮政通信业是国民经济中的重要部门之一。在具有中国特色的社会主义现代化的建设中，邮政部门担负着十分重要的通信任务，完成着政治上、经济上、文化上和教育上的职能，服从和服务于党和国家的总目标和总任务的实现。邮政通信的重要作用和意义，主要体现在以下几个方面。

1. 邮政通信是社会进步和发展的重要条件

如同交通运输和其他行业一样，邮政通信是维持社会生产、人民生活正常进行必不可少的重要手段和条件。邮政既是社会生产和人类文明的产物，又反过来为社会生产和人类文明服务，从而促进社会的更大进步和发展。

2. 邮政通信是国家统一、巩固和发展的忠诚卫士

我国疆域辽阔，人口众多，党和国家利用邮政传递政策、法令、指示和决议，以维护全国的统一和团结，实现全面有效的领导，动员和组织全国各族人民的巨大力量，开发调用各地的自然资源，高效地进行社会主义现代化建设。与此同时，党和政府通过邮政了解全国各地的施政情况，收集各地的反映，借以密切中央与地方、政府与人民之间的联系，保证国家各项政治任务和经济建设计划的完成。无论是平时或战时，邮政通信都为巩固国防和保卫祖国服务。由此可见，邮政通信是国家统一、巩固和发展的忠诚卫士，在国家政治生活中有着举足轻重的地位和起着重要的作用。

3. 邮政通信是经济发展的催化剂

邮政通信作为国民经济的基础结构和社会生产过程的一般条件，为国民经济各个部门提供通信服务。经济领域活动中的各种文件，例如工业生产经营活动中的设计图纸、技术资料、协作合同以至小型精密仪器、货样、矿样，农业生产活动中的种子、标本等，主要是通过邮政通信渠道及时而又有效地传送的。随着我国对外开放对内搞活经济和城乡经济建设的深入进行，社会经济飞速发展，横向、纵向经济联系增多，市场机制作用越来越大，邮政通信在发展社会主义市场经济中的作用也越来越明显。事实上，邮政通信可以加速商品的流通，可以节约流通的费用，可以加速货币的周转，可以提高各个部门的工作效率，可以加速整个社会的生产过程，从而为国家创造出更多财富。因此，邮政通信为社会所提供的广泛和优良的服务，是我国经济飞速发展的催化剂。

4. 邮政通信是文化事业发展的纽带

邮政通信可以使消息得到传播，文化得到推广。借助于邮政通信工具，大量的报刊、书籍得以传递和投送到全国各地，直至城乡的每个角落，以充分发挥报刊、书籍对广大人民群众在生产上、工作上、文化上、生活上的指导作用、宣传教育作用和充实提高作用。因此，邮政通信是联结科学技术、文教体育、卫生医疗的纽带，对于我国文化等事业的发展，都起着重要的促进作用。

5. 邮政通信是人们相互联系、沟通思想、交流感情的桥梁

邮政通信联结着千家万户，与广大人民群众息息相关，是人们相互联系、沟通思想、交流感情的桥梁。通过书信的传递，人们可以交流思想，联络感情，互相合作，增进友谊，从而丰富人民的精神生活。通过邮政，还可以方便各国人民交往，加强国际的友好和团结，为传播和平与友谊作出贡献，从而发挥“邮政是和平的使者”的作用。

综上所述，我国邮政通信是传达党和国家的指示命令，从事经济活动和宣传教育的重要工具，是建设社会主义精神文明和物质文明的重要窗口，也是人民群众交往和国际交流的必要手段。总之，邮政通信有着重要的政治意义、经济意义和国际意义。在全面满足和丰富广大人民日益增长的物质和精神文化生活需要方面，邮政通信更具特殊的意义。因此，邮政通信的作用，不仅涉及国家建设的发展，关系到亿万人民生活水平的提高，而且关系到整个社会的进步。邮政通信既创造经济效益，也创造精神效益，是无法以金钱的多少来计量的。

第二节　邮政通信业务及邮件

一、邮政业务的含义和种类

（一）邮政业务的含义

邮政业务是邮政部门为社会各行各业和人民群众提供各种产品和服务的总称。凡经过邮政局所受理和收寄、存取、分拣、封发、转运、投交等处理手续而承办的各种业务，统称为邮政业务。邮政部门通过经办邮政业务，为党、国家和人民传递实物信息，以满足社会对邮政通信的需要。

（二）邮政业务的种类

目前，我国邮政部门经办的业务很多。按照不同的标准可将其划分为不同的种类。

1. 按市场竞争情况分类

按照市场竞争情况邮政业务可分为专营类业务和竞争性业务。

专营类业务是指法律上只能由邮政部门经营的业务，如信件及其具有信件性质的寄递业务属于专营类业务。竞争性业务是指允许其他企业经营的业务。2009年修订并通过的《邮政法》第十八条明确规定：“邮政企业的邮政普遍服务业务与竞争性业务应当分业经营。”

2. 按照业务的性质分类

按照业务的性质邮政业务可分为函件业务、包件业务、储汇业务、发行业务、特快专递业务、现代物流业务、集邮业务、机要通信业务，以及其他新型业务。其中函件业务是邮政的基本业务，其他如包件、储汇和发行业务等都是在函件业务的基础上派生、演变和发展而来的。

（1）函件业务。函件业务是邮政部门收寄和传递各类函件的业务。函件主要包括信函、明信片、印刷品、邮简、盲人读物和商业函件（商业信函、企业明信片、邮送广告）等。其中信函和明信片合称为信件，且信函又分平常信函、挂号信函、商业信函、保价信函、存局候领信函、混合信函等。

函件业务是传递信息的专业性业务。其中传递“信件和其他具有信件性质的物品”的业务，既是邮政的专营业务，又是邮政的基本业务，也是邮政的传统业务。函件业务纯属通信性质，数量很大，在邮政通信业务中占主要地位，是邮政企业的主产品，亦称拳头产品。

（2）包件业务。包件业务是邮政部门办理的寄递包裹的业务，具体包括普通包裹、脆弱包裹和大件包裹业务等种类。包裹可以是个人生活小件物品和机关、企业、团体等单位的零星物品，也可以是工厂、企业、集体或个体户交寄的以营利为目的的大宗商品。

包件业务是物品的运送和寄递。其性质一般属于运输业务，但其中为寄递个人生活小件物品的包裹业务常常带有通信性质。包件业务由函件业务演变而来，由寄递函件发展为寄送包件，包件业务也是邮政传统业务之一。

（3）储汇业务。邮政储汇业务是指邮政储蓄业务和汇兑业务。邮政储蓄业务就是邮政局所收受用户存款的业务。储蓄业务包括活期储蓄、定期储蓄、定活两便储蓄等种类。邮政部门和服务网点遍布全国各地的优势，为城乡广大居民储蓄提供更大方便，并协助国家集聚社会闲散资金用于经济建设。储蓄业务属于银行业务，具有金融性质。

邮政汇兑业务就是邮政局所接受汇款人的委托，将其交汇的款项如数兑付给指定的收款人的业务。汇兑业务包括电子汇款、加急电子汇款、礼仪汇款和入账汇款等种类。汇兑业务是依赖信息传递而形成的一项银行业务，具有金融性质，其中个人小额汇款还具有一定的通信性质。汇兑业务的作用，在于沟通异地之间的经济往来，在完成款项的收付转移中方便用户，避免了现金的携带和运送所带来的安全问题。

（4）发行业务。发行业务是经营发行报刊社定期出版的邮发报纸和杂志的业务。邮局经办的发行业务，主要采取订阅和零售两种方式。而不论采取何种方式，报刊发行一般属于商业业务，但由于报刊本身含有大量的有关政治导向的宣传和经济、科技信息，又使报刊发行业务带有传播信息的政治性质和通信性质。

除了上述四大业务之外，为了适应我国政治、经济、文化和社会发展的需要，邮政部门还办理以下重要业务。

（5）机要通信业务。机要通信业务是专门传递党和国家的机要文件和机要刊物的业务。由于这种业务具有机密性强和传递速度快的特点，因此由邮政部门设置专门机构和专职人员办理，并另订寄递办法，与一般邮件业务分开处理。机要通信业务是具有通信性质的一项特种业务。

（6）特快专递业务。特快专递业务是邮政部门为适应用户紧急传递实物信息的需要而开办的一项高速传送和专递邮件的业务，具有“特”、“快”、“专”的特点。信函、文件资料和物品等都可作为特快专递邮件交寄，因此一般具有通信性质。

（7）电子邮政业务。电子邮政业务是一种集邮政与电信于一身的全新的业务，具有通信性质。这种业务就是用户将书面通信（信函、文件、图像等形式）向邮局交寄后，收寄局将其交寄的书面通信内容，通过电子器具传递到寄达局，寄达局再原样复印后投交收件人。电子信函业务是电子邮政业务中的主要业务之一，各类印刷或手写的书信、稿件、文件、合同等书面材料及图像、图表等均可做电子信函交寄。我国已于1985年10月15日开通广州与香港、深圳、珠海三城市间的电子信函业务。根据原邮电部决定，1992年7月1日起，北京、上海、南京等全国37个大中城市开办了电子信函业务。

（8）集邮业务。集邮业务是专门从事出售集邮邮票和集邮用品以及组织指导公众开展集邮活动的业务。这种业务不属于通信业务的范围，一般具有商业性。集邮业务是邮政部门增加自身积累的重要来源之一，也是丰富人民文化生活和精神文明建设的一项重要内容。

（9）邮购业务。邮购业务是邮政部门代用户购买商品和代厂家销售商品的业务。邮政部门在邮政网上建立商品信息中心，通过邮政网上的收寄、封发、运输、投递四大环节的共同作业，使消费者的购买信息传递到售卖者，把售卖者的产品实物传递到消费者，并同时完成其中的资金流动。

（10）国际邮政业务。国际邮政业务就是国家与国家（地区）之间互寄邮件的业务。我国与其他国家互寄邮件和其他国家之间经由我国互寄邮件均属国际邮政业务的范畴。该业务具体包括国际函件业务、国际电子信函业务、国际包裹业务、国际邮政金融业务和国际特快专递业务等种类。

为了满足社会和人民群众的特殊需要，邮政部门在经办主要业务的同时，还兼办以下一些附带业务。

（11）代理保险业务。中国邮政与多家保险公司签订了业务合作协议，城乡居民可以在邮政储蓄的窗口投保人寿保险和财产保险。用户可以用现金，也可以通过邮政储蓄存折、绿卡扣款缴付保险费。

（12）代发养老金业务。国家邮政局与原中国劳动和社会保障部签订了业务合作协议，充分利用邮政网点遍布全国的优势和先进的计算机系统，在全国范围内为离退休人员代发养老金。借助邮政储蓄的本地通兑、异地存取电子汇款业务，不但可以为本地离退休人员，还可以为远在外地的离退休人员及时发放养老金。此外，邮政还办理代发工资、稿费等多项金融业务。

（13）代缴公用事业费业务。邮政部门为城乡居民通过邮政窗口、电话银行、ATM 机等方式办理缴付电信资费、煤气水电等公用事业费，为用户提供了方便。

（14）代办电信业务。中国邮政与电信企业合作，开办了多种代办电信业务，为用户提供方便、快捷的优质电信服务。该业务具体包括代理移动电话、固定电话、寻呼业务和互联网业务的注册、放号业务；代办移动电话费、固定电话费、寻呼业务费、数据通信费的收费业务；代售各类 IP 卡、神州行、如意通等多种电话卡。

（15）出售邮寄用品业务。出售邮寄用品业务就是为用户出售信封、信纸、包装纸及邮件容器等邮寄用品的业务。这种业务给用户带来了极大的方便。

3. 按业务板块分类

我国邮政业务划分为三大板块业务，即邮务类业务、速递物流类业务和金融类业务。

邮务类业务主要包括函件业务、包裹业务、信息和代理业务、报刊发行业务、集邮业务和机要通信业务等。

速递物流类业务主要包括特快专递业务和现代物流业务。

金融类业务主要包括储蓄业务、贷款业务、汇兑业务和保险业务等。

综上所述，邮政部门经办业务的内容丰富，名目繁多，既有属于通信性质的，也有属于非通信性质的。邮政部门的活动范围涉及社会的每一个角落，关系到国计民生。随着社会的发展，用户用邮的变化，新的邮政业务还将不断出现。

邮政部门主要办理具有通信性质的业务，同时也兼办不属于通信性质的业务。这是由于邮政部门具有庞大数量的局所分散在全国各地，而连贯这些局所的邮路把邮政通信连接成一个有机整体，使邮政通信伸展到城乡的各个角落，联系公众十分方便，而且邮政通信组织的集中统一，也为其他行业所不及；同时，也由于邮政生产具有业务量不均衡和流量不均衡的特点，导致邮政部门必然在某些场合和一定时间内，存在多余的生产能力可供利用。因此，邮政部门兼办不属于通信性质的业务是可能的，也是完全必要的。

二、邮件的分类

邮政业务是对公众而言的，在邮政企业内部则把邮政业务称为邮件。一般来说，凡按邮政业务规定，经邮政局所寄递的信件、文件、资料、书籍、物品、汇票和报刊等均属邮件。为了更科学合理地对邮政通信生产过程实施管理，有必要明确邮件分类的目的和对邮件进行分类。

（一）邮件分类的目的

邮政部门为用户提供的多种业务，是根据用户使用邮政的不同要求所采取的各种服务方式的标志。由此可见，邮件的分类，一方面可以反映我国邮政在满足用户通信需要方面的服务水平，另一方面也体现了我国邮政经营的方针政策。总之，将邮件分类可以达到以下目的。

（1）按邮件的时限、性质及其重要性的不同，作不同的处理和运递；

（2）按邮件的资费不同，作不同的处理；

（3）按用户的要求和所纳资费的不同，明确邮政企业对用户所承担的责任；

（4）根据邮件的分类，确定运输方式和安排发运次序，从而有效地确保邮政通信生产全过程的正常运营。

（二）邮件的种类

由于生产的需要，邮政部门要对邮件进行分类。一般，对邮件的分类有十种分法。

1．按邮件的处理时限划分

（1）普通邮件。普通邮件是按一般时限规定传递处理的邮件。

（2）特快专递邮件。特快专递邮件是以最快速度传递，并通过专门组织的收寄、处理、运输和投递的邮件。

2．按邮件的性质和内容划分

（1）函件。函件包括信函、明信片、印刷品和盲人读物等四种。

（2）包件。包件包括普通包裹、脆弱包裹和大件包裹等三种。

3．按邮件的寄递区域划分

（1）国内邮件。国内邮件是在中国境内互寄的邮件，又可分为本埠邮件和外埠邮件。本埠邮件是市以市属区（不包括市辖县和飞地）为范围、县以城关为范围，在上述范围互寄的邮件。外埠邮件是寄递区域超出上述范围的邮件。

（2）国际邮件。国际邮件是中国同其他国家或地区互寄的邮件，也包括经过中国转寄到其他国家或地区的邮件。

4．按邮件的处理手续划分

（1）平常邮件。平常邮件收寄时不给收据，处理时不登记，投递时不要收件人签收，也不接受用户查询。

（2）给据邮件。给据邮件收寄时出给收据，处理时进行登记，投递时要收件人签收，并接受用户查询。给据邮件又可分为挂号函件、特种挂号信函、保价函件、包裹以及特快专递邮件等。

5．按邮件的资费纳付情况划分

（1）计费邮件。计费邮件是交寄时按规定纳足资费的邮件。

（2）特准免费邮件。特准免费邮件是交寄时按规定免收资费的邮件。国内准予免费交寄的邮件包括现役义务兵在部队交寄的含私人通信内容的平常信函和明信片、烈士遗物；寄给各级邮政机构或其负责人，对邮政通信工作提出批评或建议的平信；国家邮政局所属各机关、各级邮政机构因公交寄的“邮政公事”的邮件；按水陆路平常函件寄递的盲人读物等。

（3）欠资邮件。欠资邮件是从信箱中开取出来的未贴足邮票的邮件，应批退寄件人补足资费后再寄，无法退回的，分别按有关规定处理。

6．按邮件的政治重要性划分

（1）普通邮件。普通邮件是政治性不甚重要的一般邮件。

（2）机要邮件。机要邮件是政治性为秘密、机密或绝密的邮件。

7．按邮件的运递方向划分

（1）出口邮件。出口邮件是本局收寄发往他局投递或经转的邮件。

（2）进口邮件。进口邮件是他局发来本局开拆处理的邮件，其中由本局投递的邮件又叫落地邮件。

（3）转口邮件。转口邮件是他局发来的邮件，不由本局投递，经本局封发给另一局投递的邮件。

（4）本口邮件。本口邮件是指在同一市、县区域内交寄和投递的邮件，也叫本埠邮件。

8．按邮件的传送方式划分

（1）水陆路邮件。水陆路邮件是用火车、汽车、轮船等交通工具传送的邮件。

（2）航空邮件。航空邮件是全程或一段利用飞机传送的邮件。

（3）电子邮件。电子邮件是借助电信与邮政技术来传送和处理的邮件。

9．按邮件由邮局所负的赔偿责任划分

（1）保价邮件。保价邮件是邮局承担责任，按保价额进行赔偿的邮件。挂号函件、特快专递邮件都可以做保价邮件收寄，包裹则必须做保价邮件收寄。

（2）非保价邮件。非保价邮件是保价邮件之外的邮件，邮局按国家邮政局规定的限额承担赔偿责任，其中对平常邮件不承担赔偿责任。

10．按邮件的发运顺序划分

（1）电子邮件。电子邮件是邮政与电信共同运作来传送的邮件，是目前我国邮政传递速度最快的邮件。

（2）特快专递邮件。特快专递邮件较一般邮件传递速度要快，是由专人专车投递的邮件。

（3）普通邮件。普通部件又分轻件和重件。轻件包括信件和报纸；重件包括期刊、印刷品、包裹和公物。

从上述邮件的分类不难看出，邮政业务种类繁多，内容复杂。然而，随着我国经济建设的发展和用户对邮政通信不断增长的需要，邮政业务种类势必还会相应增加。但是，为了便于邮政运行管理，又希望邮件种类越简化越好，这是一个难以避免的矛盾。所以，邮件的分类应当适应邮政业务品种增加与邮政运行管理的需要。总之，把握邮政业务种类和邮件分类对于邮政运行管理来说是十分重要的。

三、邮政的生产过程

（一）邮政生产过程的概念

邮政的生产过程是指从用户交寄邮件起，直至将邮件投交给指定的收件人为止的全过程。就某一邮件而言，接受用户交寄邮件的邮政企业称为收寄局，它所收寄的邮件称为出口邮件。中间经转邮件的邮政企业称为转口局，它所处理的邮件称为转口邮件。投交邮件的邮政企业称为投递局，它所处理的邮件称为进口邮件。

（二）邮政生产过程的基本环节

邮政的生产过程大致可分为收寄、分拣封发、运输和投递四个基本环节。

1．邮件的收寄

邮件的收寄就是邮局接受寄件人的委托，接收寄件人所要交寄的邮件。收寄邮件是邮局和用户发生业务联系的开始，也是邮政生产过程的开始。从此，邮局就担起把邮件及时、准确、安全地投送给收件人的责任。

邮件的收寄是邮件生产传递过程的第一环节，一般情况下，邮件的收寄有以下几种方式。

（1）窗口收寄。邮政营业窗口收寄是邮政企业收寄邮件的最主要方式，各类邮件均可通过邮政营业窗口交寄。

（2）筒（箱）收寄。信筒信箱用来收寄平常信件，即平信和明信片。

（3）上门收寄。根据不同用户的实际需要，针对批量邮件组织专人、专车上门服务，也是特快专递邮件的主要收寄方式。

（4）流动服务收寄。邮政企业针对集团性的流动人口或临时性用邮量较大的单位、企业、公共场所设置临时邮局，办理各类邮件的收寄。

2．邮件的分拣封发

分拣封发即邮件的处理，它是两个连续的工作程序。

（1）分拣是指按照邮件封面书写的地址，将相关邮件分发到规定格口内的处理过程。

（2）封发是指将分拣处理好的邮件，按照发运频次、时限的规定和发运路线、寄达局，逐格整理、捆扎、封装成袋、套。抄登封发邮件清单、路单，交运输部门发运的生产过程。

分拣封发是以邮区中心局为基本分拣单元，在全国设置若干个邮区中心局，担负邮件的分发和经转任务。

3．邮件的运输

邮件运输是邮政通信的重要环节，担负着全国各局、所之间的邮件传送任务。

邮件运输应以邮件的传递时限规定为依据，按各类邮件的不同时限要求，具体组织实施。

4．邮件的投递

邮件投递是把邮件送达收件人的过程，是邮政生产过程的最后一个环节。

邮件的投递方式有按址投递和局内投交两种。按址投递指的是邮局按照邮件封面书写的地址，将邮件投交到收件人或规定的代收人或指定地点的投交过程。局内投交指的是通知收件人到指定的窗口领取邮件。

第三节　邮政通信质量

一、邮政通信质量的概念及意义

（一）邮政通信质量的概念

质量反映产品或者服务满足明确或者隐含需要能力的特性总和。广义的质量除了产品质量和服务质量外，还包括工作质量。产品质量就是产品的使用价值。服务质量是指服务能够满足他人的需要所具备的那些特性（迅速、准确、安全、方便、经济）。工作质量是为了提高产品或者服务质量所做的工作的质量。

通信质量则是通信部门提供通信服务的质量，广义的通信服务包括从通信部门为用户提供使用通信服务的场所（网点）起，一直到实现信息传递和用户消费终结的全过程。

邮政通信质量就是邮政部门为传递实物信息而进行各项工作的综合反映，是邮政通信效用满足社会需要的程度的一种体现。就其含义来说，邮政通信质量应该包括产品质量、服务质量和工作质量。

1．邮政产品质量

邮政产品质量就是邮政部门产生邮政有益效用的使用价值所具备的可能满足社会对邮政通信需要的那种自然属性，客观地反映邮政产品在生产过程方面的质量。邮政产品质量主要体现在：邮件的传递速度、邮政通信活动的规律性、邮政通信的准确性以及实物信息的绝对完整性等方面。

2．邮政服务质量

邮政服务质量是指邮政部门生产的邮政产品满足用户在消费过程中的需要程度，反映邮政部门的管理与服务水平。邮政服务质量主要体现在邮政通信在网点、设备、人员等方面的管理水平以及用户对邮政通信服务工作的评价。

3．邮政工作质量

邮政工作质量则是指邮政部门的技术工作、组织工作和管理工作对达到产品质量与服务质量标准的保证程度。邮政工作质量对整个邮政通信生产过程的产品质量和服务质量都会产生重大影响。

（二）邮政通信质量的意义

邮政通信不直接生产物质产品，而是通过实物信息的传递产生有益效用，为用户缩短空间和节约时间，间接地为社会增加财富。由于邮政通信生产的过程就是用户的消费过程，邮件的传递如果产生延误、差错或丢损，就不仅会导致邮政部门本身或用户经济上的损失，甚至还会造成政治上的严重后果。因此，邮政通信质量非常重要，可说是邮政通信的生命。

（1）邮政为社会基础设施，通过信息的传递可以带来极大的经济效益，提高通信质量是提高全社会经济效益的保证。

（2）生产过程与消费过程不可分割，邮政通信质量问题带来的损失超过用户所付的资费。

（3）面对现实的外部经营环境，确保通信质量，努力提高通信服务水平，对邮政企业具有特殊的现实意义。

（三）邮政通信质量方针

原邮电部早在1952年就提出了“迅速、准确、安全，方便”八字方针，这实际上是对邮政通信规定的必须达到的四项质量标准，也是用户对邮政通信客观要求的反映。“迅速”就是传递速度要快捷、及时；准确则要求传递过程不能出差错；安全就是不发生邮件丢失和损毁，万无一失；方便则是为用户使用邮政服务提供便利。这四者是相互关联、互相制约、相辅相成的，必须全面地严格执行。尤其要在准确安全的基础上，力求邮件传递迅速，并尽可能为用户提供方便。

二、衡量邮政通信质量的指标体系

为了衡量邮政通信质量的好坏，评价邮政部门生产活动的成果，并对不同时期的通信质量进行对比分析，研究采取改进措施，达到提高邮政通信质量的目的，就需要建立一整套邮政通信质量指标体系。

邮政通信质量的指标体系包括产品质量指标、服务质量指标和工作质量指标等主要内容。

（一）邮政产品质量指标

邮政产品质量指标体现了迅速、准确、安全三个方面的基本要求。

1．迅速指标

邮政通信的迅速指标是频次和时限。

（1）频次。频次是邮政企业为保证邮件的及时传递，对在一定时间内的邮政生产活动的主要环节所规定的作业次数（或班次）。频次主要有邮运频次、邮件发运频次、邮件交接频次、城乡投递频次、开箱频次、市内转趟频次以及相应的出班与归班返局的时间表。

（2）时限。时限是在一定的技术与组织条件下，对邮政企业传递邮件的生产过程中所规定的最大时间限度。时限又可分为全程运递时限和阶段作业时限两种，并按邮件种类分别加以规定。

全程运递时限是从邮局收到邮件起到投递为止的时长。这一时限包括信函全程运递时限、包裹（印刷品、刊物）全程运递时限、报纸全程运递时限等。这些时限还根据邮件的投递范围、运递区域和邮件种类的不同而做出不同的规定。

阶段作业时限是邮件传递过程中某一阶段的作业时限，是全程运递时限的基础。只有有一套准确的阶段作业时限指标，才会有准确的全程运递时限。阶段作业时限包括：开箱时限；

市内转趟时限；出口与进口信函处理时限；出口与进口报纸处理时限；转口信函处理时限；信报当天投递时限；车站、码头、机场与信报处理单位间的时限；投递单位按段分拣和排报时限；车站、码头、机场的交接、核点和装卸时限等。

就邮件传递的速度而言，一般规定时限愈短，频次愈多，邮件的传递就愈快，质量也就愈好。但也要考虑经济上的合理性，规定过短的时限和过多的频次会造成邮政部门本身人力物力的浪费。

2．准确指标

邮政通信的准确指标就是要求邮政企业严格按照国家政策、法令、业务规章制度、规格标准和处理手续进行工作，做到不出差错，确保邮件准确无误地传递。不过，在实际生产工作中，面对各种业务，在各个环节，都有可能发生差错。因此，要用相应的差错率指标来考核邮件传递过程中的准确程度，以便通过严格的质量管理，把差错率控制在最低限度之内。

3．安全指标

通信的安全指际就是要求邮政企业保证传递的邮件完整无损和保密，做到不丢失，不损毁，不失密。这一指标事关用户的切身利益，公民的通信自由和秘密，以及国家的重要机密，必须高度重视，力保“万无一失”。考核邮件安全的指标通常有损失率、失密丢损件数、损毁率、短缺率等。

（二）邮政服务质量指标

邮政服务质量指标要求邮政企业为广大用户提供优质服务，充分体现人民邮政为人民的宗旨，具体包括下列主要指标。

（1）邮政通信网点的分布密度；

（2）邮政局所的营业时间和经办业务的种类；

（3）文明生产和服务态度；

（4）用户平均等待时间等。

（三）邮政工作质量指标

邮政工作质量指标是邮政企业用来衡量一些不与用户直接接触的属于企业内部生产人员的工作和职能科室人员的管理工作质量的指标。目前，不少邮政企业还没有对工作质量建立具体的考核指标，只是通过总结工作取得的成效或发生的问题来进行衡量和评价，或是从企业的产品质量和服务质量来间接反映。为了促进和提高邮政运行管理工作，应当建立监督检查一类的内部保证指标。对于保证邮政技术设备和邮运工具正常运转的技术工作和组织工作，建立一定的相应考核指标也很有必要，一般可以考虑确定下列指标。

（1）邮政职工素质要求；

（2）邮政运行管理水平；

（3）邮政通信整体效能等。

在邮政通信质量指标体系中，还有三个综合性的指标，可以同时用来衡量邮政产品质量、服务质量和工作质量。

1. 邮政消费水平

这是每个公民对各种邮政服务的享用水平。用每人或每万人平均分摊到的某类邮件业务数量来表示，既从数量上又从质量上说明邮政满足社会需要的程度。各种邮政服务的消费水平愈高，邮政的产品质量和服务质量也愈高。

2. 邮政服务水平

这是衡量邮政部门为社会提供邮政服务在迅速和方便要求方面的标准，也是反映一个国家邮政通信的水平。它具体包括：邮政服务机构的设置标准；局所营业时间；经办业务范围；邮件处理运递时限；邮运班次、开箱频次、投递频次和投递深度；文明生产服务态度等。

3. 用户的表扬或申诉

这是最能说明邮政服务质量、产品质量和工作质量的一个综合性指标。不仅可以把用户反映的意见作为促进邮政通信发展的不可缺少的动力，而且可以把用户满意与否作为考核邮政通信质量的重要依据。

总之，在邮政通信质量的指标体系中，主要包括安全与时限两个方面的指标。要在保证安全的前提下，按规定完成各类邮件的全程时限。目前，国家邮政局对省局、地市局、县局邮政通信质量考核的指标主要有以下五项。

（1）总包损失率；

（2）报纸限时妥投率；

（3）邮件全程时限逾限率；

（4）邮件损失率；

（5）机要文件失密丢损件数。

三、提高邮政通信质量的途径

邮政通信质量的优劣波及整个社会，也影响邮政企业自身效益和信誉。因此，邮政部门应该高度重视提高邮政通信质量。一般来说，提高邮政通信质量主要通过以下途径。

1. 邮政部门各级管理者的真抓实干

提高邮政通信质量，关键在于管理者。邮政企业的各级各类管理者，不仅要认真负责地抓制度的贯彻，抓人的思想建设和组织建设，而且要深入基层，到生产第一线去，强化生产现场管理，加强质量检查，善于发现问题和解决问题。只有这样，提高邮政通信质量才能落到实处，收到成效。

2. 邮政职工素质的提高

要从思想、业务、技术各个方面，努力提高管理者的管理水平，提高广大生产人员的科学文化和业务技术水平。力求做到管理者非经培训不就职，生产人员非经培训不上岗，并且严格考核制度，逐步提高邮政人员的政治素质和业务素质。

3. 邮政通信网的改造和发展

为了从物质上保证邮件迅速、准确、安全地传递，确保邮政通信畅通无阻，必须规划改造和发展邮政通信网，有计划地扩大通邮能力。

4．正常生产秩序的确保

生产秩序的好坏，也是影响通信质量的重要因素。因此，必须加强通信质量管理，确保生产过程的井然有序，使之保持正常的良好状态。

5．质量统计和分析工作的加强

质量统计工作是进行邮政通信质量管理的基础性工作。因此，要在做好质量统计的基础上，进行全面的质量分析，从中找出规律性的东西，总结先进经验，发现存在的问题，并提出改进通信质量的措施。

总而言之，改善和提高邮政通信质量要注重对当前邮政通信生产经营活动中存在的通信质量问题进行综合治理，要在设想拟定改进方案时全面权衡是否经济合理。也就是说，既要提高邮政通信质量，又要讲求经济效益。

复习思考题

1．解释概念

（1）邮驿；（2）邮政；（3）邮政通信；（4）邮件；（5）邮政业务；（6）邮政通信质量。

2．问答题

（1）你怎样看待我国邮政通信的现状？
（2）你认为邮政通信的前景如何？
（3）邮政通信有哪些特点？
（4）邮政通信的作用和意义有哪些？
（5）邮政部门目前主要开办哪些业务？如何开发传统邮政业务？
（6）如何提高邮政通信质量？

第二章

邮政通信系统

学习目标：通过本章的学习，了解邮政通信系统的组成；掌握邮政通信网的基本结构；熟悉邮政通信网的主要功能；学会邮政通信网可靠度的计算。

学习重点：邮政通信网的基本结构。

学习难点：邮政通信网可靠度的计算。

第一节　邮政通信系统概述

一、系统及通信系统

（一）系统的概念

随着科学技术的发展，人们逐渐对各种具有一定联系并完成同一任务的事物用系统的理论来进行讨论，以期使复杂的事物最优地达到预定的目标。

系统是由若干相互作用，相互依赖而又有区别的事物或子系统组合而成，并具有特定功能和共同目的的有机整体。比如，一个企业、一个行业、一个部门乃至一个国家、整个地球，都可看做是一个系统。系统是由若干个子系统（小系统或分系统）所构成，大系统和子系统是相对的。

系统所涉及的范围十分广泛，可以包括各种物理系统和非物理系统，人工系统以及自然系统等。通信系统、电力系统和机械系统等属于物理系统；政治结构、经济组织和运营管理等属于非物理系统；计算机网、水利灌溉网和交响乐队等则是人工系统；而自然系统包括小至原子核，大至太阳系的一切客观实体。

（二）通信系统

通信就是信息的传输与交换。从广义上说，一切信息的传输过程，都可以看成是通信，一切完成信息传输和处理任务的系统都是通信系统。通信系统是由许多不同功能的单元组织起来的传输和处理信息的复杂系统。其简化模型如图 2-1 所示。

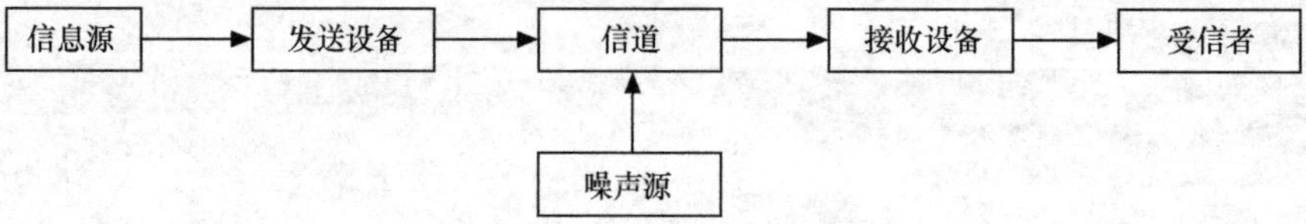

图 2-1　通信系统的简化模型

其中，信息源把各种可能的消息转换成原始电信号；发送设备对原始电信号进行某种变换，使其适合信道的传输；信道则是信号传输的通道（媒介）；噪声源就是信道中的噪声及分散在通信系统其他各处的噪声的集中体现。

邮政所传递的是实物形式的信息，因此邮政同其他通信系统一样，同样构成了一个独立从事邮政通信活动的通信系统，即邮政通信系统。

二、邮政通信系统

（一）邮政通信系统的概念和特点

1．邮政通信系统的概念

邮政通信系统就是邮政通信中以实物形式出现的“信号”所通过的全部邮路和设备的总

和。这个总和，并不是简单地相加，而是在“信号”一定的条件下，保证能使其稳定可靠而有效地从一个地点传递到另一个地点。其基本的模型如图 2-2 所示。

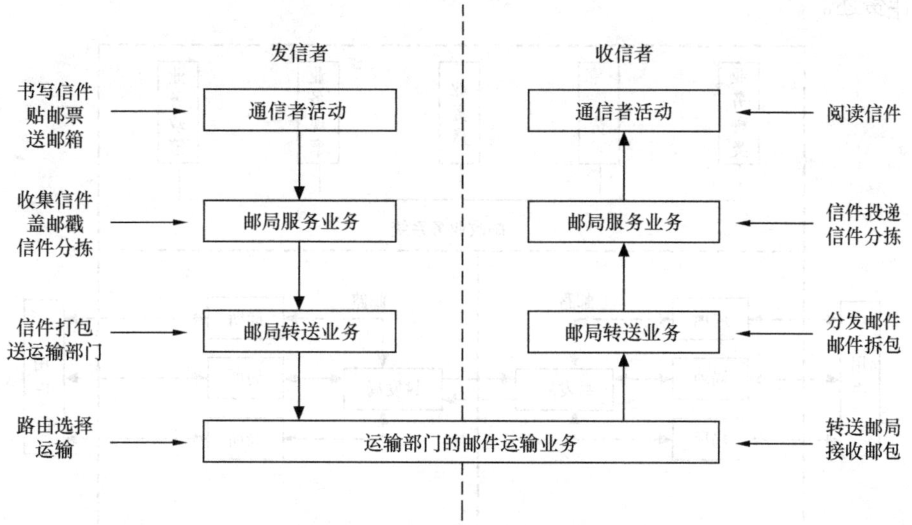

图 2-2　邮政通信系统简化模型

从图 2-2 可以看到，在邮政通信系统中，发信者就是“信息源”，而收信者则是“受信者”，分拣机、拆包机等邮件处理设备则是“发送设备”和“接收设备”，邮路则是“信道”了。由此可见，邮政通信系统虽然传送的是实物信息，但其基本构成部分仍然符合通信系统的基本要求。

2．邮政通信系统的特点

邮政通信系统传递的信息与其他的通信系统有所不同，其自身有以下两个特点。

（1）全局性。一个有效的邮政通信系统，必须借助于邮政通信的所有设备，通过科学的管理手段，形成邮政通信的生产能力，从而成为能够完成邮政通信任务的一个整体。由此可见，邮政通信系统所涉及的问题是全局性的，邮政通信系统具有全局性。

（2）复杂性。由于邮政经办的业务很多，由此赋予邮政通信系统的“信号”形式也多种多样，因而处理的方式和需要的设备就不尽相同，再加上“信号”通达全国各地，形成一个庞大的通信系统。所以，邮政通信系统还具有复杂性的特点。

（二）邮政通信系统的构成

邮政通信系统要完成通信任务和经办各种业务，除了要有邮政局所、设备和邮路等物质技术条件外，还必须进行邮政运行的管理活动。因此，邮政通信系统主要由邮政业务系统、邮政通信网和邮政运行管理系统三部分构成，如图 2-3 所示。

1．邮政业务系统

邮政业务系统的任务是对邮政经营活动进行讨论，包括对邮政的性质、任务、业务种类、资费政策和邮政市场的研究，邮政通信业务量的分析和预测，同时对邮政业务规章制度的制定与修改等也要进行讨论，还有大量的邮政营业工作。要求邮政业务系统应该按照客观经济规律，确定经营方针和进行经营决策，使邮政部门在确保通信质量和通信效益的前提下，获取最大的自身经济效益。邮政通信业务系统是邮政通信生产系统中的先导系统，是一个软件系统，后续有关章节对诸如邮政通信业务量预测和邮政营业管理工作等问题将分别进行讨论，本章不作赘述。

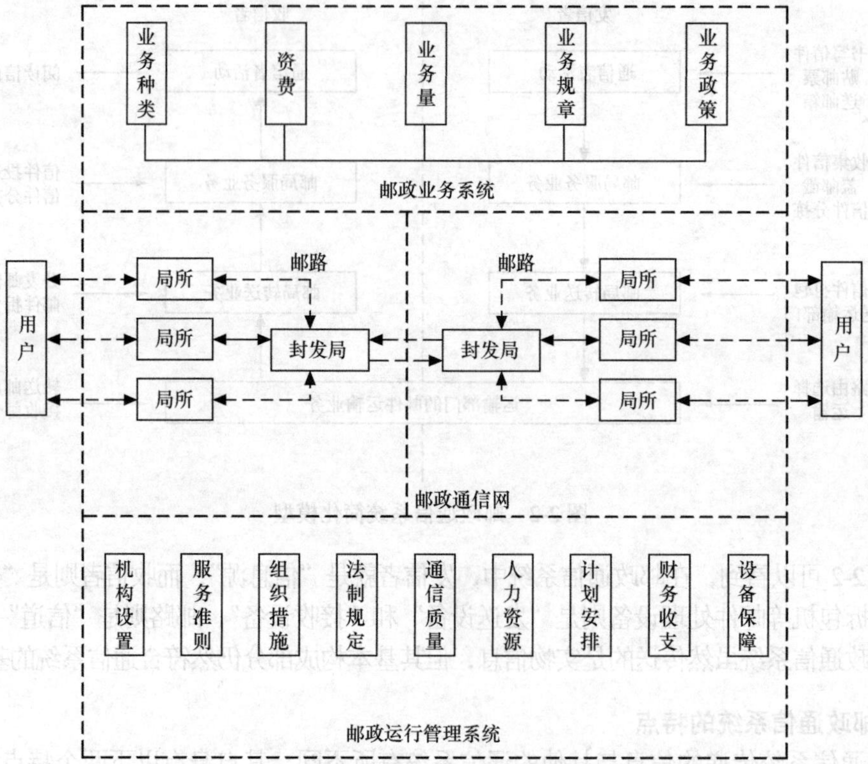

图 2-3 邮政通信系统构成示意图

2. 邮政通信网

邮政通信网是构成邮政通信生产能力的物质技术基础，是一个硬件系统，是整个邮政通信系统的框架。邮政通信系统就是由邮政通信网联结而成的，这样一个子系统的任务就是要确保邮件的畅通无阻。本章研究分析邮政通信系统就要着力于研究邮政通信网。

3. 邮政运行管理系统

邮政运行管理系统是使邮政通信系统由静态系统变为动态系统的最为关键的一个子系统，也是一个软件系统，对保证可靠而有效地传递邮件起着决定性的作用。该系统包括机构设置、服务准则（服务水平等）、组织措施（作业时间表、发运及封发计划、指挥调度等）、法制规定（邮政法实施细则、各种业务处理规则等），以及通信质量、人力资源、计划安排、财务收支、设备保障等。这些内容在后续各章节中将会有侧重地进行分析研究。

综上所述，邮政通信系统是由邮政业务系统、邮政通信网和邮政运行管理系统紧密结合而成的一个高效运转的整体。邮政业务系统、邮政通信网和邮政运行管理系统是相互联系、互为沟通的，没有严格的界限。业务系统中的营业点，既是业务系统中的点，又是网中的端局，网的正常运行也有赖于对邮政运行全过程的科学管理。由此可见，邮政通信网联系着业务系统，借助于邮政运行管理系统的控制而正常有序地运转。

第二节　邮政通信网

一、邮政通信网概述

（一）邮政通信网的概念

对邮政通信系统进行分析，就要着力于研究邮政通信网，因为邮政通信网是构成邮政通信系统的主体，是邮政通信赖以传递邮件的重要工具。

邮政通信网是由邮政局所及通信设施、各级邮件分拣封发中心和邮政运输系统，按照一定的原则和方式组织起来的，在控制系统的作用下，遵循统一的运行规则传递邮件的网路系统。由此可见，邮政通信网具有以下四层意思。

（1）邮政通信网是传递邮件的网路系统；

（2）邮政通信网是一个统一的整体，各部分紧密衔接，依靠全网的整体配合，完成邮政通信任务；

（3）邮政通信网是一个协调运作的可控系统；

（4）邮政通信网是由邮政局所及其设施、各级邮件分拣封发中心和邮路所构成。

（二）邮政通信网的组成要素

邮件自甲地传递到乙地，两地间邮政通信的人员、场地、设备、邮路和运输工具等生产要素的全体，构成了传递邮件的通信体系。全国各地间邮政通信人员、场地、设备、邮路和运输工具等生产要素的总体集合，构成了邮政通信网路系统，形成了覆盖全国的邮政通信网。我国人口众多，土地辽阔，邮政通信机构遍布全国各地，各种邮路纵横交错。因此，邮政通信网是一个极其复杂的网路系统。尽管邮政通信网的结构复杂，但其基本组成和其他通信网一样，也包括传输、交换和终端三大部分。具体来说，邮政通信网的组成要素包括收寄端、邮件分拣封发中心、邮路和投递端。

1．收寄端

收寄端是邮政通信网的始端，是指遍布全国各地经办邮政业务的邮政局、所和服务设置（信箱、信筒、流动服务点）。收寄端的结点面向社会，直接与用户接触，其功能是接受寄件人的委托，开始邮件的传递过程。也就是说，各类邮件通过收寄端结点进入邮政通信网，标志着邮政通信过程的开始。

2．邮件分拣封发中心

邮件分拣封发中心是邮政通信网的节点，是各级邮运中心和邮件传递过程中的集散中心，其功能是将集中到邮件处理中心的各类邮件进行分拣封发及总包经转，并担负邮件运输的任务。不同级别的邮件处理中心承担着不同范围的进、出、转口邮件的处理任务。可见，邮件分拣封发中心是邮政通信网中的枢纽，与担负着邮件分拣封发任务的各级分拣局及装备，构成了邮政通信网的交换部分。

3．邮路

邮路是指各邮政局所之间，邮政局所与车站、机场、转运站、邮件处理中心、报刊社之间，邮区中心局与邮政局所及各邮区中心局之间由自办或委办人员按固定班期规定路线交换邮件（包括机要文件）、报刊的路线。各种邮路相互贯通组成邮政运输系统，完成运输邮件的任务。可见，邮路是沟通邮政通信网中的网点的通道，各级邮路和在邮路上运行的各种邮运工具，构成了邮政通信网的传输部分。

4．投递端

投递端是邮政通信网的末端，是指各投递局将邮件投递到收件人，最终完成邮件传递任务。投递端结点是指各投递局所通过投递人员到达的各类邮件接收点，包括个人用户、单位收发室、邮政专用信箱、用户信报箱、信报箱群等，一些具有投递功能的委办机构、居民委员会、村邮站、信件与报刊代投点等也可以看做是邮政通信网的投递端结点。各类邮件通过投递端送达到收件人手中，标志着邮政通信网过程的终结。

收寄端、邮件分拣封发中心、投递端的分布状况、各级邮路与其连接的方式及邮运的组织决定了邮政通信网的结构。从目前我国邮政通信网的总体状况来看，基本上是一种复合结构，呈多级汇接辐射状。

二、邮政通信网的结构

邮政通信网结构构成邮政通信网整体各个部分的组织体系，基本上可分为层次结构和功能结构。它反映了一个国家邮政通信网的发展水平和组织水平。

（一）邮政通信网的总体结构

邮政通信网由全国干线网、省内干线网和本地网组成。全国干线网由一、二级中心局和一级干线邮路构成，负责省际邮件的分拣处理和干线运输。本地网由本地中心和本地邮路构成，负责本地和省内邮件的分拣处理和运输，实现本地中心与区内县市区局、本地营投网点间的连通。省内干线网由本省一、二级中心局之间及一、二级中心局辐射各本地中心的邮路构成，是实现连通全国干线网节点（一、二级中心局）和本地网节点的运输网路。全国邮政网路结构最终形成干线网、本地网两级处理，一级干线、省内二级干线及本地支线三段运输的网路组织模式，如图 2-4 所示。

（二）邮政通信网的基本结构

全国干线邮政通信网基本上属网状多点辐射结构，正向着网状网与辐射网相结合的复合型网路结构发展，形成航空、铁路、公路等多种运输手段综合利用的快速高效干线网；省内邮政通信网一般为星状逐级辐射结构，省会局既是省内邮政通信网的中心，又是干线邮政通信网的结点，上连干线邮政通信网，下启本省辖境内的邮区邮政通信网，发挥着承上启下的作用；邮区邮政通信网则是辐射型的星形与环形相结合的结构，邮区邮政通信网以邮区中心局为中心，以本邮区为联结范围，是邮政通信网的基础。在我国邮政通信网中，不同层次具有不同的结构，层与层之间是多点逐级辐射，各层次之间又相互交叉，组成了复合网。

由邮政通信网的结构可知，邮政通信网是一个整体系统，其系统性的内涵表现在邮政通信网整体中的不同层次。

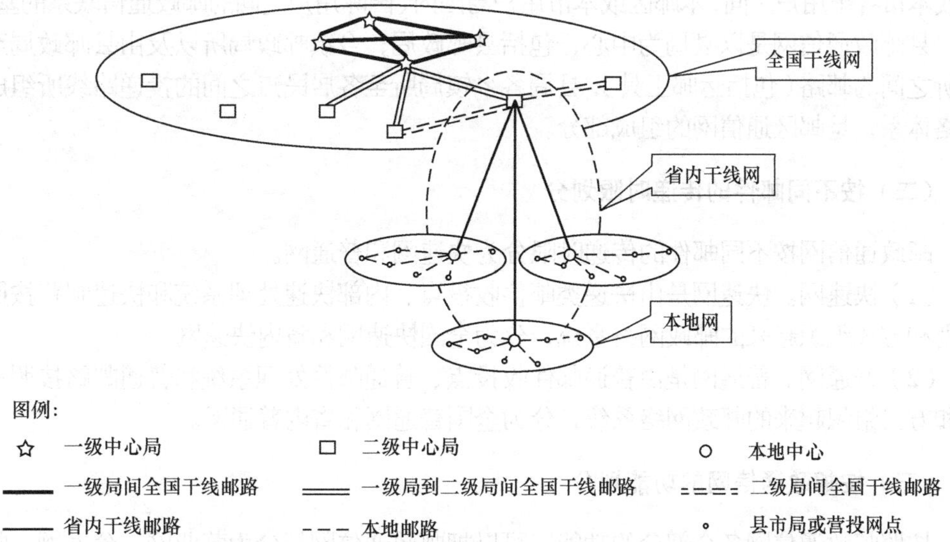

图 2-4　邮政通信网总体结构图

三、邮政通信网的分类

（一）按其管理功能及其作用范围划分

邮政通信网按其管理功能及其作用范围分为全国干线邮政通信网、省邮政通信网和邮区邮政通信网。

1．全国干线邮政通信网

全国干线邮政通信网是以北京为中心，由全国干线邮路连接一、二级中心局所组成的邮政网路体系，是我国邮政通信网结构中的最高层次。它构成邮政通信网的主动脉，是迅速传递邮件的关键和保证，在全网的通信中起决定性作用。

2．省邮政通信网

省邮政通信网是以省会（自治区首府、直辖市）局为中心，由省内干线邮路连接省内二、三级中心局所组成的网路体系。省内邮政通信网是省会（自治区首府、直辖市）局到地（州）市、县邮政通信的主渠道，在全网通信中起着承上启下的重要作用。每个省都有一个相对独立的省邮政通信网，它是全国邮政通信网的重要组成部分。

3．邮区邮政通信网

邮区邮政通信网是以邮区中心局为中心，由邮区内的支线邮路连接区内市县局和各个收投点所组成的邮政网路体系。邮区网在全网中主要担负着在一定范围内运送和集散任务，起着减少邮件在全网运转中的层次，提高全网效能作用。由于邮区中心局在全国邮政通信网中处于省会局与市县局及收投支局所之间中间结点的特殊地位，是市、县邮政通信的龙头，因此对市、县邮政通信的正常进行至关重要。

市邮政通信网是由城市（不包括市管县）范围内的邮政局所及设施，邮件处理中心和市内邮路，按照一定的原则和方式，建立和组织起来从事邮政通信活动的网路体系。它担负着本邮区或本市各个用户之间，本邮区或本市用户与国内、国际用户之间的邮政通信联系的基本任务。

县邮政通信网是以县局为中心，包括县邮政局，乡镇邮政局所以及由县邮政局至各乡镇局所之间的邮路（包括运邮工具），县局各乡镇局所至各居民点之间的投递路线所组成的邮政网络体系，是邮区通信网的组成部分。

（二）按不同邮件的传递时限划分

邮政通信网按不同邮件的传递时限分为快速网和普通网。

（1）快速网。快速网是由快递类邮件收投点、内部快速处理系统和快速邮路按照一定的原则和方式组织起来的邮政网络系统，分为全国快速网和省内快速网。

（2）普通网。普通网是由普通邮件收投点、普通邮件处理系统和普通邮路按照一定的原则和方式组织起来的邮政网络系统，分为全国普通网和省内普通网。

（三）按邮政通信网的功能划分

按照邮政通信网各个部分的功能，可以把邮政通信网划分为营业网、分发网、邮政运输网和投递网等四种。其中营业网和投递网结合在一起构成邮政服务网；分发网和邮政运输网结合在一起构成邮政传输网。邮政通信网的这种联结关系如图 2-5 所示。

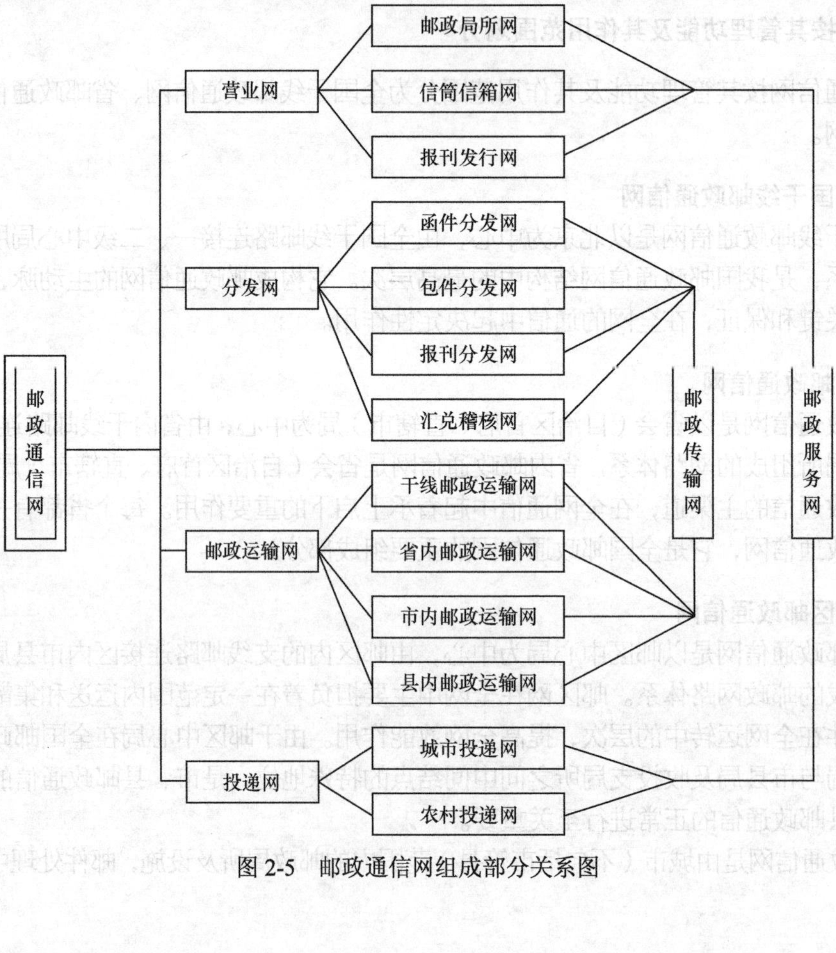

图 2-5 邮政通信网组成部分关系图

四、邮政通信网的总体目标

邮政通信网的总体目标是确保全网畅通，迅速、准确、安全地传递邮件，为社会、政治、经济、科学、文化和人民群众提供方便的邮政通信服务，适应社会发展的需要。邮政通信网的总体目标是由基本目标、质量目标、服务目标和效益目标所组成的。

（一）基本目标

邮政通信网的基本目标是畅通，只有全网畅通，才能为邮件传递提供可靠保证。

（二）质量目标

邮政通信网担负着传递信息的任务。因此，确保邮件的传递时限至关重要。迅速传递邮件，同时要求准确和安全是邮政通信网的质量目标；加快邮件传递速度是全网质量目标的核心。

（三）服务目标

邮政通信网的广泛性和公用性决定了邮政通信网的服务目标。邮政通信网的服务目标主要体现在为公众提供方便的用邮条件和可信赖的全程服务。

（四）效益目标

邮政通信网的全网的整体经济效益是效益目标。为了不断增加积累，求得网路自身的发展，邮政通信必须考虑成本，即要确定效益目标。基本目标、质量目标和服务目标的确定和实现，应注意网路的承受能力。否则，确定的目标无法实现，从这种意义上讲，效益目标对其他目标的确定具有一定的制约作用。同样，邮政通信不注重社会效益，也就没有全网的经济效益。邮政通信的社会效益和全网的经济效益是统一的。应使邮政通信网的整体目标建立在科学合理的切合实际的基础上，以适应社会发展的需要。

五、邮政通信网管理机构的设置和主要职责

我国邮政通信网管理实行统一领导、分级负责的管理体制，实行三级管理，即全国干线网的组织管理、省邮政网的组织管理、邮区邮政网的组织管理。

（一）全国干线网的组织与管理

全国干线网的组织与管理由中国邮政集团公司负责，其主要职责为负责全国干线网的规划、投资、建设和管理；车辆设备、邮路组织的管理，干线网的日常指挥调度，以及全国统一的规章制度的制订和监督检查。

（二）省邮政网的组织管理

省邮政网由省邮政公司负责管理，其主要职责为负责全省干线网的规划、投资、建设和管理；车辆设备、邮路组织的管理，全省网络的指挥调度，以及本省的规章制度的制订和监督检查。

（三）邮区邮政网的组织管理

邮区邮政网由邮区或邮区所在地的地市邮政局负责管理，其主要职责为负责本邮区网的管理，本邮区的邮路组织管理和指挥调度，邮件作业计划的组织实施和监督检查。

第三节 邮政通信网的功能

邮政通信网的基本要素是邮政局所、邮件处理中心、邮政运输和邮路。研究邮政通信网的功能，应该从研究邮政局所、邮件处理中心、邮政运输和邮路开始。邮政通信联合作业的特点，使其在网路中形成了各种功能的分工。

一、邮政通信网的整体功能

（一）邮政通信网的功能表现

在对邮政通信网进行系统分析的过程中，要注重找到提高全网的社会效益和经济效益的突破口，最大限度地发挥全网的生产能力，达到全网的整体目标，取得最佳的整体效益。用系统的理论和方法对邮政通信网进行分析研究，可以得出以下结论。

（1）邮政通信网是由各种要素有机构成的综合体；

（2）构成邮政通信网的各种要素相互联系，互相作用；

（3）各种要素相互间的联系，决定着邮政通信网的结构；

（4）作为全国统一的网路系统，邮政通信应强调的是整体目标、整体功能和整体效益；

（5）构成邮政通信网的诸要素相互联系，相互作用，相互协调，形成合理的结构，才能发挥整体效益。

邮政通信网是一个整体，其全网的生产能力是在符合全网整体目标要求下所产生的作用，是实现全网整体目标的保证。因此，邮政通信网生产能力是衡量邮政通信网建设和管理水平的重要标志。

（二）邮政通信网生产能力

1．邮政通信网生产能力的概念

邮政通信网生产能力是指全网在一定通信质量的要求内（主要是时限要求），所能传递的最大邮件量。它是一种由网的收寄能力、处理能力、运输能力和投递能力组合而成的综合能力。邮政通信的实物信息空间转移的特性决定了运输能力在综合能力中起着重要作用。在当前和今后一定时期内，我国邮政运输，特别是干线运输，主要是依靠国家交通运输部门。由此可见，邮政运输能力受着外部条件的制约，从而也影响着全网综合能力的发挥。

2. 邮政通信网生产能力的要素

根据邮政通信网的结构及其系统分析，构成邮政通信网生产能力的要素为邮政通信局房（含生产场地）、生产设备，人员和管理。

（1）邮政通信局房。邮政通信局房和生产场地是构成邮政通信网生产能力的基本要素之一。没有局房就无法营业，没有生产场地就无法处理邮件。随着邮政通信业务量的日益增长，局房愈显窄小，生产场地也很紧张，严重影响了邮政通信能力的扩大和邮政通信质量的提高，各级邮政部门应予以高度重视。

（2）邮政通信生产设备。邮政通信生产设备主要是邮运工具、邮件处理设备和传送设备，也是邮政通信网生产能力的基本要素之一。现代化的邮政通信，离不开现代化的交通技术，也离不开邮件处理生产过程中的机械化和自动化。邮政通信生产能力的扩大，有赖于邮运能力和处理能力的增强。

（3）邮政通信人员。邮政通信人员包括管理人员、技术人员和生产人员，是邮政通信网生产能力中最活跃的基本因素。邮政通信网正常运转中起主导作用的是人，通过人来运用各种生产设备和邮运工具，制定各种各类操作规范，组织和执行各种规章制度，以确保邮政通信质量和全网运行效率。

（4）邮政运行管理。邮政运行管理是联结局房、生产设备和人员的纽带，通过合理的科学的管理工作，不但可以提高全网的通信效果，而且也可降低通信费用和成本，增加企业的收入。

总之，邮政局所场地、生产设备、人员和管理是构成邮政通信网生产能力的四个要素，缺一不可。

3. 提高邮政通信网生产能力的措施

由以上分析可见，只有邮政局所场地、生产设备、人员和管理等四个要素的最优组合，才能最大限度地发挥邮政通信网的整体效益。具体来说，提高邮政通信网生产能力，必须采取以下措施。

（1）提高生产设备的数量、技术水平和利用率；

（2）扩大通信局房和生产场地的面积；

（3）改善邮政通信生产的劳动环境；

（4）提高邮政通信职工的政治素质和业务素质；

（5）提高邮政运行的管理水平；

（6）改善和加强邮政通信生产全过程中各个环节之间的协调工作。

二、邮政通信网的功能分析

邮政局所、邮件处理中心、邮路和邮运工具是构成邮政通信网的实体要素，是邮政通信网的子系统。因此，研究邮政通信网的功能，就要研究邮政局所、邮路和邮运工具的功能，具体来说就是要研究邮政营业收寄、邮件处理、邮政运输和邮件投递等子系统的功能。

（一）邮政局所的服务功能

1. 邮政局所概述

（1）邮政局所的定义。邮政局所是邮政通信网中的驻点，也是邮件集中与分散的集散地。

邮政局所是指全国各地经办（营业）和处理（分发、投递）邮政业务的部门及其分支机构。

（2）邮政局所的种类。

① 根据邮政局所的具体形式划分。根据我国现行管理体制和行政区划，邮政局所的具体形式有自办和委办两种。

自办的包括邮政局、支局、所、信筒、信箱、报刊门市部等；而委办的则包含代办所、代售（邮票）处、发行（报刊发行）站等。这些邮政通信服务网点星罗棋布地散布在全国各地，为全社会提供多功能全方位的邮政通信服务。

② 根据邮政局所在邮政通信生产过程中所承担的任务划分。根据邮政局所在邮政通信生产过程中所承担的任务和所起的作用，可把邮政局所分为收寄局、投递局、发寄局、寄达局、经转局、发运局等，这些局也是邮政局，而且是赋予特定任务的特殊邮政局。

收寄局是指担负接收用户（寄件人）交寄邮件的邮政局、所；投递局是指担负在划定的投递区域内，向用户投递邮件的邮政局、所；发寄局是指向其他邮政局、所封发邮件总包的邮政局、所，故也称为封发局；寄达局是指接收并开拆处理其他邮政局、所发来的邮件总包的邮政局、所；经转局是指承担散件与总包经转任务的邮政局，也称转口局；发运局是指按邮运计划向寄达局或经转局发运总包邮件的邮政局、所。

2．邮政局所的功能分析

在邮政通信网中，邮政局所主要行使服务功能，包括营业收寄和投递两类功能。营业收寄功能包括出售邮票、收寄挂号信、收寄包裹、收寄大宗印刷品、开发汇票、接受储蓄、收订和零售报刊等；投递功能包括窗口投交包裹、兑付汇款及按址投交各类邮件等。

并不是所有的邮政局所都具备这些服务功能，邮政局所应根据用户的需求情况选择应该具备的功能。就邮政通信全网的服务功能来说，要求邮政局所在维持一定的费用支出的情况下，能尽量为用户提供更多的邮政通信服务，以方便公众。

（二）邮件处理中心的分发功能

邮件处理中心的分发功能主要是指位于交通路线的起终点或交叉点上的邮件转口局和封发局担负的分拣封发邮件的任务。

转口局和封发局的功能主要是通过经转、分拣、封发来处理邮件。经转是转口局将邮件转发给寄达局的一项重要工作，各类邮件的经转关系及其转口局，由国家邮政局明确和指定。分拣和封发则是封发局对邮件处理过程中非常重要的两道工序。邮件分拣就是根据邮件封面上所写的邮政编码或地址，通过机器或人，按规定的分拣路由，逐件分入相关格口内。邮件封发就是将分入格口的邮件按照规定的发运路线、频次和时限要求，逐格口进行整理，填登封发邮件清单，封成袋套。

（三）邮政运输的运邮功能

邮政运输系统是邮政通信网不可或缺的组成部分，是传输邮件的基本手段，主要包括邮路和邮运工具。

1．邮路及其功能

（1）邮路的含义。各种邮路是邮政通信网路的边线。邮路是指邮运工具在邮政局、所之间以及局所与车站、码头、机场、中心局、报刊社、邮政信筒、信箱之间，按固定的班期，运输邮件的行驶路线。通常，邮路具有相对的稳定性，且符合以下相关特性。

① 有固定的运行路线；

② 有固定的交换邮件的场所；

③ 有一定的运邮频次；

④ 有规定的运行时间。

邮路的开辟或撤销主要取决于邮政通信业务的流向流量，要由相关邮政主管部门审批。

（2）邮路的类型

从不同的角度，根据管理的不同需要，我们可以对邮路进行分类。

① 按邮路的管理权限划分。

a. 一级干线邮路。一级干线邮路是指属国家邮政局管理的邮路。下列邮路为一级干线邮路：一级中心局之间的邮路；一级中心局至各省会邮局（二级中心局）之间的邮路；一级中心局、各省会邮局（二级中心局）至重要国际互换局、交换站之间的邮路；其他经国家邮政局指定的一级干线邮路。

b. 二级干线邮路。二级干线邮路是指属各省、市、自治区邮政局管理的邮路。它又分为省际邮路和省内邮路。下列邮路为二级干线邮路：一级中心局、各省会邮局（二级中心局）至本省、市、区内或邻省、市、区的地（州）、市、县之间的邮路；各省会邮局（二级中心局）、各三级中心局、各县到邻省的地（州）、市、县之间的邮路；省、市、区邮局指定的省会、直辖市、自治区首府和省、市区内的重要工矿、农（林）场之间的邮路以及个别地（州）、市、县通往较大的、联系其他县、市的支局的邮路；未列入一级（干线）邮路的市、县到国际互换局、交换站的邮路。

c. 市内邮路。市内邮路是指由各市、县邮政局管理的邮路。市内邮路包括：市区（县城关区）内局、所间的转趟邮路；局、所至车站、码头、机场、转运站、中心局、报刊社之间运输邮件的邮路；市区（县城关区）内专门组织的开取信箱、信筒的邮路。

d. 农村邮路。农村邮路是指由各地（州）、市、县邮政局管理的邮路。农村邮路包括：市、县邮局至农村邮政支局、所的邮路；本市、县农村邮政支局、所之间的邮路；农村邮政支局、所至车站、码头或固定接送邮件点的邮路；一个市、县直接通往本省、市、区或邻县、市、区内的农村邮政支局、所的邮路；一个县的农村邮政支局、所直接通往本省、市、区或邻县、市、区的农村邮政支局、所的邮路；农村地区运邮兼投递邮件的路线。

② 按邮路上所用的邮运工具划分。按邮路上所用的运邮工具可把邮路分为：铁道邮路、汽车邮路、航空邮路、水道邮路、摩托车及其他机动车邮路、非机动邮运工具邮路和步班邮路等几种。

③ 按邮路的性质划分。

a. 自办邮路。自办邮路是邮政部门自备邮运工具运送邮件的邮路。

b. 委办邮路。委办邮路是邮政部门与其他部门或个人签订合同并使用其邮运工具及委托其将邮件运送至某地相关邮局的邮路。

（3）邮路的功能。邮路担负着传输邮件的作用，即运邮的功能。全网的邮件依赖于邮路得以从分散到集中，再到分散，进行有规律的流动。邮路是连通邮件处理中心的，但全网有数以百计的邮件处理中心，很难由一条邮路或一组邮路一次沟通，而必须根据各处理中心的地位，相互联系的疏密程度，构成不同层次的邮运系统。

2．邮运工具的功能

邮运工具是指用于运送邮件的各种各类的交通工具。邮运工具是实现实物信息空间转移的载体，要根据邮政通信的需要和具体情况，利用最迅速和最经济的运输工具来运送邮件。

3．邮政运输系统的功能

邮路和邮运工具组成邮政运输系统。邮路是邮政通信网中不可缺少的组成部分，是传输邮件的基本手段，各种邮路是邮政通信网中的联结线，各类邮运工具则是传递邮件的设备。每一层次的每一条邮路所担负的运邮功能大小不同，由此它们在全网中所占据的地位也不同，所使用的邮运工具也不一样，最终对于邮件产生不同的传输速度。为了适应邮件的不同传递速度的要求，全网邮路应是一个多层次、多手段、综合利用和干支线紧密衔接的结构。

第四节　邮政通信网体制

一、邮政通信网体制的含义和性质

（一）邮政通信网体制的含义

邮政通信网体制是指邮政通信网的组织体系和制度，是规范邮政通信网的一种机制。其内容范畴包括邮件分拣封发关系、邮政通信网的组织管理模式、层级及功能确定等。

邮政通信网是邮政系统的物质技术基础，是实现邮政服务的技术手段。但要保证分散在全国各作业点上的邮件能在邮政通信网上迅速、准确、安全、高效而有序地传递，就必须有科学、有效的组织体系和制度来协调它们之间的活动。这种科学严密的邮政通信网组织体系和制度就是邮政通信网体制。

（二）邮政通信网体制的性质

邮政通信网体制的合理与否对邮政通信网全网的结构和邮件运行方式都有着重大影响。为了科学地制定邮政通信网体制，有必要对其性质进行研究。一般而言，邮政通信网体制的性质有以下几个方面。

1．目的性

邮政通信网体制的目的性是指邮政通信网体制具有人们所明确赋予的预期目标。

2．总体性

邮政通信网体制的总体性就是指邮政通信网体制的各组成部分的功能相互配合，形成一个整体来实现邮政通信网体制的总体功能。

3．相关性

邮政通信网体制的相关性有两层含义：一是指邮政通信网体制和邮政通信网的物质技术基础之间存在着密切的联系，没有科学合理的邮政通信网体制，邮政通信网的物质技术基础就无法充分发挥其效应，而邮政通信网体制则是以邮政通信网物质技术体系为基础的，二者相互配合才能充分发挥效应；二是邮政通信网体制与其外部环境之间的相关性，尤其是与交通运输业的发展、布局及社会经济环境等之间的关系极其密切。

二、我国传统的邮政通信网体制

（一）我国传统的邮政通信网体制的形成

邮政通信网是随着城市的产生而兴起的。随着城市经济活动的发展和人们交往的需要，邮政通信网、交通运输网等公共基础设施逐步发展起来了。城市首先设立了邮政局所，利用交通运输条件建立了邮路，然后在城市周围的乡镇也相继建立了封发单元或邮政服务点，久而久之，随着经济的发展和交通运输条件的改善，邮政通信网自然而然就形成了。在这样的过程中，传统的邮政通信网体制也随之产生。

（二）我国传统的邮政通信网体制的特点

我国传统的邮政通信网体制是以县局为基本封发单元（一个封发局即为一个邮件的封发单元）。这种网络体制是以手工操作为基本处理手段的，有以下几个方面的特点。

（1）局所和邮路的分工不够细致；
（2）规模小，封发效率低，封发单元、封发功能分散；
（3）投入少，见效快；
（4）无法实现全网统一的时间配合。

三、邮区中心局体制

随着邮政通信业务量的快速增长，传统邮政通信网体制中封发单元的处理功能满足不了人们的用邮需要，其过于分散、不利于机械操作的缺陷也阻碍了邮政事业的发展。另外，网络的功能专业化分工进一步加深，功能结构发生变革的必然结果，也是邮政通信网从传统体制向现代化体制发展演变的必然结果，邮区中心局体制应运而生。

（一）邮区

1．邮区的含义

邮区是指为便于组织邮件的分拣封发和运输，所划定的邮件集散的区域范围。根据邮件的流向流量和经转关系以及交通运输条件，考虑到行政区划和地理位置等情况，将全国划分为若干邮区，每个邮区设一个中心局，并按规定给出一个编码代号。

2．划分邮区的原则

根据我国的实际情况，划分邮区应遵循如下原则。

（1）每个邮区的范围一般应与地区的范围相适应，并考虑人口密度、交通条件和邮件经转关系等因素。

（2）必须与邮政发展长远规划相结合，既考虑实际情况，又虑及邮政发展远景，做到远近结合，统筹兼顾。

（3）每个邮区包括的县、市局数目要适当。一个邮区设一个中心局，中心局应尽可能与地、市一级邮政局一致，邮区内包括若干个县市局和投递点。

（4）对受地理位置和交通条件的限制，由两地或三地经转的县（市）局或投递局所，必要时可考虑跨越行政区，划入适当的邮区内，但要考虑邮路建设和人们的用邮习惯。

（5）必须重视邮件传递时限的要求，邮区范围不宜划得过大，也不宜过小。过大则不利于组织分发和邮运，影响时限指标的完成；过小则不利于充分发挥集中分拣的作用。

（二）邮区中心局

1．邮区中心局的概念

邮区中心局是在邮区中担负邮件分拣、封发、经转和发运任务的邮政生产单位。它既是邮区内邮件分拣封发中心，也是本邮区的邮件发运中心，担负邮区内各类邮件的处理分发、集散和交换进出转口邮件的任务。

2．邮区中心局的基本功能

（1）负责分拣封发邮区内各局集中到邮区中心局的进、出口邮件。

（2）负责其他邮区中心局发来邮件的处理和经转。

（3）负责检查邮区内各邮政局所出口邮件的规格和质量。

（4）负责组织邮区中心局与邮区内各邮政局所的邮路，并承担邮区内的邮件运输任务。

（5）负责本邮区中心局局内生产作业的指挥调度工作。

（6）负责本邮区中心局业务档案和容器的管理。

3．邮区中心局的分级

邮区中心局担负邮区内各类邮件的处理分发、集散和交换进出转口邮件的任务。邮区中心局分为三级，即一级中心局、二级中心局和三级中心局。

一级中心局是位于全国铁路交通枢纽部位和干线邮路交叉点上，除完成本邮区邮件集散任务外，主要担负省（区、市）间的邮件分拣封发和邮运转口任务，在网路结构中处全国中心地位。其组成基础是处在交通枢纽地位的大转口局，一般日处理信函量在 70 万件以上的大型邮件处理中心和发运中心。我国现有一级中心局 7 个。

二级中心局一般位于全国干线和省内干线邮路的汇接点上。除完成本邮区邮件集散任务外，主要担负着省内和邻省（区）的邮件分拣封发交换和转口任务。在网路结构中处于省中心地位。其组成基础是省会市局或地处省内交通枢纽的省转口局，一般日处理信函量在 40 万件以上的中型邮件处理中心和发运中心。我国现有二级中心局 63 个。

三级中心局一般位于二级干线邮路同邮区支线邮路的连接点上，主要担负本邮区内邮件集散和邻区的分拣封发和交换转口邮件任务。在网路结构中属邮区中心，是担负各类邮件进、出、转口任务的小型处理中心和发运中心，我国现有三级中心局166个。

（三）邮区中心局体制

1. 邮区中心局体制的概念

邮区中心局体制是以邮区中心局为基本封发单元和网路组织的基本结点，在此基础上组成分层次的邮政通信网，是用以传递邮件的一种邮政通信组织制度和方式。

2. 邮区中心局体制的基本内容

邮区中心局体制是以中心局为邮件处理封发中心和总包邮件的集散中心，组成分层次不同功能的通信网。它的基本内容是：在全国划分邮区并编码，在邮区内设邮区中心局，以邮区中心局代替县、市局为基本封发单位和网路组织中心，进一步组成全国干线、省和邮区三级邮政网。在三级邮政网中，各中心局通过本邮区支线邮路，直接向本邮区内各收投点进行运邮，使邮区中心局成为本邮区的邮件集散中心。

3. 实行邮区中心局体制的意义

邮区中心局体制与传统邮政网体制相比，少了县邮政局这一级。即邮区中心局体制中的三级（三级中心局）比传统邮政网体制中的四级（直辖市、省会市、地级市、县邮政局共四级）少了县邮政局这一级。正因为邮区中心局体制比传统邮政网体制少了县邮政局这一级，其重要意义体现在以下四个方面。

（1）减少了邮件经转层次，加快了邮件在网上传递的速度；

（2）邮件集中程度高，利用机器处理邮件，提高了邮政企业的生产效率；

（3）减轻了劳动强度，提高了劳动生产率，降低了邮政企业的生产成本；

（4）促进了邮政管理手段和服务手段的现代化。

因此，我国除西部少数欠发达地区外，邮政通信网实行邮区中心局体制。

第五节　邮政通信网的可靠性

一、邮政通信网可靠性的含义

邮政通信网的可靠与否，事关邮政通信质量的好坏。随着邮政通信的发展，邮政通信枢纽的建设，邮运设备的先进，邮件分拣机械化与自动化的实现，邮政通信网的可靠性就显得愈来愈重要。

邮政通信网的可靠性是指邮政通信网在一定的时限和条件下，发生障碍的程度。由此可见，发生的障碍越多，网的可靠性就越差。此外，邮政通信网的可靠性的定义还包含以下几个方面的内容。

（1）邮政通信网可靠性的对象是邮政通信全网的每一个部位，包括全部邮政局所、邮路和邮运工具等；

（2）邮政通信网中各部分的功能必须符合邮政通信质量的要求，才有可能保证其可靠性；

（3）邮政通信网的可靠性必须在严格遵守邮件的运递时限下；

（4）邮政通信网的可靠性还需考虑天灾人祸等外部环境因素。

二、邮政通信网可靠度的数学表达式

邮政通信网的可靠性可以用可靠度来量化。邮政通信网的可靠度是指在一定的时限内和规定的使用条件下，邮政通信网无障碍地发挥规定功能的概率。

设可靠度为$R(t)$，不可靠度为$F(t)$，则

$$R(t)+F(t)=1 \qquad (2\text{-}1)$$

对式（2-1）相对时间t微分得

$$\frac{\mathrm{d}R(t)}{\mathrm{d}t}+\frac{\mathrm{d}F(t)}{\mathrm{d}t}=0$$

即得

$$\frac{\mathrm{d}R(t)}{\mathrm{d}t}=-\frac{\mathrm{d}F(t)}{\mathrm{d}t} \qquad (2\text{-}2)$$

令障碍密度函数$f(t)$为

$$f(t)=\frac{\mathrm{d}F(t)}{\mathrm{d}t} \qquad (2\text{-}3)$$

再令障碍率$\lambda(t)$为

$$\lambda(t)=\frac{f(t)}{R(t)} \qquad (2\text{-}4)$$

将式（2-2）和式（2-3）代入式（2-4）得

$$\lambda(t)=\frac{-\dfrac{\mathrm{d}R(t)}{\mathrm{d}t}}{R(t)} \qquad (2\text{-}5)$$

式（2-5）为一变量可分离的微分方程，用分离变量法解得可靠度的数学表达式为

$$R(t)=\mathrm{e}^{-\int_0^t \lambda(t)\mathrm{d}t} \qquad (2\text{-}6)$$

若$\lambda(t)\equiv\lambda$时，则式（2-6）变为

$$R(t)=\mathrm{e}^{-\lambda t}\ （t\geqslant 0，\lambda\geqslant 0） \qquad (2\text{-}7)$$

我们可以用图2-6来描述式（2-7）。由图2-6可见，随着时间的推移，邮政通信网的可靠度不断下降。因此，邮政部门要不断加强对邮政通信网的科学管理，提高各级各类人员的政治与业务素质，维修好现有设备，不断添置邮政通信的新设备，以确保邮政通信网可靠度的稳定与提高。

三、邮政通信网可靠度的计算

邮政通信网非常复杂，但就其结构而言，不外乎由串联网、并联网和混合网等三种形式所组成。下面我们分别来讨论这三种形式网的可靠度的计算。

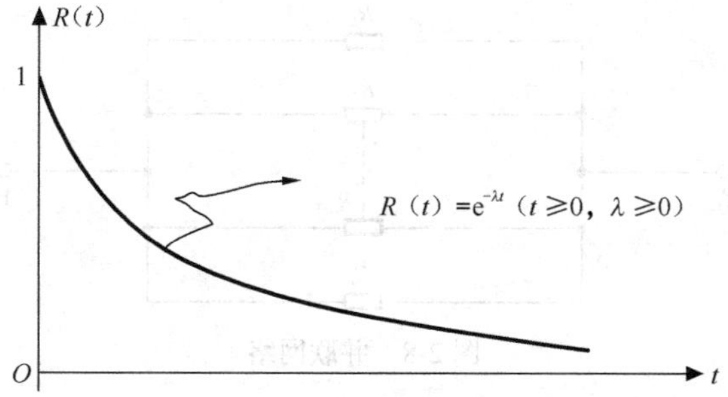

图 2-6　网的可靠度的图解

（一）邮政通信网中串联网可靠度的计算

令串联网中各子网的可靠度分别为

$$R_1, R_2, \cdots, R_{n-1}, R_n$$

此时的串联网如图 2-7 所示。

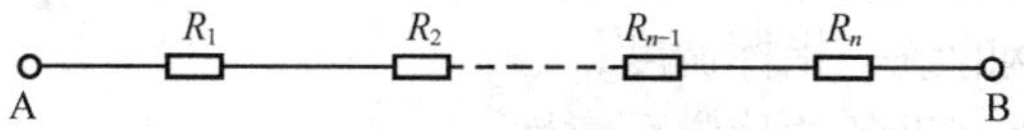

图 2-7　串联网络

根据概率论中的乘法定理，串联网的可靠度 R_{AB} 为

$$R_{AB} = R_1 \cdot R_2, \cdots, R_{n-1} \cdot R_n = \prod_{i=1}^{n} R_i$$

$$(i=1,2,\ \cdots,\ n-1,n) \qquad (2\text{-}8)$$

由图 2-7 和式（2-8）不难发现，串联网中，一个子网或一条邮路发生障碍将波及整个串联网。

（二）邮政通信网中并联网可靠度的计算

令并联网中各子网的可靠度分别为

$$R_1, R_2, \cdots, R_{n-1}, R_n$$

此时的并联网如图 2-8 所示。

并联网的可靠度 $R_{并}$，即 R_{AB} 的计算公式为

$$R_{AB} = 1-(1-R_1)(1-R_2)\cdots(1-R_{n-1})(1-R_n) = 1-\prod_{i=1}^{n}(1-R_i)$$

$$(i=1,2,\cdots,n-1,n) \qquad (2\text{-}9)$$

由图 2-8 和式（2-9）不难发现，并联网中，一个子网或一条邮路发生障碍对整个并联网有影响，但影响不大。

（三）邮政通信网中混合网可靠度的计算

混合网是串联网和并联网的混合形式。这种网集中了串联网和并联网的便于管理、可靠性强、通邮回旋余地大等优点，我国邮政通信的现行网正是一种混合网体系。

混合网可靠度的计算反复运用式（2-8）和式（2-9）即可。

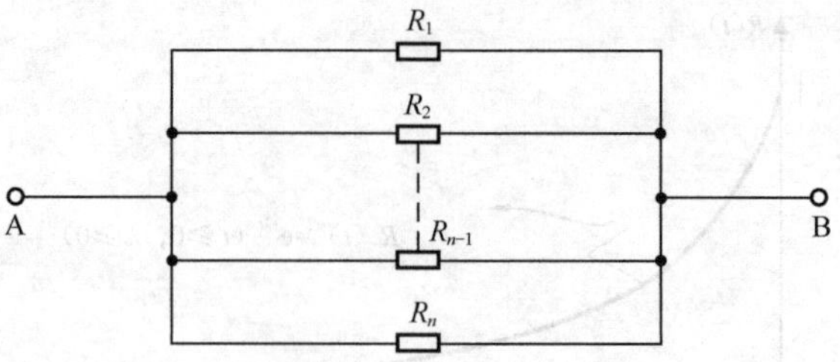

图 2-8　并联网络

四、提高邮政通信网可靠性的措施

根据邮政通信网的构成因素，提高邮政通信网的可靠性应采取以下措施。

（1）全面提高邮政通信人员的政治素质与业务素质；

（2）提高封发局的工作效率和工作质量；

（3）减少邮运工具在运转过程中的人为障碍；

（4）提高邮政局所的通信质量和服务质量；

（5）强化邮政通信网的统一指挥调度；

（6）提高邮政通信生产设备的稳定可靠性。

复习思考题

1. 解释概念

（1）邮政通信网；（2）邮路；（3）邮政通信网生产能力；（4）邮政通信网可靠性；（5）邮区；（6）邮区中心局；（7）邮区中心局体制；（8）邮政通信网体制。

2. 问答题

（1）邮政通信系统由哪三部分构成？其中业务系统主要从事什么工作？

（2）邮政通信网的组成要素有哪些？

（3）邮政通信网有哪些功能？

（4）什么叫邮政通信网生产能力？如何提高网的生产能力？

（5）邮区中心局的功能有哪些？

（6）提高邮政通信网可靠性有哪些途径？

3. 计算题

某邮政局域网如图 2-9 所示，已知 $R_{1\text{-}3}=0.90$，$R_{4\text{-}5}=0.80$，$R_{6\text{-}8}=0.95$，计算 R_{AB} 为多大？

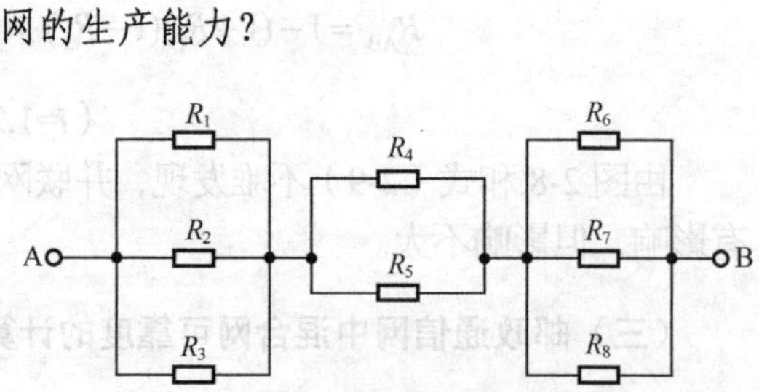

图 2-9　某邮政局域网示意图

第三章

邮政通信网发展规划

学习目标：通过本章的学习，理解邮政通信网发展规划的概念；了解规划邮政通信网的基本原则；掌握邮政通信网发展规划的主要内容；了解规划邮政通信网的基本步骤。

学习重点：邮政通信业务的预测。

学习难点：邮件流向流量的预测。

Management

第一节 邮政通信网发展规划概述

一、邮政通信网发展规划的概念

邮政通信网的发展规则是对邮政通信网的发展所制定的相应规划，即制定邮政通信网发展的远景蓝图。它是邮政通信发展规划的核心。邮政通信网的规划是一项事关邮政通信发展的具有战略性、开拓性的宏观研究工作，也是一项政策性很强的技术经济工作。邮政通信网的发展规划应全面展示邮政通信未来发展的蓝图，要确保邮政通信生产能力适应社会用邮的需要，充分体现技术与经济的统一，体现邮政通信网发展的整体性、层次性、连续性和协调性，以提高经济效益为中心，实现速度与效益的统一。

二、规划邮政通信网的原则

为了适应社会生产力的发展和人民物质文化生活水平的不断提高对邮政通信产生的新需求，邮政通信要建成一个以邮区中心局为基础，以缩短时限为目标，组成水、陆、空相衔接的多层次、多渠道、综合利用和四通八达的邮政通信网。因此，规划邮政通信网应遵循以下基本原则。

（一）必须适应国民经济的发展远景和生产力配置的需要

邮政通信作为国民经济的基础结构，一方面它的发展水平取决于生产力的发展水平，另一方面它的物质技术基础本身又是生产力的组成部分。所以，发展和规划邮政通信网，必须以国民经济发展远景为依据，按照生产力配置的需要，来设置布局邮政局所、邮路和邮政通信设备与之相适应，进而促进国民经济的发展。

（二）既要与国家的行政区划相适应，也要符合邮件流向流量的客观规律

为了更好地满足行政区划内的政治、经济、文化发展的需要，并便于邮政部门对邮政通信网的统一指挥和分级管理，规划邮政通信网时，要考虑各级邮政通信网与国家行政区划尽可能相一致。此外，邮政通信生产的特点，使得邮件的流向流量具有客观规律，规划邮政通信网时，要考虑符合这一规律的客观要求，才能加速邮件的传递，使邮政通信网的规划更趋合理与科学。规划过程中，当遇到行政区划与邮件流向流量发生矛盾时，邮政部门应首先考虑邮件流向流量客观规律的要求，而不以行政区划为限。

（三）服务网点的配置要最大限度地接近居民

邮政通信是最普及最广泛的一种通信。为了充分发挥邮政通信在满足人民群众日益增长的物质文化生活需要方面的特殊作用，邮政局所的布局与设置，应最大限度地接近居民，使广大用户在使用邮政通信时能得到更多的方便，并不断改善邮政服务，以利于促进邮政通信业务的发展。

（四）要充分考虑交通运输的发展条件

邮政通信生产过程中邮件的传递离不开交通运输。因此，规划邮政通信网时，要考虑交通运输的发展条件，从合理利用现有的国家资源，统一规划建设来考虑，邮政通信的发展也应依存于交通运输的发展。此外，全国邮区中心局的配置，必须建立在四通八达的交通枢纽处，使其具备使用铁路、公路、航空和水运的综合能力，从而经济合理地利用交通运输条件来发展邮政通信。

（五）邮政通信网的发展规划，要广泛采用先进的适用技术和设备

邮政通信网是邮政通信发展的物质基础。因此，规划邮政通信网时，要广泛采用先进的适用技术和设备。同时，要分层次有步骤地对邮政通信网的组织结构进行技术改造，以保证邮件在生产过程中以尽可能快的速度传递，并取得尽可能大的社会效益。

（六）邮政通信网的发展规划，必须讲求经济效益

邮政通信网的发展规划，主要通过邮政基本建设来实现。在邮政基本建设过程中，需要投入相当数量的人力、物力和财力，而且建成投产后要能长期发挥作用。所以，规划邮政通信网时，要考虑经济效益。这就要求规划时要从长远出发，全面考虑，统筹安排，城乡兼顾，合理布局。同时要使邮政通信网各个组成部分密切配合，各级邮政网之间，各个环节之间的通邮能力都能互相匹配。具体来说，就是既要考虑增加直达邮路，提高网的运邮能力，加强邮件的传递速度；又要根据不同种类的邮件流量，注意经济合理地使用各种运输工具，力求降低邮运成本，在取得更大社会效益的同时，也取得更好的企业效益。

三、邮政通信网发展规划的主要内容

邮政通信网发展规划主要包括以下内容。

（一）重新划分邮区

邮区的划分在很大程度上取决于地理环境，所以许多国家包括我国的邮区划分都与行政区划十分接近。但是，为了适应邮政通信的发展，划分邮区也要考虑地区交通条件和城市发展的变化。因此，在编制邮政通信网发展规划时，首先就要对邮政通信网中原有的邮区划分进行讨论，根据实际情况作必要的调整，以利于保持现有邮政通信网的基本稳定。

（二）制定设置中心局所遵循的标准

设置中心局的标准的制定是设置中心局的基本步骤。这个标准主要包括以下五个方面的内容。

（1）城市人口及其发展规模；

（2）运输条件较好，具有纳入全国运输网的可能；

（3）业务量达到一定数值；

（4）建立中心局所需要的场地；

（5）根据原有邮政通信机构与设置是否还有潜力，来确定中心局是否急需设置和设置的先后顺序。

（三）确定生产系统中应设置的中心局数

根据对收集的有关设置中心局的大量资料数据进行整理与分析，推导出邮政通信全网中心局各项功能的计算方程，通过手工方法或计算机进行评价选优，这主要是一种侧重于经济上的定量分析比较的方法。对于中心局的服务质量、效率以及该城市的特殊情况等因素则作定性的评价分析与判断选择。

（四）调整确定邮政运输网路

邮运是邮政通信的脉络，是邮政通信网的中枢神经，是决定邮件传递速度的重要环节。确定邮政运输网路要进行各类邮件的流向流量调查，根据业务量长期发展规划的目标，对运能和运量进行定量分析和预测，制定邮件发运路由、邮运方式和接转方案，研究并提出满足规划目标中所要求的邮运能力建设规划以及邮政运输网路调整方案。

（五）编制财务、经济分析文件

财务、经济分析文件是提供决策机构做出决策的重要依据，是邮政通信网发展规划的重要组成部分。因此，要编制好财务、经济分析文件。这个文件应反映邮政通信网建成后所能体现的经济效益，它包括邮政通信网未建成与建成后各主要方面的经济分析结果，以及相应的评价意见和基本建设的财务概算。

邮政通信网规划的程序如图 3-1 所示。由图 3-1 可知，邮政通信网发展规划是以邮政通信业务量和邮件流向流量预测资料为基础、以邮区规划为中心、以社会效益和企业效益相统一为目的的。

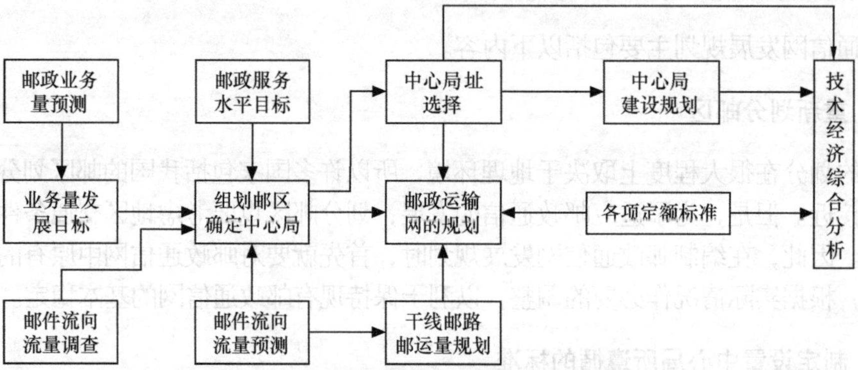

图 3-1　邮政通信网发展规划程序示意图

第二节　邮政通信业务量预测

一、邮政通信业务量预测的概念

邮政通信业务量预测就是根据已掌握的用户对邮政业务的需求情况及其有关资料，运用已有的科学方法、经验和手段对邮政业务未来一定时期内的需求情况做出科学的判断、估计和测算。邮政通信业务量的预测是编制邮政通信网发展规划的基础，也是确定邮政通信生产规模的重要依据之一，对邮政通信网的设计、基本建设、邮路发展规划等项工作提供基础资料，也给对邮政通信网进行技术经济分析提供重要的基础数据。因此，对邮政通信业务量进行科学的预测是一项需要给予高度重视的工作。

邮政通信公用性强，涉及社会上各行各业以至于每个人的通信需求。因此，在预测中应该注意到客观上影响邮政通信业务量变化的因素，不仅要对历史资料进行科学的统计、分析，还要对未来发展变化的估计力求准确。

邮政通信业务量预测专指出口计费业务量的预测，这主要是预测收入。为邮政通信局所的建设、设备的采用以及邮政运输网的规划等提供依据。

二、邮政通信业务量预测方法

随着科学技术的发展和经济建设的需要，预测方法越来越多，应用也越来越广泛。下面介绍应用于邮政通信领域中业务量预测的几种主要方法。

（一）时间序列推断法

时间序列推断法就是把收集积累起来的历史资料按序排列，从中寻找出预测对象随时间的变化规律及其发展趋势，进而建立起数学模型，经过加工处理后得出预测结果。这类方法适用于用户用邮比较稳定、弹性较小时的邮政通信业务量的预测。下面着重介绍时间序列推断法中的两种常用方法。

1．简单移动平均法

这是一种算术平均法，是利用近期各个实际用邮量的平均值为预测下一期用邮的需求量。计算公式为

$$F_t = \frac{\sum_{i=t-1}^{t-N} D_i}{N} \qquad (3\text{-}1)$$

式中：F_t表示t期的预测值；

N表示移动的资料期数；

D_i表示第i期的实际用邮量。

例 3-1：假定某邮政企业 2002—2010 年的实际用邮量如表 3-1 所示。如果N选为 4 期，则 2011 年的邮政业务的预测值由式（3-1）得

$$\begin{aligned} F_{04} &= (D_{04-1}+D_{04-2}+D_{04-3}+D_{04-4})/N \\ &= (15+12+11+10)/4 \\ &= 12\text{（百万件）} \end{aligned}$$

简单移动平均法是根据收集的实际统计数据来不断修改其平均值。所以，N值的选择对预测结果影响较大，一般N的取值范围在 3～6 之间。

表 3-1　　某邮政企业 2002—2010 年实际用邮量　　单位：百万件

年　份	实际用邮量	预测用邮量	
		简单移动平均	加权移动平均
2002	6		
2003	8		
2004	5		
2005	9		
2006	12	7	7.3
2007	10	8.5	9.3
2008	11	9	8.9
2009	12	10.5	10.7
2010	15	11.25	11.3
2011		12	12.8

2．加权移动平均法

这种方法就是在运用简单移动平均法时，对各原始用邮资料视其离预测期的远近进行加权，权数通常为近大远小。这种方法更接近实际，因为近期对预测值影响较大，这就避免了简单移动平均法中各期实际用邮量对预测值的影响是相等的这一不足之处。计算公式为

$$F_t=\sum_{i=t-1}^{t-N}\alpha_i D_i \tag{3-2}$$

式中：F_t 表示 t 期的加权预测值；

α_i 表示第 i 期的权数。

其中 α_i 值必须满足：$\sum_{i=t-1}^{t-N}\alpha_i=1, 0\leqslant\alpha_i\leqslant 1$

例 3-2：仍以表 3-1 中假定的实际用邮量为例，假定 4 期的 α 值分别为 $\alpha_{t-4}=1/10$、$\alpha_{t-3}=2/10$、$\alpha_{t-2}=3/10$、$\alpha_{t-1}=4/10$，按式（3-2）则

$$F_{11}=4/10\times15+3/10\times12+2/10\times11+1/10\times10$$
$$=12.8\text{（百万件）}$$

（二）因果关系分析法

因果关系分析法是通过一些对预测目标有直接或间接影响因素的分析，找出其变化规律，并根据这种变化规律来确定预测值。这种预测方法是按照各经济变量之间的相互关系，利用已收集的数据建立起回归方程来进行预测。比如邮政通信业务量与工农业总产值、人口等有依赖关系，利用这种因果关系来预测邮政通信业务量。因果关系分析法的模型可分为线性或非线性的、一元或多元的，变量也可以是随机的变量。

例如，根据市场调查统计，某市邮政局包裹业务量的发展变化与城市工业总产值、商品零售额、居民人均收入及城市人口成正比关系，则由此建立的因果关系分析预测模型为

$$\hat{y}_i=a+b_1x_{1i}+b_2x_{2i}+b_3x_{3i}+b_4x_{4i}$$

这是一个四元一次线性方程，其中：

$\hat{y}_i$ 表示预测的第 i 期包裹业务量；

x_{1i} 表示第 i 期的工业总产值；

x_{2i} 表示第 i 期的商品零售额；

x_{3i} 表示第 i 期的居民人均收入；

x_{4i} 表示第 i 期的城市人口数。

这即是一个多元线性回归分析预测模型，因为变量 x 与函数 y 之间是线性关系。

为简便起见，我们主要讨论一元线性回归预测的方法，如上述四个因素中只考虑一个主要因素。一元线性回归预测法的基本公式为

$$\hat{y}_i = a + bx_i$$

式中：$\hat{y}_i$ 表示第 i 期预测值；

x_i 表示自变量；

a、b 分别表示回归系数。

根据微分学原理，用最小二乘法，可推导出回归系数 a、b 的表达式为

$$\begin{cases} a = \dfrac{\sum x_i^2 \cdot \sum y_i - \sum x_i y_i \cdot \sum x_i}{n\sum x_i^2 - \left(\sum x_i\right)^2} \\ b = \dfrac{n\sum x_i y_i - \sum x_i \sum y_i}{n\sum x_i^2 - \left(\sum x_i\right)^2} \end{cases}$$

为简化计算，可令 $\sum x_i$ 为零，则有

$$\begin{cases} a = \dfrac{\sum y_i}{n} \\ b = \dfrac{\sum y_i \cdot x_i}{\sum x_i^2} \end{cases}$$

根据统计资料，利用 a、b 表达式计算出其大小，代入一元线性回归方程 $\hat{y}_i = a + bx_i$ 中，即可求出第 i 期预测值 $\hat{y}_i$。

预测模型中，变量 x 与预测函数 y 之间是否线性相关，要用相关系数来检验。相关系数 γ 的计算公式为

$$\gamma = \frac{n\sum xy - (\sum x)(\sum y)}{\sqrt{n\sum x^2 - (\sum x)^2}\sqrt{n\sum y^2 - (\sum y)^2}} \tag{3-3}$$

$|\gamma|$ 越接近 1，则表示 x 与 y 之间关系越密切，线性关系越明显；相反，$|\gamma|$ 越接近零，则表示 x 与 y 关系越不密切，呈非线性关系，此时，就不能用线性预测法进行预测，否则预测结果不准确。

例 3-3：假定某邮政企业 2004—2010 年的邮政通信业务量 y_i 如表 3-2 所示，要求预测 2011 年和 2012 年的邮政通信业务量。

根据表 3-2 中实际用邮量 y_i，给定自变量 x_i 的值，就可算出 $\sum x_i^2$、$\sum x_i y_i$ 值，且依此，按式（3-3）求得

$$\gamma = \frac{n\sum xy-(\sum x)(\sum y)}{\sqrt{n\sum x^2-(\sum x)^2}\sqrt{n\sum y^2-(\sum y)^2}}$$

$$= \frac{7\times 14\,000-0\times 31\,500}{\sqrt{7\times 28-0}\sqrt{7\times 152\,250\,000-(31\,500)^2}}$$

$$= \frac{98\,000}{\sqrt{196}\sqrt{73\,500\,000}}$$

$$= \frac{98\,000}{120\,025}\approx 0.82$$

表 3-2　　某邮政企业 2004—2010 年业务量　　单位：千件

年　份	y_i	x_i	x_i^2	$x_i y_i$	$\hat{y}_i$
2004	3500	−3	9	−10500	3000
2005	4000	−2	4	−8000	3500
2006	2500	−1	1	−2500	4000
2007	5000	0	0	0	4500
2008	4500	1	1	4500	5000
2009	5500	2	4	11000	5500
2010	6500	3	9	19500	6000
n=7	$\sum y_i=31500$	$\sum x_i=0$	$\sum x_i^2=28$	$\sum x_i y_i=14000$	

由于 γ=0.82，接近 1，说明变量 x 与预测函数 y_i 间呈线性关系，此时用线性回归法进行预测，预测的结果是比较准确的。

然后根据回归系数 a、b 表达式计算得到

$$a=\frac{\sum y_i}{n}=\frac{31500}{7}=4500$$

$$b=\frac{\sum x_i y_i}{\sum x_i^2}=\frac{14000}{28}=500$$

再根据 $\hat{y}_i=a+bx_i$ 可计算出 2004—2010 年各年度的预测值 $\hat{y}_i$，如表 3-2 所示。按照这些数据可作图 3-2。由图 3-2 可见，邮政通信业务量预测趋势就是倾向变动线，即回归线的延伸。由图 3-2 或根据一元线性回归方程 $\hat{y}_i=a+bx_i$，可求得 2011 年和 2012 年的邮政通信业务量为

y_{2011}=4500+500 × 4=6500（千件）

y_{2012}=4500+500 × 5=7000（千件）

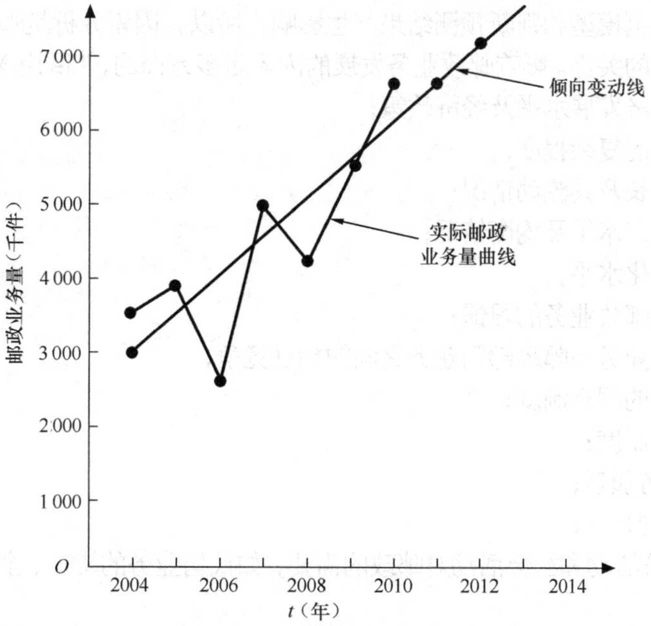

图 3-2　一元线性回归线

（三）专家预测法

专家预测就是通过熟悉情况的有关专家的直观判断来进行预测的一种方法。下面主要讨论其中的会议法和德尔菲法两种。

1．会议法

会议法就是聘请一批有关专家和有关人员开会，根据已掌握的历史资料和环境情况以及预测的内容，各自提出意见，相互交流，并使意见逐步统一，从而得出预测结果。例如，邮政新业务的开辟、邮件分拣的自动化、邮运能力的扩大与否等都可以采用会议法进行前景预测。

这种方法简单易行，但也有一个主要缺点，就是易受“权威”意见影响，也不利于发挥专家独立思考的作用，以至于预测欠准确。

2．德尔菲法

这种方法是美国兰德公司早在 1946 年初次采用。为了避免会议法中“权威”意见的过分影响，采用匿名通信方式，就所需要预测的课题征求意见，经过多次信息交换，逐步取得一致意见，从而得出预测结果。这种方法可用于邮政新业务的开发等难以用定量方法进行预测的课题。

三、邮政业务需求的因素分析

（一）影响邮政业务发展的因素

对影响邮政通信业务量的因素进行分析的目的，是为了掌握影响邮政业务发展的各种因素及其对邮政业务发展的影响程度，这是邮政业务预测的基础。此外，因素分析也将对选择预测方法，确定预测模型和判断预测结果产生影响。所以，因素分析是邮政通信业务量预测能否取得准确结果的关键。影响邮政业务发展的因素是多方面的，归纳起来主要有以下因素。

（1）社会的经济发展水平及经济政策；

（2）生产技术的复杂程度；

（3）人口的增长及其流动情况；

（4）人民的生产水平及均衡情况；

（5）人民的文化水平；

（6）人民使用邮政业务的习惯；

（7）其他部门业务与邮政部门业务之间的相互竞争；

（8）邮政业务的规章制度；

（9）邮政资费制度；

（10）邮政服务质量；

（11）新业务的开办；

（12）新的经济活动和社会活动对邮政的需要，如代售业务的增加、全国性的评选活动的开展等。

（二）影响邮政业务发展的因素分析

分析以上影响因素，可综合成两大类：一是客观因素，二是主观因素。

1. 客观因素

影响邮政通信业务发展的客观因素是社会、政治、经济、文化等活动的发展。社会活动的发展主要体现在两个方面：一是企业、机关、团体、报刊社等单位数量的增多，因而信息量增多；二是经济建设单位规模扩充、活动范围扩大和活动素质提高，要求获得更多的信息。社会活动发展的结果集中反映在经济增长上。一个国家或地区的经济增长速度通常有两个指标：一是国民生产总值和人均生产总值；另一个是国家收入和人均收入。所以，邮政通信业务的发展与这两个指标及其相互关系密切联系。此外，由于邮政通信比电信有更广泛的群众性，也就使个人用邮的比例相当大。因此，一个国家人口增长、人民物质文化生活和科学技术水平都对邮政需求有很大影响。

2. 主观因素

邮政通信发展的主观因素，主要是通信能力、服务质量和资费政策。邮政通信设备和服务网点的接近居民，邮政通信工作的改进和邮政通信质量的提高，对邮政通信业务量的增长都产生很大的影响；而资费政策对通信需求量则有明显的制约作用，用户用邮不能不考虑资费问题，资费的升降与高低会使用户需求量降升，资费与需求量关系互成反比。

综上所述，影响邮政通信发展的因素是复杂的。这就要求邮政部门要以用户为中心，以邮政业务为重点，按不同种类的业务做好社会调查，了解历年的供求情况，掌握其变化的规律性；通过调查研究积累有关供求关系的数据和资料，研究影响各类业务量的因素及其相互关系的变化；同时研究社会消费能力，考察社会需求的前景与邮政通信业务量增长的关系，以明确各类业务的发展趋势；从而正确选择预测方法，建立预测模型，计算出今后各个时期的各类邮政通信业务量。

第三节　邮件流向流量预测

一、邮件流向流量预测的概念

邮件流向流量预测就是根据已掌握的历史资料，对邮件在一定时间内的地区间、局际间流动的数量，运用各种数学方法，通过建立数学模型及其加工处理，从而做出科学的定量的测算。调查掌握邮件流向，预测邮件流量是规划各条邮路运邮能力的基础，也是制定邮件发运计划的重要依据。

规划邮政通信网，特别是规划邮政运输系统，仅预测各局的邮政通信业务量是不够的，还必须要掌握未来一定时间内各邮路上的流量情况，所以应该进行邮件流向流量的预测。

邮件流向是指邮件在传递过程中的方向和寄达地点，邮件流量则是指邮件在一定时期内两地之间的流动数量。我们对邮件的流向流量进行预测，需要做好对邮件流向流量的调查。调查时，先要按邮政业务的种类，分别把函件、印刷品、包件、汇票、报纸和刊物等作为调查对象，然后确定调查范围，将省内与省际分开，再按邮件流向分为去流量（出口流量）和来流量（进口流量），在此基础上就可采取不同的方法进行调查。

根据各种邮件的特点，调查邮件流量一般可采用三种方法：一是集中调查，即向大宗用户和在邮件集中的分拣部门调查；二是分散调查，即在各局的分支机构进行调查，然后再汇总；三是查档调查，即对给据邮件采取查阅档案的办法来取得数据。通过调查掌握了足够可靠数据之后，即可着手进行预测。

二、邮件流向流量矩阵表的建立

邮件流向流量的预测，较之预测各局邮政通信业务量要复杂得多，通常采用建立邮件流向流量矩阵表来进行预测，矩阵表的形式如表 3-3 所示。邮政通信网中各局间邮件流量则可用如表 3-4 所示的矩阵表来表示。表 3-4 中，y_i 表示 i 局的去邮件量；q_j 表示 j 局的来邮件量；a_{ij} 表示由 i 局到 j 局的去邮件量，也即是 j 局来自 i 局的来邮件量。

$$y_i = \sum_{j=1}^{n} a_{ij} \qquad i\text{ 局的去邮件量}$$

$$q_j = \sum_{i=1}^{n} a_{ij} \qquad j\text{ 局的来邮件量}$$

显然有 $\sum_{i=1}^{n} y_i = \sum_{j=1}^{n} q_j =$ 全区域各局去（或来）邮件总量。

在邮件流量矩阵中，对角线上的元素 $a_{ij} = 0$ 。

表 3-3　　　　　　　　　　　　　　　邮件流量矩阵表

	寄达局
发寄局	↓来流量　→去流量

三、邮件流向流量预测方法

从表 3-4 中可知，如果能预测出各局间的流量，即可直接算出预测期末各局的邮件业务量。但是，直接预测各局间流量比预测各局业务量困难得多。所以，往往先预测各局的去邮件量，即各局的邮政通信业务量，然后按一定方法分配到其他各局，即为各局间的邮件流量。下面主要介绍两种分配方法。

表 3-4　　　　　　　　　　邮政通信网中各局间邮件流量矩阵表

寄达局 j / 发寄局 i	1	2	…	n	$y_{i=(i=1,2,\cdots,n)}$
1	a_{11}	a_{12}	…	a_{1n}	y_1
2	a_{21}	a_{22}	…	a_{2n}	y_2
…	…	…	…	…	…
n	a_{n1}	a_{n2}	…	a_{nn}	y_n
$q_{j=(1,2,\cdots,n)}$	q_1	q_2	…	q_n	

（一）分配系数加权法

我们定义 i 局到 j 局的去邮件量 a_{ij} 与 i 局的去邮件量之比为分配系数，即

$$f_{ij}=\frac{a_{ij}}{y_i}$$

分配系数 f_{ij} 之和 $\sum_{j=1}^{n} f_{ij}=1$。根据当前的流量调查表可算出当前的分配系数表。

在规划期末，各局业务量的增长率 p_i 不一定相同，增长量当然也不一样。各局的增长量为

$$\Delta y_i = y_i p_i$$

现在的问题是这个增长量应如何分配给对端局。

根据经验可知，一个局的去邮件量与来邮件量的增长量大体上是一致的，就是说去邮件量增长得多时，来邮件量增长也多。所以一个局的去邮件量 Δy_i 的分配系数受两个因素的影响：一是原有分配系数 f_{ij}；二是对端局的增长率 p_j。因此，我们把原有分配系数用增长率加权得 $f_{ij}p_j$。

为了保持分配系数之和等于 1，我们定义预测增加量的分配系数为

$$f'_{ij}=\frac{f_{ij}p_j}{\sum_{j=1}^{n} f_{ij}p_j}$$

第 i 局的增长量是 Δy_i，按此分配系数分配到各对端局后，再加上原流量 a_{ij}，即得到预测

的流量 a'_{ij} 为

$$\begin{aligned} a'_{ij} &= a_{ij} + f'_{ij}\Delta y_i \\ &= f_{ij} y_i + f'_{ij} y_i p_i \\ &= y_i (f_{ij} + f'_{ij} p_i) \end{aligned}$$

式中：a_{ij} 表示原有流量；

f_{ij} 表示原有分配系数；

y_i 表示原有去邮件量；

p_i 表示 i 局的增长率；

f'_{ij} 表示增长量分配系数。

例 3-4：设有编号为 1、2、3、4 的四个邮局调查的现有邮件流量如图 3-3 所示。假定 2010 年的各局增长率分别为 $P_1 = 3$，$P_2 = 4$，$P_3 = 5$，$P_4 = 6$，预测 2011 年各局间的邮件流量 a'_{ij} 。

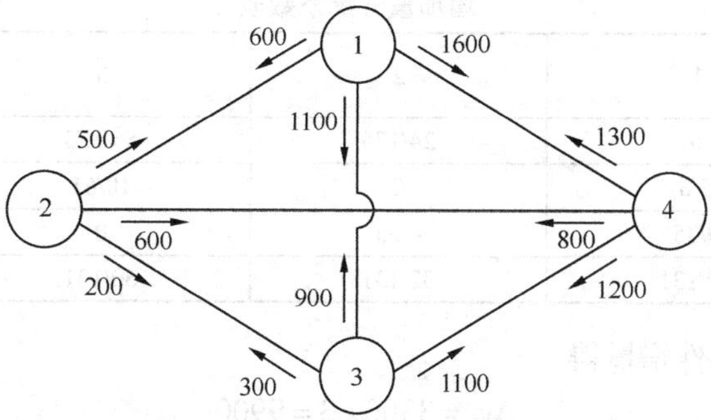

图 3-3　邮件流量图

解：

（1）根据图 3-3 中的邮件流量，建立流量矩阵如表 3-5 所示。

表 3-5　　**流量矩阵表**

i \ j	1	2	3	4	y_i
1	0	600	1100	1600	3300
2	500	0	200	600	1300
3	900	300	0	1100	2300
4	1300	800	1200	0	3300
q_j	2700	1700	2500	3300	10200

（2）求得原有分配系数 f_{ij} 如表 3-6 所示。

表 3-6　　**原有分配系数表**

i \ j	1	2	3	4
1	0	6/33	11/33	16/33
2	5/13	0	2/13	6/13
3	9/23	3/23	0	11/23
4	13/33	8/33	12/33	0

（3）预测增加量分配系数。

$$f'_{12}=\frac{f_{12}p_2}{\sum_{j=1}^{4}f_{1j}p_j}=\frac{6/33\times4}{6/33\times4+11/33\times5+16/33\times6}=24/175$$

$$f'_{13}=\frac{f_{13}p_3}{\sum_{j=1}^{4}f_{1j}p_j}=\frac{11/33\times5}{6/33\times4+11/33\times5+16/33\times6}=55/175$$

$$f'_{14}=\frac{f_{14}p_4}{\sum_{j=1}^{4}f_{1j}pj}=\frac{16/33\times6}{6/33\times4+11/33\times5+16/33\times6}=96/175$$

依此类推求得 f'_{ij} 如表 3-7 所示。

表 3-7　　增加量分配系数表

i \ j	1	2	3	4
1	0	24/175	55/175	96/175
2	15/61	0	10/61	36/61
3	9/35	4/35	0	22/35
4	39/131	32/131	60/131	0

（4）计算各局去邮件增量得

$$\Delta y_1=3300\times3=9900$$
$$\Delta y_2=1300\times4=5200$$
$$\Delta y_3=2300\times5=11500$$
$$\Delta y_4=3300\times6=19800$$

（5）计算预测流量得

$$a'_{12}=600+\frac{24}{175}\times9900\approx1958$$

$$a'_{13}=1100+\frac{55}{175}\times9900\approx4212$$

$$a'_{14}=1600+\frac{96}{175}\times9900\approx7031$$

依次类推求得 a'_{ij} 如表 3-8 所示。

表 3-8　　预测流量表

i \ j	1	2	3	4	y'_i
1	0	1958	4212	7031	13201
2	1779	0	1053	3669	6501
3	3858	1615	0	8329	13802
4	7195	5637	10269	0	23101
q'_j	12832	9210	15534	19029	56605

由表 3-8 的预测结果可以看出，这样计算得出的结果，每局的去邮件量与来邮件量的比值有较大的变动。不过在增长率不大的情况下，变动幅度有限。

（二）矩阵外推法

矩阵外推法的基本思路如下。

（1）选定一个基年，设法确定基年的邮件流量矩阵，这个矩阵称为初始矩阵。

（2）预测规划期各局的去邮件量 y_i' 和来邮件量 q_j'，两者的总和可能不相等。因此，要反复进行迭代、外推、调整，使其相等，即

$$\sum_{i=1}^{n} y_i' = \sum_{j=1}^{n} q_j'$$

（3）在原有流量的基础上调整 a_{ij}'，使其满足

$$\sum_{j=1}^{n} a_{ij}' \approx y_{ij}'$$

$$\sum_{i=1}^{n} a_{ij}' \approx q_{ij}'$$

我们利用例 3-4 中的结果，介绍用这种方法进行邮件流量的预测。

例 3-5：初始流量矩阵如表 3-5 所示。依此预测出规划期末各局的去邮件量为

$$y_1' = 13201, y_2' = 6501, y_3' = 13802, y_4' = 23101$$

去邮件总量为

$$\sum_{i=1}^{4} y_i' = 56605$$

我们假定各局的来邮件量与去邮件量的比例一直保持不变，则可得到来邮件量分别为

$$q_1' = \frac{q_1}{y_1} \times y_1' = \frac{2\,700}{3\,300} \times 13201 \approx 10801$$

$$q_2' = \frac{q_2}{y_2} \times y_2' = \frac{1\,700}{1300} \times 6501 \approx 8502$$

$$q_3' = \frac{2500}{2300} \times 13\,802 \approx 15003$$

$$q_4' = \frac{3300}{3300} \times 23\,101 \approx 23\,101$$

故来邮件总量为

$$\sum_{j=1}^{4} q_j' = 57407$$

由于去邮件总量与来邮件总量不相等，所以需要调整。各局的来邮件量应按 56605 / 57407 缩减，得到预测的来邮件量分别为

$$q_1'' = q_1' \times \frac{56605}{57407} = 10801 \times 0.986 \approx 10650$$

$$q_2'' = 8502 \times 0.986 \approx 8384$$

$$q_3'' = 15003 \times 0.986 \approx 14794$$

$$q_4'' = 23101 \times 0.986 \approx 22777$$

列出初始流量矩阵和预测业务量如表 3-9 所示。

表 3-9　　初始流量矩阵和预测业务量表

i \ j	1	2	3	4	y_i	y_i'
1	0	600	1100	1600	3300	13201
2	500	0	200	600	1300	6501
3	900	300	0	1100	2300	13802
4	1300	800	1200	0	3300	23101
q_j	2700	1700	2500	3300	10200	
q_j''	10650	8384	14794	22777		56605

下面对表 3-9 中原有邮件流量 a_{ij} 进行调整。

第一次调整：各行流量乘以 y_i'/y_i 得表 3-10。

表 3-10　　调整表（一）

i \ j	1	2	3	4	y_i'
1	0	2400	4400	6401	13201
2	2500	0	1000	3001	6501
3	5401	1800	0	6601	13802
4	9101	5600	8400	0	23101
q_j	17002	9800	13800	16003	
q_j''	10650	8384	14794	22777	

由表 3-10 可以看出去邮件总量与预测值相等，但来邮件总量与预测值不等，故要继续进行调整，将各列流量乘以 $\frac{q_j''}{q_j}$ 得到表 3-11。

表 3-11　　调整表（二）

i \ j	1	2	3	4	y_i	y_i'
1	0	2053	4717	9111	15581	13201
2	1566	0	1072	4271	6909	6501
3	3383	1540	0	9395	14318	13802
4	5701	4791	9005	0	19494	23101
q_j''	10650	8384	14794	22777		

经过上述一次调整后，各局的去邮件量与预测值已经接近，但并不相等，应进行再一次调整，方法和上一次调整一样，这样经过多次调整、迭代、外推后，就能使流量数值更接近预测值。下面是经过四次调整后得到的结果如表 3-12 所示，去邮件量与预测值的误差已小于 1.29%。

表 3-12　　　　调整表（三）

i \ j	1	2	3	4	y_i	y_i'	$E=\frac{\lvert y_i'-y_i\rvert}{y_i'}$
1	0	1479	3379	8435	13293	13201	0.692%
2	1273	0	876	4410	6559	6501	0.892%
3	2750	1267	0	9932	13949	13802	1.06%
4	6627	5638	10539	0	22804	23101	1.29%
q''	10650	8384	14794	22777			

以上两种方法预测出的流量数值相差较大，究竟应取哪一种数值，还必须考虑流量增长的实际原因和可能性。如果各局业务量增长率相差不大，则两种方法算出的结果相近。

第四节　邮区发展规划

一、邮区发展规划概述

邮政通信网发展规划是邮政通信发展规划的核心。然而，邮区发展规划则又是邮政通信网发展规划的核心。因为邮区的数目、邮区的范围及其邮区中心局的确定直接影响邮政通信网的运营成本，也与邮政企业的效益有关。

邮区发展规划包括邮区的划分、邮区中心局的确定以及邮政运输网的发展规划。其优化设计的目的是以邮区数目、范围、中心局位置及其邮政运输网的最低运营成本为目标，构成能够满足时限指标要求且与业务量发展规划和流量分布相适应的合理布局。

二、邮区划分，确定中心局

（一）划分邮区的基本原则

邮区的划分，在很大程度上取决于地区的地理分布及其政治、经济、文化的发展情况。为了合理地划分邮区，必须遵循以下基本原则。

1. 以交通条件、邮件流向流量和地区发展规划为依据

要以交通条件、邮件流向流量和地区发展规划为依据，有利于邮件集散和邮政运输网的

运营管理。

2．方便划入同一邮区的各局所间的通信联系

要使划入同一邮区的各局所间的通信联系尽可能地多，即要使邮区内的业务量尽可能地大。并把业务联系较多的局所划入同一邮区，以减少层次，加快邮件运递，提高经济效益。

3．尽可能与行政区划相一致

要在力求避免长距离传输中发生迂回和倒流的前提下，尽可能与行政区划相一致，以利于管理。

4．邮区范围要适宜

要重视邮件传递时限的要求，邮区范围不宜过大，也不宜过小。过大不利于对分发和邮运进行管理，影响时限指标的完成；过小则不利于充分发挥集中分拣的作用。

（二）设置中心局的基本条件

邮区划分之后，就要着手设置邮区中心局，中心局设置的基本条件如下。

（1）城市规模较大，人口达到一定标准和一定密度的中等城市；

（2）运输条件较好，具有纳入全国邮政运输网的可能；

（3）邮政通信业务量达到足以使用机械化与自动化设备的程度，邮件日处理量足以确保邮政设备的正常运转；

（4）符合邮件流向流量规律的要求，并尽可能与政治、经济中心配合一致，一般中心局应选在交通路线的枢纽点上。

（三）中心局布局优化设计的基本步骤

我们通常把邮区的划分和中心局的确定统称为中心局布局。这是一项十分繁杂而又费时费钱的工作。中心局布局的优化设计，根据上述的原则要求以及基本条件，可建立相应的数学模型，进行计算，求出满意的布局方案。其优化设计要历经以下几个基本步骤。

1．实地考察

主要考察业务流向流量、交通现状、时限指标、邮政企业效益和社会效益等。

2．建立相关数学模型

根据调查研究、实地考察、业务量及其流向流量的预测以及居民分布、经济发展水平等因素，建立相关的数学模型。

3．优化计算

运用相应的数学方法，对数学模型进行优化，优化过程中要确保中心局布局的成本最低而效益最高。

4．拟定中心局布局方案

对计算结果进行详细的分析研究后，拟定出中心局布局的最优方案。

三、邮政运输网的规划

邮政运输网是构成邮政传输系统的中心环节和重要基础，也是邮政通信网的主渠道，包括联系邮区中心局的干线邮政运输网和邮区中心局辐射到每一投递局的邮区内邮政运输网，规划时要统筹考虑和逐步进行。

（一）干线邮政运输网的规划

规划干线邮政运输网，总的原则是要打破行政区划，根据邮件流向流量规律，从我国交通情况的实际出发，按照速度、运能和经济三个方面的要求来规划邮路，逐步形成和完善全国分层次的交叉结构的邮政运输网。此外，规划干线邮政网，需要配合邮政业务种类的调整、开发和分发体制的改革，逐步形成快件、轻件和重件相互协调配合的邮政运输体系。所以，对原有干线邮政运输网应从以下几个方面进行调整和改革。

（1）为了满足快递邮件的时限要求，要尽可能采取快速邮运工具。在经济发达地区和大城市间建立以航空为主的快速邮运系统，形成快件邮政运输网。

（2）在运量与运能矛盾突出的地区，实行轻重分运。根据邮件的不同时限要求和实际的邮运能力，实行轻重分运，分别组织轻件邮路和重件邮路，形成轻件邮政运输网和重件邮政运输网。

（3）扩大重件邮路的邮运能力。在干线邮运紧张的地段，建立省（市）际大型汽车邮路，通过汽运分流解决长途干线上的“瓶颈”问题，同时开放水道邮路，实行水、陆集装箱邮运，加强干线邮运的应变能力。

（4）根据邮件的流向流量，规划筹建重件分拣封发中心。

（5）根据邮件的分布情况，尤其是轻件具有近密远疏的规律，应打破省界，规划邻省区间干线的短途邮路。

总之，要规划组成邮件的快件、轻件和重件三个部分分工与交叉的多层次、多渠道、多手段的干线邮政运输网。

（二）邮区内邮政运输网的规划

规划邮区内邮政运输网，要以邮区中心局为核心，做好以下几个方面的工作。

（1）在建立邮区中心局过程中，逐步建成从中心局出发到各投递点的直达与接力的邮政运输网路；

（2）规划邮区内邮路，应贯彻自办与委办相结合，以自办为主的方针；

（3）邮区内的主要邮路，是长途干线邮路的支线，必须根据干支结合的原则，使之有机地连接起来；

（4）相邻县市局如划分在两个邮区时，原有邮路或跨省邮路有必要继续保持的，不能裁撤，根据需要与可能，原来没有邮路的可增辟，以防止邮路临界处出现断路，造成邮件长距离地迂回或倒流。

综上所述，全国邮政运输网的规划，是干线邮政运输网和邮区内邮政运输网规划的有机结合，科学地规划全国邮政运输网，必将确保邮政通信的迅速、安全、高效与经济。

第五节 邮区中心局建设规划

一、邮区中心局建设规划概述

邮区中心局建设规划是邮区发展规划的继续和具体化，邮区划分和中心局确定之后，就要考虑邮区中心局的建设。邮区中心局是邮政通信的枢纽和邮件的集散地，也是邮政通信的起点、中转站和终点，在邮政通信生产过程中起发送、收受、经转邮件的重要作用。

根据邮政通信的现状及其发展，要对邮区中心局的建设及其发展进行统筹规划。邮区中心局建设规划包括中心局局址的选择、中心局生产用房的建设规划以及中心局的工艺设计等内容。

二、邮区中心局局址选择

邮区中心局局址的选择是建设邮区中心局的一个关键性问题，不仅影响其基建投资和建设周期，也影响建成后的运营成本及邮政运行管理等问题。

（一）邮区中心局局址选择应该注意的问题

在选址时要通盘考虑。为此，选择局址应注意以下几个方面的问题。

（1）服从城市整体规划；

（2）有良好的交通条件；

（3）合理利用现有设施；

（4）兼顾中心局的生产经营成本和基建费用；

（5）有良好的工作环境；

（6）为今后的发展留有余地。

（二）邮区中心局局址选择的基本步骤

通过调查研究，在掌握充分的有用资料之后，着手局址的选择。通常局址选择要经过以下两大步骤。

1．建立以待定中心局为中心的模拟邮区邮政通信网

确定了待定中心局之后，就把邮区内的所有邮政局、支局所、车站、码头、报刊社印刷点在地图上标出，分别与待定中心局连接成模拟邮区邮政通信网。

2．最佳中心局址的确定

在运费最低的前提下，针对模拟邮区邮政通信网，运用相关的数学方法，确定理想局址，如此反复进行，直到最佳中心局址的确定。

三、邮区中心局生产用房的建设规划

规划邮区中心局生产用房，要做好以下几个方面的工作。

（一）确定建设时间和规划年限

根据邮政通信网的总体发展规划和该邮区中心局在网中的地位、作用以及建设资金的筹集情况，来确定建设时间和规划年限。

（二）预测邮政通信业务量和邮件流向流量

对规划的起始年、初期年的邮政通信业务量和邮件流向流量进行预测，以作为确定邮区中心局建设规模的依据。

（三）计算相关面积

以相关的定额标准，计算出邮政生产车间的建筑面积和每一邮区中心局土建的总面积。

（四）编制总体规划

根据相关基建标准进行土建投资预算，并对征地、拆迁、道路等费用一并考虑。在此基础上，确定每个项目的开工与投产时间，编制出邮区中心局生产用房的总体建设规划。

四、邮区中心局的工艺设计

邮区中心局的工艺设计也是中心局建设规划中一个极其重要的环节。工艺设计包括工艺规程设计和工艺装备设计，既要考虑技术上的先进性，又要考虑经济上的合理性，是一项十分严谨而又繁杂的工作。

（一）邮区中心局的工艺设计的基本原则

邮区中心局的工艺设计要尽可能满足业务、技术、作业、建筑、场地、环境、运输及投资效益等方面的要求，为此，邮区中心局的工艺设计要遵循以下基本原则。

1．以提高中心局处理邮件的机械化与自动化的程度为目标

降低邮政通信生产过程中的劳动强度，提高劳动效率，根据国家的技术政策，有计划地逐步提高中心局处理邮件的机械化与自动化的程度。

2．以确保提高邮政服务水平为目的

全面保证上级规定的中心局各项建设指标的完成，尤其要确保邮政服务水平。

3．以减少生产环节和生产层次为手段

要尽可能减少生产环节和生产层次，布局合理，流程畅通，设备配套，避免“瓶颈”部位；充分利用场地和建筑面积，满足近期和远期邮政通信的发展需要，特别是中心局的建设要适应我国邮政通信可持续发展的需要。

（二）邮区中心局的工艺设计中要考虑的问题

中心局的工艺装备投资一般要占全部投资 30%～40%，有的甚至高达 60%以上。所以，中心局的设备选型也要通盘考虑，具体要考虑以下几点。

（1）技术上先进可靠；

（2）经济上实用合理；

（3）标准化与系列化。

中心局的建设规划要通过中心局的基本建设来实施，而中心局的基本建设需要国家大量投资。因此，中心局的建设要正确处理好需要与可能的关系，确保重点项目的建成，处理好本地区与全国邮政通信系统的关系，处理好邮政企业效益与社会效益的关系。

规划草案制定后，还要召集各相关管理者和专家参加分析研究，对规划进行评审，并在评审后组织修订和正式送审报批。

当然，在制定的规划中，对未来事物的认识不可能一次完善，对邮政通信未来的发展不可能把握得很准。因此，还要在实践中根据客观实际情况的发展变化而对邮政通信网发展规划进行调整，使之不断完善，真正起到指导实践的作用。

复习思考题

1. 解释概念

（1）规划；（2）邮政通信网发展规划；（3）德尔菲法；（4）邮件流向；（5）邮件流量；（6）邮区。

2. 问答题

（1）邮政通信网发展规划的主要内容是什么？

（2）邮政通信业务量的预测方法有哪些？

（3）影响邮政业务需求的因素有哪些？

（4）邮区中心局布局优化设计要历经哪些基本步骤？

3. 计算题

（1）假定某邮政企业 2002—2010 年的实际用邮量如表 3-13 所示。如果 N 选为 4 期，请用简单移动平均法和加权移动平均法分别预测 2011 年的邮政业务量。

表 3-13　企业用邮量表　单位：百万件

年　份	实际用邮量	预测用邮量	
		简单移动平均	加权移动平均
2002	9		
2003	11		

续表

年　份	实际用邮量	预测用邮量	
		简单移动平均	加权移动平均
2004	8		
2005	12		
2006	15		
2007	13		
2008	14		
2009	15		
2010	18		
2011			

（2）设有编号为 1、2、3、4 的 4 个邮局调查的现有邮件流量如图 3-4 所示。假定 2010 年的各局增长率分别为 $P_1=3$，$P_2=4$，$P_3=5$，$P_4=6$，预测 2011 年各局间的邮件流量 a'_{ij}。

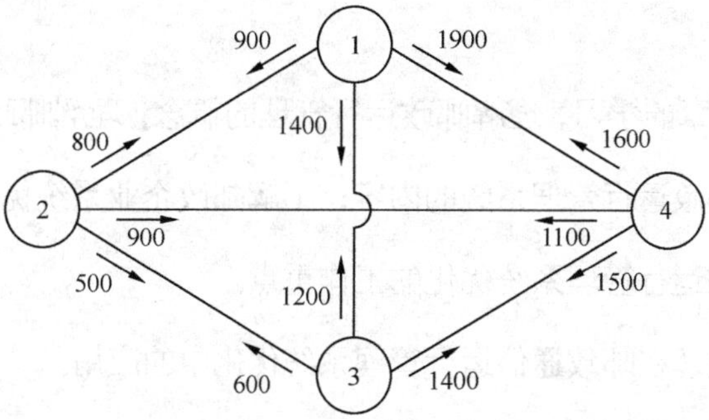

图 3-4　邮件流量图

第四章

邮政运行管理系统优化

学习目标：通过本章的学习，理解邮政运行管理的概念；理解邮政运行管理系统的构成；掌握邮政运行管理系统的内容；了解邮政企业系统优化的基本内容；掌握邮政通信运行管理系统优化的工作重点。

学习重点：系统原理在邮政通信运行管理系统优化中的应用。

学习难点：系统原理在邮政通信运行管理系统优化中的应用。

第一节　邮政运行管理系统概述

一、邮政运行管理的含义及其内容

（一）邮政运行管理的含义

邮政运行管理是确保邮政通信系统的各项功能得到最大发挥的保障，也是确保邮政通信系统正常运转而不可缺少的重要工作。邮政运行管理就是指对邮政通信系统中的各个邮政企业的运营活动及其邮政通信运行全过程进行计划、组织、指挥、控制和协调，以达到预期通信目的的一系列管理工作。

（二）邮政运行管理的基本内容

邮政运行管理是邮政部门的主要工作，是邮政企业管理的重要内容，是邮政企业经营的基础，也是邮政企业获取社会效益和企业效益的可靠保证。其基本内容包括以下几个方面。

1．邮政运行计划

邮政运行计划就是对邮政企业未来的有预定目标的运营活动所做出的合理安排。邮政运行计划是邮政企业对运营活动进行管理的依据。它具体包括邮政通信业务量计划；邮政通信网发展计划；邮政通信运行生产作业计划；邮政通信质量计划；邮政职工培训计划；邮政通信设施大修理、革新、改造、更新与建设计划；邮件发运计划等。

2．邮政运行组织

邮政运行组织就是根据邮政运行的客观规律，从邮政企业的实际出发，科学地设置运营管理职能机构，确定职责范围，明确分工协作，建立与健全各项有关邮政通信的规章制度，使邮政运行系统科学地高效运转。

3．邮政运行指挥

邮政运行指挥就是结合邮政通信的特点，根据邮政通信的预定目标，对邮政运行活动的全过程实行集中统一的调度，以确保邮政运行活动按计划、有秩序地高效运行。

4．邮政运行控制

邮政运行控制就是从邮政通信全程全网联合作业的特点出发，根据企业内外的有关反馈信息，对邮政运行活动的全过程进行监督、检查、调节和校正工作的总和，以确保邮政通信畅通无阻。

5．邮政运行协调

邮政运行协调就是树立“邮政通信全国一盘棋”的思想，根据邮政通信的特点，切实搞好邮政企业内部各个运营环节和各部门之间的关系，同时着力于加强与相关部门、行业和广大用户的联系，以求得社会各界和用户的理解和支持，从而促进邮政业务量的不断增长。

（三）邮政运行管理的具体内容

邮政运行管理工作是全国各个邮政企业的主要工作，涉及面广，内容繁杂。其基本内容具体包括邮政运行管理系统优化、邮政运行现场管理、邮政运行过程组织、邮政营业工作管理、邮件分发工作管理、邮政运输工作管理、邮件投递工作管理和邮政通信设备管理等。这些内容将在本章和后续相关章节中有所侧重地分别进行讨论。

（四）邮政运行管理的任务

邮政运行管理的任务，就是要根据邮政通信的特点，采取相应的措施，合理利用生产资源，确保邮政通信系统优质高效地运转，以获得全程全网的最佳通信效果。

二、邮政运行管理系统的含义及其组成

（一）邮政运行管理系统的含义

为了完成上述任务，使全国各地的邮政企业，形成“一盘棋”式的大系统，按照一个目标，相互协调地进行通信活动，邮政部门就要根据邮政通信的现状和要求，运用系统管理的原理和方法，通过制定一整套合理的规章制度，从而形成一个比较完整的运转自如的邮政运行管理系统，以保证邮政运行过程正常地、不间断地连续进行。邮政运行管理系统是邮政通信系统中的一个分系统，是对邮政通信系统实施管理的系统，也是对邮政通信企业的运营过程进行管理的系统。这个管理系统实际上应该是一个比较完善的控制系统，其构成如图 4-1 所示。

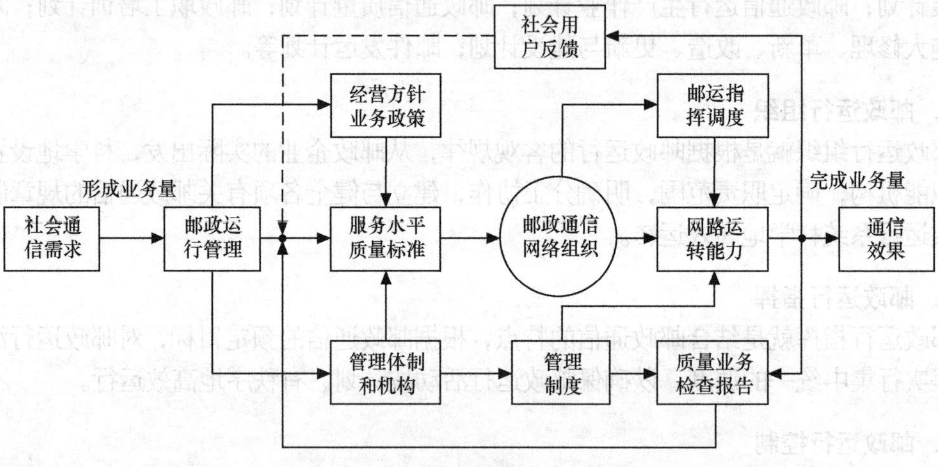

图 4-1　邮政运行管理系统示意图

（二）邮政运行管理系统的组成

由图 4-1 可以看出，邮政运行管理系统主要由以下几个部分组成。

（1）邮政通信机构的设置；

（2）邮政运行过程的控制；

（3）邮政通信网路的组织；

（4）邮政通信各阶段工作的管理；
（5）各级邮政通信的管理；
（6）邮政通信运行指挥调度系统的管理；
（7）邮政通信监督检查系统的管理。

三、邮政运行管理系统的特点

邮政运行管理系统的特点主要体现在以下几个方面。

1．目的性、整体性和层次性

这个系统是以控制全程通信效果为目的、以控制通信时限为重点和以控制通信质量为目标的，同时以邮政运输为控制对象。为此，建立了全国统一领导、分级负责的指挥调度系统，从而体现了系统的目的性、整体性和层次性。

2．有序性、规范性和高效性

这个系统是围绕邮政通信网路实施管理，从而确保了邮政通信系统有序、规范和高效地运转。

3．系统性、全面性和正确性

这个系统所形成的控制反馈系统包括了来自企业内部的信息反馈和来自社会广大用户的信息反馈两个方面，从而确保了控制功能的系统性、全面性和正确性。

4．可靠性、普遍性和持续性

这个系统及与其相适应的管理体制、管理机构和管理制度为实现系统目标而提供可靠的组织保证，为用户提供普遍的持续的高质量的邮政通信服务。

第二节　邮政运行管理系统优化的基本原则

邮政通信是专业化协作要求很高的社会化大生产，在邮政通信网上完成实物信息的空间转移，一般情况下要有两个或两个以上的企业参加才能完成。所以，要使分散在全国各地的邮政企业及其员工在统一指挥下，协调一致地进行实物信息的运递活动，就必须依靠科学的、系统的管理，并能够随着环境的变化对邮政运行管理系统进行适当的优化。

为了适应国民经济发展的需要，邮政通信必须超前发展，早日实现技术现代化和管理现代化，其中实现管理现代化尤为迫切和重要。而邮政通信要实现管理现代化，就一定要以现代管理的基本理论和原则为指导。所以，邮政运行管理系统优化必须以现代管理的基本理论和原则为理论基础。

一、现代管理基本原理概述

现代管理主要以系统原理、“人本”原理、动态原理和效益原理为基础理论。

（一）系统原理

1．系统原理的含义

在自然界和人类社会中，一切事物都是以系统的形式存在的，任何事物都可以看做是一个系统。任何社会组织都是由人、物、信息组成的系统，任何管理都是对系统的管理，没有系统，也就没有管理。系统原理不仅为认识管理的本质和方法提供了新的视角，而且它所提供的观点和方法广泛渗透到人本原理、动态原理、效益原理等原理之中，从某种程度上来说，系统原理在管理原理的有机体系中起着统率的作用。

2．系统原理的特性

现代管理不同于传统的小生产管理，它的管理对象总是处在各个层次的系统之中，而邮政通信正是这样一个从事实物信息传递活动的层次分明且又自成一体的系统。因此，为达到对系统的最优化管理，就要研究系统管理的基本特性。总的来说，其特性有以下三个。

（1）目的性。不同的系统有不同的目的和功能，目的不明确，必然导致管理混乱。

（2）全局性。系统管理必须树立全局观点，以便统筹谋划。

（3）层次性。系统的各层次之间应该职责分明，各层各司其职，从而进行有序的管理。

3．系统原理的基本原则

在运用系统原理的过程中，还必须把握与系统原理相适应的以下两个原则。

（1）整分合原则。现代管理必须在整体规划下明确分工，在分工基础上有效地综合，这就是整分合原则。这个原则中的整体观点是个大前提，不充分了解整体及其运动规律，分工必然是杂乱而盲目的。但是分工是关键，没有分工的整体只是混沌的原始，构成不了现代有序的系统。当然，分工并不是现代管理的终结，而是通过强有力的管理，最大限度地发挥整体功能。

（2）相对封闭原则。任一系统内的管理手段必须构成一个连续封闭的回路，才能形成有效的管理，出神入化地进行管理，这就要求管理者要遵循相对封闭原则。

（二）“人本”原理

1．“人本”原理的含义

人是管理活动的中心与出发点，现代管理是人的管理和对人的管理。在组织管理中，必须根据人的行为与需求特点，来调整、完善组织结构要素的整合配置，紧紧围绕人来创造适宜的条件，以充分发挥人在管理中的重大作用，实现组织对人的最佳配置与使用。现代组织竞争的关键是人的竞争，而人的竞争在于组织能充分发挥和利用人的潜力。邮政部门目前还属于劳动密集型行业，以人为本，做好人的工作就显得更为重要。

2．“人本”原理的基本观点

现代管理思想就是把人的因素放在第一位，注重人的潜在才能的发挥，管理的效率越好，人的才能发挥的程度就越高，反之亦然。“人本”原理就是在现代管理活动中，都应以做好人的工作，调动人的主观能动性和创造性为根本。其基本观点如下。

（1）员工是企业的主体；

（2）员工参与是有效管理的关键；

（3）使人性得到最完美的发展是现代管理的核心；
（4）服务于人是管理的根本目的。

3. “人本”原理的基本原则

在运用“人本”原理过程中，还必须把握与“人本”原理相应的以下三个原则。

（1）能级原则。任一系统中，机构、管理法规和人都有能量，能量有大小之分，需要合理分级。分级就是建立一定的秩序、一定的规范、一定的标准，以便进行管理，这就是能级原则。

（2）动力原则。管理必须要有强大动力，而且要正确运用动力，才能使管理持续而有效地进行，这就是动力原则。现代管理将动力分为物质动力、精神动力和信息动力三种。

（3）行为原则。行为原则就是要对管理对象中的各类人员的各种行为，进行科学的分析和有效的管理，最大限度地调动和激发人们的劳动积极性。

（三）动态原理

1. 动态原理的含义

任何系统不仅是个整体系统，而且是个动态系统，系统内部各要素是发展的，它们之间的关系也随着发展而变化，系统的外部条件也是不断变化的。因此，系统的动态性是客观存在的。邮政运行管理的过程，实质上就是要把握好管理对象，包括人和邮件的运动、发展和变化情况，及时控制，有效地实施动态管理，以确保邮政运行管理整体目标的实现。

2. 动态原理的基本原则

在运用动态原理的过程中，还必须把握与动态原理相应的以下两个原则。

（1）反馈原则。面对不断变化的客观实际，管理是否有效，关键在于是否有灵敏、准确、及时的反馈。灵敏、准确、及时的反馈是管理体制、管理功能有效地发挥作用的可靠保证，这就是反馈原则。

（2）弹性原则。管理必须保持不失原则的充分弹性，以适应客观事物各种可能的变化，从而有效地实现动态管理，这就是弹性原则。

（四）效益原理

1. 效益原理的含义

管理活动的出发点和归宿，在于利用最小的投入或消耗，创造出更多更好的效益，对社会作出贡献。“效益”包括“效率”和“有用性”两方面，前者是“量”的概念，反映耗费与产出的数量比；后者属于“质”的概念，反映产出的实际意义。效益表现为量与质的综合，社会效益与经济效益的统一，其核心是价值。效益原理强调千方百计追求管理的更多价值。

2. 效益原理的基本内容

管理的方式不同，所创造的价值也不同，一般表现为下列情况：耗费不变而效益增加；耗费减少而效益不变；效益的增加大于耗费的增加；耗费大大减少而效益大大增加。显然，最后一种是最理想的目标。为了实现理想的管理效益，必须大力加强科学预测，提高决策的正确性，优化系统要素和结构，深化调控和评价，强化管理功能。

系统优化的根本目的，在于有效地提高各项工作的效率，从而提高社会效益和企业自身效益。因此，邮政部门在运营管理活动中，必须时刻不忘运营管理工作的根本目的，是为了创造更多更好的社会效益和自身效益，充分发挥管理工作的职能，为全社会作出有价值的贡献。

3．效益原理的原则

在运用效益原理的过程中，还必须把握与效益原理相应的价值原则。现代管理科学的价值原则，不是指商品价值，也不单纯指邮政部门自身的经济价值，而是自身经济价值与社会价值的统一。邮政部门在运营管理的目标中，社会效益就是此种价值原则的体现。

综上所述，系统原理、“人本”原理、动态原理和效益原理是现代管理的四个基本原理，其中系统原理是最根本的一条总原理，其他原理都要遵循这条总原理，或者作为其补充。邮政运行管理系统优化过程中正是利用系统原理来开展现代管理活动的。

二、优化邮政运行管理系统的基本原则

优化邮政运行管理系统，除了必须以现代管理原理及其相应的原则作为理论基础外，还需要遵循以下基本原则。

（一）必须服从和服务于国家建设的需要和国民经济的飞速发展

邮政通信是国民经济的重要部门之一，是发展社会主义市场经济不可缺少的基础设施。因此，优化邮政运行管理系统，必须从国民经济发展的实际出发，为国家建设的需要考虑，力求与国民经济的发展水平和国家建设的需要相适应。只有这样，优化邮政运行管理系统才能更好地为国民经济的发展服务，为国家的社会主义建设服务，从而促进社会主义生产力的发展。

为使优化邮政运行管理系统与国民经济发展的水平以及国家建设的需要相适应，邮政部门就必须根据社会对邮政通信的需要和人力、物力、财力的可能，把全国邮政运行管理系统置于科学合理和切合实际的基础之上。所以，必须正确预测需要，慎重考虑可能，因地制宜、因时制宜地采取不同的管理措施，保证在不同地区、不同时期都能为广大用户提供满意的服务，在国家提供人力、物力、财力的条件下，尽量满足社会对邮政通信的需要。

（二）必须进行统一领导、分级管理、独立活动和协作配合

1．这是邮政通信网特性的必然要求

邮政通信具有社会性、服务性以及生产过程不可分割、全程全网联合作业等特点。这就要求邮政部门一方面必须在全国范围内，普遍地分散设置局所，最大限度地方便用户使用邮政；另一方面又必须使散布全国各地的局所和广大邮政职工，能在统一的领导下，按照统一的业务规章制度，服从统一的指挥调度，互相协作配合，协调一致地完成通信任务。而要达到这个目的，就必须在实行集中统一领导的同时，按地区分级进行管理，并确保各地区各局所都能独立地进行活动，充分发挥各地区各级各局的积极性。

2．这是系统原理的必然要求

全国邮政通信网是由各级各局的系统有机组合而成的大系统，有一个为整个社会和广大用户提供优质高效的通信服务的总目标。根据系统原理的层次性和能级原则的要求，在这个大系统与各级分系统之间，以及各级分系统彼此之间，必须建立明确的上下级关系和分工关

系，实行统一领导和分级管理，才能在明确规定上下级的任务和职责的前提下，独立活动，充分调动各级分系统为达到总目标而共同努力的积极性。同时也只有在合理分工的基础上，进行严密的有效的协作，形成强有力的扎实管理，才能保证各级分系统在时间、空间和质量要求上，不致相互脱节，从而得以协调一致地完成通信任务，并取得整体效益。

（三）必须力求企业效益和社会效益相统一

邮政运行管理系统优化的目的，是为了保证通信活动的正常进行，实现邮政经营的总目标，更好地满足社会对邮政通信的需要，同时还必须讲求邮政通信效益。邮政通信效益隐含着企业效益和社会效益，体现了邮政通信使用价值和价值的统一，有益效用的数量与质量的统一。所以，邮政运行管理系统优化必须力求企业效益和社会效益的统一。由于企业效益和社会效益的关系是局部与全局的关系，因此在两者发生矛盾时，企业效益必须服从社会效益，邮政企业任何时候也不能为了追求企业效益而损及社会效益。

（四）必须本国经验与外国经验相结合，传统方法与现代方法相结合

为了更好地提高我国邮政运行管理水平，促进我国邮政通信事业的发展，在邮政运行管理系统优化过程中，应以国内外经验相结合和传统方法与现代方法相结合为基本原则。为此，就要根据我国邮政运行的实际情况，在肯定和运用本国在邮政运行管理方面的经验及方法的同时，注意吸收国外有关先进经验和方法，为我所用，并在实践中不断提高，以逐步形成具有中国特色的邮政运行管理的理论与方法，从而指导和促进我国邮政通信事业的发展。

三、系统原理在邮政运行管理系统优化中的运用

（一）进一步认识系统原理

系统原理是现代管理理论中最根本的原理，邮政运行管理要实现系统优化，就必须以系统原理为指导，以现代管理的基本原理及其原则为理论基础。邮政运行管理系统优化中运用系统原理，就是要对邮政运行过程实施系统管理。

系统管理就是运用系统工程的思想、方法和程序对邮政运行系统实行组织、协调、控制等管理活动，促进管理活动的最优化，以获取最优管理效果。而系统工程则是指以系统作为研究对象，从系统的整体出发，为最优地达到系统的目的而采用的最合理、最经济、最有效的管理理论与方法，不管是系统工程，还是系统管理，都遵循和服从系统原理。

（二）系统原理在邮政运行管理系统优化中运用的步骤

在邮政运行管理系统的系统管理中，通常遵循以下几个步骤。

（1）建立管理机构。建立新的与系统相适应的管理机构，完善领导体制，使分散在全国各地的邮政企业联结成一个有机的整体。

（2）对邮政运行过程实施有效控制。

（3）把人、邮件、生产场地综合起来考虑，实行运营现场定置管理。

（4）加强标准化管理，进一步强化生产作业规范化。

（5）优化管理邮件的传递过程。通过对邮件流向、流量、流程、流速的“四流”分析，

在作业流程中避免倒流、断流、曲流和涡流，采取分流、截流、直流、合流和控流的方法，优化作业流程。

（6）加强信息管理。加强信息管理，对邮政通信系统中的各个分系统以至于每一道工序，都要通过信息的及时反馈而严加控制，以确保邮政通信系统的高效正常运转。

第三节　邮政企业系统优化

一、邮政企业概述

（一）邮政企业的性质

中国邮政集团公司是依照《中华人民共和国全民所有制工业企业法》组建的大型国有独资企业。中国邮政集团公司依法经营邮政专营业务，承担邮政普遍服务义务，受政府委托提供邮政特殊服务，对竞争性邮政业务实行商业化运营。

中国邮政集团公司为国务院授权投资机构，承担国有资产保值增值义务。财政部为中国邮政集团公司的国有资产管理部门。中国邮政集团公司在全国各省、自治区、直辖市设置邮政公司。中国邮政集团公司在政府依法监管、企业独立自主经营的邮政新体制下，将按照建立现代企业制度的要求，逐步发展成为结构合理、技术先进、管理科学、服务优良、拥有著名品牌、主业突出、具有国际和国内竞争实力的现代企业集团。由此可见，我国的邮政企业具有以下三个方面的性质。

1．国有性

邮政通信是关系国家主权，关系国家信息安全，关系国计民生的特殊行业，邮政早已成为国民经济中独立运行的一个重要部门。因此，邮政企业是国家开办并直接管理的，运用各种运输工具传递实物信息的通信行业。

2．公用性

邮政是公用性企业，是社会基础性设施之一，这是由邮政本身具备的基本职能所决定的。邮政与其他的国有企业最根本的不同在于邮政承担了国家赋予的普遍服务义务。它是现代社会推行政治、经济、科学、文化、教育等活动和人们联系交往的、国有的公用性基础设施。

3．专业性

随着社会的进步和科学技术的迅速发展，尤其在进入信息时代后，人类传递信息的手段日趋多样化，然而无数的事实证明，任何的信息传递方式都无法完全取代邮政通信方式。“邮政永远存在”不仅仅是一句口号，更是邮政企业专业性的写照。

（二）邮政企业的主要职责

执行国家法律、法规和产业政策，自觉维护国家安全和利益，在国家宏观调控和行业监管下，以市场需求为导向，依法自主经营；按照国家授权对国有资产依法经营和管理，并相应承担保值增值责任；根据国家产业政策和市场需求，制定并组织实施公司的发展战略、发展规划、年度计划和重大生产经营决策，对投入产出效果负责；承担建设、经营和维护邮政基础设施任务；负责全国邮政网路运行的组织管理和指挥调度；组织实施公司内各子公司之间的财务结算；承担邮政普遍服务义务，落实通信与信息安全保障措施，保证机要通信、党报党刊发行、义务兵通信等特殊通信任务的完成；优化配置生产要素，转换企业经营机制，强化内部管理，增强企业核心竞争力；统一管理公司的名称、商标、商誉等无形资产；指导和加强公司有关企业思想政治工作、精神文明建设和企业文化建设。

（三）邮政企业的组织机构

邮政企业政企分开之后，逐渐形成了中国邮政集团公司—省邮政公司—地市邮政公司—县邮政局四个层级的组织结构模式。

根据企业改革和业务发展的需求，中国邮政集团公司成立后，内设的主要机构有：办公室、市场经营部、网路运行部、财务部、企业发展与科技部、人力资源部、国际合作部、邮票发行部、审计部、监察局、党群工作部、机关事务部和邮政业务局。同时拥有中国邮政储蓄银行、中国邮政速递物流公司、中国集邮总公司、中国货运邮政航空有限责任公司、中邮人寿保险股份有限公司、中国邮政集团公司信息技术局、邮政科学研究规划院、上海邮政科学研究院、石家庄邮电职业技术学院（中国邮政集团公司培训中心）、中国邮政集团公司邮票印制局（北京邮票厂）、中国邮政集团公司新闻宣传中心、中国邮政广告有限责任公司、中国邮政集团公司名址信息中心、南京中邮航空速递物流集散中心、中国邮政文史中心和中邮信通实业投资有限公司等全资子公司以及 31 个省（区、直辖市）邮政公司。

二、邮政企业系统优化的含义和目标

（一）邮政企业系统优化的含义

邮政企业是邮政通信系统中的基本单元，是一级生产单位和管理单位，是邮政通信系统中的驻点和邮件的集散地。邮政企业作为一个系统存在，同其他系统一样，也是由若干既相对独立又紧密联系的要素（环节、部门）组成的具有一定功能的有机整体。所以，邮政运行管理系统优化就集中体现为邮政企业系统优化。因此，邮政企业系统优化是邮政运行管理系统优化的关键和中心环节。

邮政企业系统优化就是以通信企业整体为对象，以邮政企业系统的最优效果为目标，从系统思想出发，运用系统科学的理论和方法，对邮政企业系统中的组织体系、运行机制和导向动力等分系统进行优化，并通过对邮政企业实行系统管理，来确保邮政企业运行活动正常开展，达到高效率、低消耗和优质服务，并为邮政企业发展积蓄后劲的一系列过程。由此可见，邮政企业系统优化主要包括以下四层意思。

1. 系统优化的对象是整个邮政企业

按照系统原理及其系统思想，把企业看做是一个系统，对企业的全部活动，都要站在企业系统总体的高度来进行讨论，即居高临下，把握关键，统筹全局。

2．以追求邮政企业的最优化效果为目标

效果是整个企业活动的最终目的，就是要提高通信质量，提高通信能力，提高经济效益，提高企业的整体素质。应当指出，最优效果不是绝对的，而是相对的，并以此来选择使用的方法和手段。

3．邮政企业系统是一个有机整体

邮政企业系统中的组织体系、运作机制、动力导向这三个分系统是既相对独立又紧密联系的一个整体。组织体系是企业存在的物质形态和基础，运行机制是协调和控制企业系统运行的纽带，动力导向则是企业按照预定方向运行的原动力和向心力。这三个分系统的有机结合，是邮政企业系统优化的中心工作。

4．邮政企业系统优化的目的是保证其处于最佳的运行状态

在邮政企业整体优化组合的基础上，对企业实行系统管理，以保证企业整体系统经常处于最佳的运行状态。所以，邮政企业系统优化的衡量标准，主要是高效率、低消耗和优质服务，且有发展后劲，能实现企业长期稳定地可持续发展。

（二）邮政企业系统优化的目标

通过对邮政企业进行有效的监督、协调和控制，使其达到最满意的目标，这个目标就是提高通信质量、提高通信能力、提高经济效益和提高企业整体素质。

1．提高通信质量

邮政通信传递的信息是以实物为载体，通过以邮件形式为主体的实物的空间转移，达到传递信息的目的。邮件迅速、准确、安全地转移是邮政通信质量的基本内容。质量是邮政通信取得社会信誉和实现其社会价值的尺度，邮政企业必须迅速、准确、安全、方便地传递邮件，其中迅速最重要，邮政企业不讲时限就会失去用户。所以，提高邮政通信质量至关重要，在邮政企业系统优化中应以时限为重点。

2．提高通信能力

邮政通信能力是指全国或一个企业在一定的时期内，一定的生产技术和管理的条件下，迅速、准确、可靠地所能传递的最大邮件量，这个量即称为全国或企业邮政通信能力。邮政通信能力是由收寄能力、处理能力、运输能力和投递能力等相互配合、分工协作而形成的综合能力。由于邮政通信所具有的实物信息空间转移的特点，所以邮政运输能力在邮政通信综合能力中起着重要的作用。但是，目前我国的干线邮政运输还主要依靠铁道、水道、航空等非邮政部门的交通工具来完成，邮政通信的这种依附性严重地制约了综合能力的发挥。因此，提高通信能力，要着眼于邮政运输能力最大限度地提高，在当前邮政通信系统优化中应以提高邮政运输能力为突破口。

3．提高经济效益

邮政企业同其他企业一样，作为一个从事经营活动的经济实体，应讲求经济效益，不断增加积累，求得邮政自身的发展，从而促进社会的发展。通信质量目标、通信能力目标的确定和实现，应充分考虑到邮政企业的承受能力，否则确定的目标无法实现。因此，效益目标

对其他目标的确定有一定的制约作用。此外，邮政通信的社会效益和企业效益是统一的。因此，在邮政企业系统优化过程中既要注重提高社会效益，又要顾及企业自身的经济效益。

4．提高企业整体素质

邮政企业素质是指邮政企业内部由人员、设备和管理等因素有机结合所形成的自控能力和环境适应能力。通常，设备素质是现代企业的基础，管理素质是设备素质得以发挥的保证，而职工素质特别是企业管理者的素质则是企业兴衰成败的关键。只有充分地协调好各要素的关系，才能最大限度地发挥企业整体效能。因此，在邮政企业系统优化过程中，一定要充分发挥管理诸要素的整体功能，把追求企业整体素质的提高作为重要目标。

三、邮政企业系统优化的基本原则

邮政企业系统优化的原则是进行优化工作的基本依据，主要应遵循以下几个方面的基本原则。

1．整体性原则

邮政企业系统优化过程中，一定要从系统的整体来考虑问题，要最大限度地追求系统整体的最优目标。任何系统都是由分系统组成的，但整体不等于个体的机械相加，整体效益要大于个体效益之和。因此，邮政企业系统优化过程中一定要把握好整体性原则。

2．适应性原则

企业和环境是相互影响，相互作用的。为使邮政企业系统在运营过程中不受或少受外部环境的影响，首先就要适应周围环境的变化，使整个企业运行活动处于动态的平衡状态中，以便能够增强企业活力，保证企业正常的发展。

3．科学性原则

邮政企业系统优化工作应当合乎科学，符合运营过程的连续性、平行性、比例性、均衡性的客观要求，这些要求是现代邮政通信的特点所决定的，是互相联系，互相制约的。运营过程的平行性和比例性是实现运营过程连续性的基本条件，而比例性、平行性与连续性又是保证运营过程均衡性的前提。

4．有序性原则

按照有序性原则，在邮政企业系统优化过程中，要把企业的领导体制、管理体制理顺搞活，且科学合理。在决策过程中除了占有必要的资料和信息外，还必须遵循必要的决策程序和步骤。在邮政企业的组织体系优化中应按工种确定工作岗位，健全岗位责任制和质量岗位责任制，建立良好的工作秩序，加强监督检查，实现作业程序化、规范化。

5．相关性原则

系统中的分系统与分系统之间，分系统与系统之间存在着各种各样的相关性。系统的相关性是多质、多变量、多层次、多向性的。因此，在邮政企业系统优化中，不能仅仅考虑本部门、本岗位、本工种的优化，而应当考虑与其他环节和周围环境的联系，否则局部的优化，不能取得预期的效果。因此，在邮政企业系统优化中要把人、物、场地结合起来进行优化。

6．效益性原则

企业的一切管理成果最终体现在效益上。只有努力揭示客观规律，才有取得效益的可能，只有按照客观规律办事，才能取得好的效益。因此，在邮政企业系统优化中，必须坚持效益原则，既要注重社会效益，又要重视企业效益，还要讲求实效，尊重邮政通信的客观规律，不受固定模式、方法的限制。同时，因地、因情况而异，尽可能减少人力、物力、财力的消耗。

7．最优化原则

由于事物都在不断变化与发展之中，所以最优结果是相对的，而不是绝对的。因此，邮政企业系统优化中的最优化原则，严格地讲，应该是最满意原则。因此，在邮政企业系统优化过程中，要根据需要与可能，为系统确定最优目标，并运用最新技术和处理方法，把整个系统的结构分成不同等级、不同层次，在运行中协调整体与部分的关系，使部分的功能与目标服从于系统的最优效果，从而达到系统整体的最优目的。

8．定性分析与定量分析相结合的原则

在邮政企业系统优化中对系统的各种活动进行分析时，既要有定性分析又要有定量分析，从依靠经验来判断转而用科学决策的方法，这是现代管理的重要特征，也是在邮政企业系统优化中应遵循的原则。

四、邮政企业系统优化的主要内容

邮政企业系统如同一部机器，有执行系统、动力系统和制导系统。因此，系统优化的基本内容就是对邮政企业系统中的组织体系、运行机制和导向动力三个分系统进行优化，即组织体系优化、运行机制优化和导向动力优化。

（一）组织体系优化

1．邮政企业组织体系的基本内容

邮政企业组织体系的基本内容包括网路组织、运营过程组织、劳动组织及其工序（作业）设置、作业流程和作业程序等作业组织，它们是构成组织体系的分系统。

网路组织、运营过程组织、劳动组织和作业组织等分系统的优化是组织体系优化的中心环节，也是搞好组织体系优化的关键。

2．邮政企业组织体系优化的指导思想

邮政企业的组织体系优化的指导思想就是要以时限管理为中心、以缩短邮件在局内各道工序的停留时间和减少空间占用为重点、以少投入也能达到好效果和少环节更能确保通信质量为目标。

3．邮政企业组织体系优化的基本原则

（1）整体优化原则。在组织体系优化过程中，不受现状和局部利益的限制，以整体优化为原则。

（2）追求实效原则。不受固定模式的限制，因时、因地、因情况而异，以追求实效为原则。

（3）总体最佳原则。不受现有方式、方法的限制，以总体上的最少环节、最简手续、最短过程、最佳控制为原则。

（4）追求最优效果原则。不受传统思想的繁琐管理规章的限制，为完成邮政通信任务，选择最佳的人员结构，以追求最优效果为原则。

4. 邮政企业组织体系优化的主要内容

邮政企业组织体系和其他系统一样，也是由若干既相对独立又紧密联系的分系统集合而成。因此，邮政企业组织体系优化要通盘考虑网路组织、运营过程组织、劳动组织和作业组织等分系统的内在联系，其内容主要包含优化组织链接；调整市趟流程；规范作业流程；改进作业组织；完善作业标准；合理配置装备；现场定置管理；加强安全措施；改善作业环境；强化指挥调度；加强监督控制以及严格考核制度等方面。并且，在邮政企业组织体系优化过程中是以优化物流（邮件流）为主线的。

5. 邮政企业组织体系优化的标准

邮政企业组织体系优化应达的标准主要有以下五条。

（1）在通信过程中，要做到连续、均衡；

（2）在网络组织中，要做到紧密、衔接；

（3）在工序划分中，要做到经济、合理；

（4）在岗位设置中，要做到科学、精干；

（5）在操作程序中，要做到先进、高效。

总之，邮政企业组织体系优化要尽可能使得投入少、产出多、质量高、效益好，全面提高组织体系的整体素质和质量保证能力，并要注重实现文明生产。

（二）运行机制优化

1. 邮政企业运行机制的主要内容

邮政企业的运行机制就是把整个企业系统内的人、财、物和信息等各种要素有机地组织起来，并对各种要素的运行和企业的运营过程进行调节和控制的管理职能系统。其主要内容包括管理体制、管理制度、管理方法、管理手段和管理权限的划分等。

2. 邮政企业运行机制优化的组织保证

优化运行机制，就是要建立起有利于提高工作效率，增强企业活力，调动各方积极性的管理体制；建立起精干高效的职能机构和有效的管理制度；采用科学的管理方法、民主的管理方式以及现代化的管理手段。只有这样，才能为运行机制优化的成功提供强有力的组织保证。

3. 邮政企业运行机制优化的主要内容

（1）组织模式和运行方式的改革。要把过去的多渠道多系统的多头管理的运行方式，改变为在纵向上是自上而下的按专业分工的执行系统和由下而上的信息反馈系统，在横向上是全程全网的协调系统，从而进一步完善组织结构和企业管理新体制。

（2）完善和强化管理体制。要进一步完善局长负责制，强化宏观决策管理参谋职能，建立起局长的决策参谋系统。

（3）进一步完善各种管理体系，例如全面质量管理体系、全面经济核算体系等，以便开展运行系统工程、质量系统工程、经营系统工程、技术系统工程、服务系统工程等现代管理科学活动。

4．邮政企业优化运行机制的注意事项

在优化运行机制和建立新的运行机制中，要在实践中不断摸索和改进，要注意解决好以下五个方面的问题。

（1）强化信息中心的作用，不断调整信息管理网路。全局的信息网路要布局合理，四通八达。对各种信息的信息源及其反馈媒介、方式、时间、处理程序等，要有明确的规定和切实的执行。同时要搞好信息的综合分析和及时反馈，做好决策者的参谋。

（2）强化群体功能，注重组合效应。整个领导班子应当在群体组合上和群体作用上，更有效地发挥出聪明才智，以充分调动广大职工的工作积极性和创造性。

（3）强化分层管理，发挥各个层次的作用。根据现代管理中与系统原理相应的整分合原则，分是手段，合才是目的。划分管理层次，就是要充分发挥各层次的作用，各司其职，各负其责，共创企业的整体效益。

（4）强化工作程序，建立良好的工作秩序。邮政企业各项工作的正常运行都是有序的，而有序运行的保证是工作程序和工作标准。没有程序就没有秩序，没有秩序就没有效益；没有标准就无法考核，没有考核就不知道好坏。因此，要强化工作程序和制订工作标准。

（5）理顺各项管理制度。要把管理制度的重点转移到加强系统管理，充分发挥计划、组织、指挥、控制、协调等职能的作用上来。

（三）导向和动力的优化

邮政企业系统运行的导向和动力，就是赋予邮政企业正确的发展方向，增强推动邮政企业运行的内动力。导向和动力的优化就是选取能够调动广大邮政职工积极性和创造性的各种措施。

1．导向与动力的概念

导向就是邮政企业内部起诱导和疏导作用的措施，例如企业精神、职业道德标准、职工行为规范、局规局纪和各种奖励制度等。实际上，企业的经营方针目标也是一种导向。

动力就是激起人的积极性的一种力量。邮政企业系统中处于主导地位的是人，企业管理对象中的各种因素、各种手段、各种环节都需要通过人去掌握、去执行和推动，还有人对人的推动。因此，调动和发挥各级各类人员的工作积极性，做好人力的合理分配和组织工作，引导和带领广大职工围绕着企业共同的目标，主动配合和创造性地劳动，是企业一切工作的根本和出发点。

2．邮政企业动力和导向优化的最终目标

动力和导向优化的最终目标是增强邮政企业的凝聚力，形成向心力和推动力。所以，要在邮政企业的组织体系和运行机制优化的基础上，使邮政企业广大职工自觉地行动起来，积极地投入到邮政企业各项活动中去，沿着既定方向去行动，并为实现邮政企业目标而奋斗，就必须搞好动力和导向优化，从而增强邮政企业的凝聚力。

3. 邮政企业动力和导向优化的具体内容

邮政企业导向的具体范围包括管理者的行为导向、管理者的决策导向、激励导向、纪律导向和约束导向等。动力的具体范围包括物质动力、精神动力和信息动力等。要综合运用各种动力，使之协调配合；要掌握好各种动力的刺激量；要寻求凝聚力、向心力和推动力等三种动力的合力最大的方法，并保持其具有长期有效性。

邮政企业导向和动力优化的具体内容则主要包括改善作业环境、改变管理方式、改进管理者作风、改革劳动人事制度、改革分配办法、加强政治思想工作、提高管理者决策能力以及增强企业凝聚力和向心力的各种有效措施和方法等。

第四节　邮政企业系统优化的实践

邮政企业的系统优化，应当成为邮政企业发展的一件坚持不懈的工作。现就某一省会邮政局的成功经验，从理论与实践的结合上作一个简单讨论。

一、寻找理论依据

该局在企业系统优化工作一开始，就着手在理论上寻找依据。经过反复探索后认为，邮政企业系统优化的理论依据是系统理论。系统理论中的三个基本观点为系统优化提供了解决问题的钥匙和科学的思维方式。

（一）系统观点

系统观点认为，一切有机体都是一个整体，是由两个或两个以上的部分组成的整体，整体的综合效益大于个体效益之和。

（二）动态观点

动态观点认为，一切有机体本身都常常处在动态状态中，没有静止不变的系统，系统的运动是绝对的，静止是相对的。

（三）层次观点

层次观点认为，各种有机体都是按照严格的层次有序地进行组织和活动的。

这三个基本观点可应用于邮政企业系统优化工作中。系统的观点决定了邮政企业这一整体在运行时，应把企业的整体目标和各个组成部分所担负的任务统一起来，从总体上把握全局，实施组织体系的优化，从而确保整体的综合效益最优；动态的观点决定了邮政企业应实行动态管理，不能用同一种方法解决所有问题，也不能现在解决了的问题，今后就一成不变，应该时刻注意企业内部各种情况和外部环境的变化，及时调整运行和导向的优化方法，以变应变，从而确保企业在良性循环中发展；层次的观点决定了邮政企业把企业的运行机制调整、优化得更科学更合理，从而确保企业优质、高效、低耗地运行。

二、确定邮政企业系统优化目标

经过理论武装之后，该局着手制定企业系统优化的总目标。邮政企业系统优化的目标，就是以系统理论为指导，以提高通信质量、提高通信能力和提高通信效能为中心，从分析物流、信息流和人流的现状入手，针对企业运行过程中存在的影响时限、影响质量、影响均衡生产、影响劳动效率及影响生产场地设备利用率等问题，采用各种定性、定量和定性与定量相结合的分析方法，使企业运行过程成为一个手续最简、环节最少、顺畅协调、连续均衡、信息灵敏、运转自如的系统，达到提高管理水平、搞好文明生产、扩大通信能力、提高通信质量和经济效益的总体目标。

三、邮政企业系统选择优化方法

该局根据已确定的优化总体目标，在遵循系统优化的基本原则的基础上，进而选择科学的优化方法进行系统的优化。方法通常就是人们在各种活动中，解决面临的问题而采取的对策、措施和手段。一个好的方法用来解决问题可以收到事半功倍的效果。

邮政通信系统优化的方法很多，该局根据企业的现状及其优化过程中的不同对象和问题进行合理的选择。通常采用的主要方法有。

1．定性分析法

根据已有的经验，对邮政企业系统的现状及其发展等问题进行非定量的分析。

2．最短路径法

用来确定系统的时间节约、路程缩短、费用下降和合理利用生产场地等问题。

3．相关分析法

用来研究系统中存在的各种问题及其发生问题的原因，找出两者之间的相关性，并寻求解决问题的办法。

4．统筹法

用来编制邮政企业的生产作业计划。

5．排列图法

用来研究系统中的质量、事故、时耗、成本、利润和库存问题。

6．可行性研究

用来研究系统中解决某一问题的各种可行方案，权衡利弊，评价选优，从中选取技术上先进、经济上合理的方案。

7．费用和效益分析法

用来研究系统中各种活动的费用与效益状态，从而寻求提高企业效益的对策。

四、邮政企业系统优化的主要步骤

该局在系统优化中采取了以下主要步骤。

（一）现状写实，收集资料

调查所要研究的系统现状，对其内部物流、信息流和人才现状进行调查。

1．物流现状分析

物流现状分析主要包括调查全局的生产作业流程；各项进、出、转口邮件的流向、流量和流速；全局整体作业封发计划和发运计划执行情况；局内整体作业时长的分配和各环节作业时长的执行情况等。

2．信息流现状分析

信息流现状分析主要包括指令信息和反馈信息的传递情况；信息点和信息中心及其信息处理情况；监督检查及信息反馈情况；查验单处理及质量统计上报情况；生产运行中发生的问题及报告情况等。

3．人才现状分析

人才现状分析主要包括各单位的班次安排，岗位台席设置及人员配置情况；各岗位工作量和工时利用情况；各工序操作程序、作业因素及作业方式等情况。

通过调查收集定量或定性资料，绘制能够清晰地反映所要研究系统的通信生产空间组织平面图和时间组织序列表；各工种的作业流程图及操作程序图。收集各单位、各工种的工时利用率和平均工时，以及现行的生产组织、劳动组织、工序设置、班次安排和人员定额、定员等数据资料。

（二）功能分析，拟定方案

根据调查写实得到的数据资料，运用各种有效的分析方法，依据确定的总体目标，对所要研究的系统现状进行功能分析，系统地提出问题，制定出能够达到总体目标的各种优化方案。

（三）评价论证，优选方案

根据确定的具体评价指标，对各种方案进行比较分析，并用评价指标加以衡量，根据总体目标的要求，从整体最优观点出发，权衡各个方案的利弊后，选出最优方案，由局领导决策。

（四）实施方案，跟踪验证

对方案进行实施的过程也是进一步优化的过程，因为方案实施中仍会反映出需要再优化的问题，经实践验证不够优化的地方，需再进行收集数据，反复加以论证与修改。在进行优化过程中，要始终把握以下四个关键问题。

1．尽量缩短邮件流程

要围绕物流、信息流、人才来优化运营过程的管理，物流要尽可能地截弯取直，减少中间环节，缩短邮件流程。

2．尽量形成信息网络

信息流中的指令信息和监控信息流要闭合，构成回路，而且汇集于一个中心，形成信息网络。

3．尽量精简工序和结点

对物流和信息流经过的各个结点反复进行功能评价，精选功能，去掉不必要的工序、岗位及不必要的结点。

4．尽量形成新方案

对物流、信息流、人才要做流向、流程、流量、流速的分析，综合确立运行机制模型，提出条件、方案。并依据层次性原则和动态性原理等进行评估，在比较中完善、修改，形成新的方案。

五、邮政企业系统优化的具体做法

该局在系统优化中，以优化优质、高效和低耗的目标为中心，围绕着搞好组织体系优化、建立新的基础工作和提高运行管理效能三个方面，开展了以下工作。

（一）组织体系优化

1．优化作业流程

优化作业流程是作业优化中最基本的一环，是组织体系优化的重要内容。作业流程的优化就是对作业过程中邮件的流向、流程、流量、流速进行“四流”的分析；对局所设置、投递组织、市内邮政运输网路和分拣封发体制，进行设置标准、组织结构和作业功能分析。看各种要素的结合和系统功能的发挥是否达到经济合理，是否满足社会和用户的需要；看邮件流程是否顺畅，有无重复环节和倒流现象，各部位的劳动消耗和作业效果是否达到最佳程度；对进、出、转口的特快专递、普通信件及重件，按照流程中的各个环节，检查各工种的作业频次、时限和各类邮件的规格标准是否达到国家邮政局以及省局的规定，是否达到全国同类局的先进水平。

（1）邮件处理和传递流程的优化。对于邮件处理流程的优化，该局主要是根据邮件从输入到输出的处理传递过程中，各类邮件的性质和特点及其在不同生产作业阶段的要求，依据处理规则，在确保时限、规格、安全的前提下，使作业流程最短，作业效率最高，作业成本最低。为了保证达到国家邮政局规定的时限和确保邮政通信客观要求的时限水平，有利于分段管理，便于检查考核，充分利用有效作业的时间和设备，该局采取了分流、截流、合流、直流四种方案，对作业流程进行了优化。

① 分流。分流就是在包刷局和各区投递局，由该局组织专业投包队，在用户自愿的前提下，对进口包裹实行直投到户。这样，可将原来的多环节“无效”劳动，转变为向用户提供方便的“有效”劳动。

② 截流。截流就是抽出专人对多渠道邮运的进口邮件（重件）实行就地开拆，直接组织投递。执行这种办法，可减少运输环节和作业程序，节省了运输费用。

③ 合流。合流就是对由于种种原因使作业量减少的有关作业车间，在调查论证及可行性研究的基础上，按照组织合一、现场合设、邮件合封三个步骤实施合流，从而减少了作业环节，还可减少生产场地和设备的占用。

④ 直流。直流是对市内各收包局、大件局及对用邮大户和重点户上门作业，实行直封的

办法，减少了封发环节，节约了场地和人力，加快了邮件传递速度。

（2）优化处理手续和内部作业。

① 在处理手续上，把住重要关口，简化重复手续。进口挂刷邮件，对市内各支局采取只登件数，不登详细节目的封发试验办法；普通挂号邮件在分拣封发部门只登件数，由开拆人员自拆、自投格，一步到位，包封员检查数量和质量，由各支局详登投递清单。通过简化重复手续，提高了挂号分拣部门劳动生产率，其频次时限100％达到标准要求。

② 在内部作业上，首抓第一道工序。在包刷局及报纸、杂志各封发现场，采取按照邮件发运路向，实行定向封发和直封附单的办法，为下道工序的发运创造方便条件，减少剔单等处理环节，做到一步到位。

2．调整市趟网路

在优化作业流程和调整局所功能的过程中，该局对市郊的邮政运输网路进行了优化。

（1）变革网路的运行方式。根据某些传统业务的业务量下降这一客观情况，该局实施“城郊套运”、“以郊带市”的优化方案。城郊套运和以郊带市，变革了网路的运行方式，取得了明显的效益，优化后加快了邮件的传递速度，提高了信息时效性，缩短了邮路及其行车里程，从而提高了社会效益和企业自身经济效益。

（2）优化分拣封发方案。根据某些业务的业务量增长很快的实际情况，该局实施直封、直运、直交的优化方案。从局部看，直封、直运、直交可使邮路总长延长，多投入车辆，增加了消耗；但从全局看，加快了邮件传递速度，减少了中间环节，避免了重新开拆、封装等环节的重复劳动。

（3）优化邮政运输方案。随着省内邮路的调整，该局组织实施了干线统一管理，市内轻重分运的优化方案。轻重分运就是把信函、明信片、报纸、汇票划为轻件，包刷、期刊、空袋等划为重件，按轻重件分别组织邮运的网路组织形式，使得市内网路发生较大变化，邮路进行了重新组划。

该局通过优化市趟网路，获得了较为理想的效果，社会效益和企业效益有了明显提高。

3．改进作业组织

改进作业组织是在优化作业流程的基础上将原有的生产组织、劳动组织、工序划分、岗位设置和班次安排等，进行通信作业的连续性、均衡性、协调性和经济性的综合分析，选取最佳作业组织和作业方式、方法，建立了科学的作业组织。

（1）优化生产组织、劳动组织、作业现场和局所功能。该局调整了生产组织、劳动组织、作业现场和局所功能，重新编制了整体作业时间表和全程全网运行时间表，使其自成网路；对特快专递邮件实行单独作业；对重件实行合一作业的劳动组织。在此基础上对各生产作业单位实行设岗管理，即按照各工种的通信作业实际，以邮件的流程、流量及作业时间为依据，同时考虑各工序间的衔接程序、人员素质，以均衡作业为标准，合理地确定各工种岗位人数。通过职代会讨论，确定了全局各工种的劳动力配置方案，对每一岗位人员的素质、业务水平、工作能力、年龄结构做了明确规定，同时拟定了岗位工作标准，为加强劳动定额和编制定员管理工作奠定了新的基础。

（2）在邮件转运工种实行了“五自、二包、一条龙”作业组织法。

①“五自”法。“五自”就是按照进出口邮件转运过程中取运邮件、区分制单、挑对装

车、拉运看护、装发交接五个环节的职责，根据系统的相关性原则，由一个作业组承担。因此，该局把转运科的生产班组按照邮件运行路向，重新组划为东西南北四路作业组，每路作业组负责其所对应路向的固定车次上的邮件的接发任务，在作业过程中按照规定的岗位责任和作业标准，自已取运各类邮件、自已区分制单、自已挑对装卸拖车、自已拉运看护、自已装发邮车（即“五自”），任务明确，责任段落清楚，极大地增强了职工的自觉性和责任心。

②“二包”法。一包就是邮件转运科每位副科长承包一个班组，实行按生产作业任务全面承包，赋予承包者生产组织权、指挥调度权、监督检查权和临机处理权，极大地加强了转运工种的组织管理和临场指挥；二包就是每个班组长承包各路的作业组，根据实际需要与个人自愿的原则，以合同制的形式聘用作业组成员，真正做到按作业标准考核，按劳动量分配，极大地调动了职工的积极性。

③“一条龙”法。“一条龙”就是按照各自的作业流程，负责到底。一是搞好企业内部作业的一条龙，做到“上道工序为下道工序创造方便条件，下道工序为上道工序把好质量关”，尽量减少中间环节，做到一人经手负责到底；二是为全网邮运创造条件，实行以“保路向、保数字、保准位、保配量、保规格”五保为内容的信得过装车法，并与相关局订立“互保协定书”，进一步健全了邮件的规格标准和质量标准，健全了从头到尾负责到底的质量保证体系和考核方法。

（3）在挂号函件分拣作业流程工种中实行“三环、四定、双百复核”作业组织法。

①“三环”法。“三环”就是把挂号函件分拣作业流程分为粗分、细分登单和包装核查三个作业环节。

②“四定”法。“四定”就是对上述三个作业环节中的每个路段、台席和岗位，分别定工作量、定工时和作业时长、定分拣质量和规格标准、定安全保密责任。

③“双百复合”法。“双百复合”就是设有审账员的岗位，负责对开拆员的平衡账与“传单”及有关路单、清单，进行百分之百的复合；包封员对细拣员处理完的邮件，对数目、路向、规格标准进行百分之百的检查复核，并向总收发员交接清楚。审账员对每天的作业量，按“进口和出口进行平衡合拢”。这种作业组织管理方法，由于各道工序既是操作者，又是上道工序的检查复核者，把质量保证寓于工序作业程序之中，进一步明确了责任，节省了工时，保证了质量。

（4）在机要通信工种实行了“三合一、四结合、一专多能”的作业组织法。

①“三合一”法。

一是实行机普接发合一，由转运负责统一接站和发运机要邮件，进一步缓解了机普之间接发时互相竞争抢时间的问题，防止了漏接跑车事情发生，减少了往返局站间邮运频次，节省了人力、物力消耗，提高了效益；

二是实行开拆和投递合一，把进口邮件的开拆、分拣、投递合起来连续作业，形成进口一条线的作业组织，并对投递员实行“定路线、定里程、定人员、定作业量、定作业时长”的五定管理；

三是实行营业收寄和封发合一，把出口邮件的收寄、分拣、封发和交运三个环节四个工序连接起来，形成出口一条线的作业组织，并对每道工序实行“定台席、定人员、定作业量、定作业时长、定封发频次”的五定管理。

②“四结合”法。

一是夜间开拆与安全执勤结合作业，把过去两班八人改为两班四人交叉作业，实行两个人同时开拆作业，开拆终了再轮流执勤；

二是司机与投递结合作业，为了缩短内部作业时间，加快邮件传递速度，改变了过去司机只管开车的做法，实行投递员和司机各担当一部分机要文件的登记工作，并相互检查把关，保证了质量，提高了工作效率；

三是进口分拣与白班开拆结合作业，进口邮件分拣员上午进行分拣，下午担当开拆上午进局的邮件袋套，达到了工时饱满；

四是封发与营业收寄相结合作业，为了缩短用户等待时间，加快收寄速度，对用户交寄邮件的贴号工作由封发员负责，并在交寄单的名单的右上角加盖名章，以明确责任。遇到一个时间内用户交寄大宗邮件，封发员又可开设第三个台席收寄。

由于实行四结合作业，使各道工序的人员结构更加趋向合理，并把业务素质不同的人员结合起来，充分调动了职工学习技术的积极性，使工时利用率和劳动生产率得到提高。

③“一专多能”法。

一专多能就是对管理人员实行一专多能，有利于改变过去那种按岗设人，人浮于事的局面。

（5）报刊发行工种的各现场作业班组，普遍地实行了“二定、三包、一条龙”作业法。

①“二定”就是对各封发班组实行定分发报刊的配量种类，核定作业组的人员配备；

②“三包”就是各作业组，实行包作业任务、包作业时长和包作业质量；

③“一条龙”就是各岗位对各道工序一包到底。

实行这种作业法，做到了分工明确，责任范围清楚，充分调动了职工积极性，进一步增强了质量保证能力和作业处理能力，节省了人员，较少地占用了生产作业场地。

4．搞好时长分配

时限管理是邮政作业组织管理中的一条主线，科学合理地分配各道工序的作业时长，是组织体系优化的重要内容之一。

该局本着确保国家邮政局规定的最大时限，突出各类业务特点，立足兼顾全网效益的原则，依据既定的接发频次，在组织作业流程，改进作业组织，合理设置工序，科学安排班次，以及在设岗、定员和定额的基础上，明确划定了分段作业时长，具体做法如下。

（1）按照时间顺序，编排出接发的车、船、航班的次序表；

（2）按照进出口两条线，分别列出全天接发各类邮件数量的明细表；

（3）按照既定的接发频次，计算出接发批次邮件的总量及明细表；

（4）按照批次批量对各类邮件的流向、流程、流量、流速进行系统分析，找出分配时长的关键环节及其对策措施，尤其对“卡点车次”邮件的接发要采取特殊处理办法；

（5）采取“先定两头，分配中间”的办法，确定收寄、市趟、分拣封发、转运和转运、分拣封发、市趟、投递的出进口双向的各类邮件的收、发、转和投四大环节的各段作业时长，及各工种和各工序的作业时长；

（6）根据企业作业总时长及分段作业时长的分配，编制了全局整体生产作业计划、各类邮件的封发和发运计划；

（7）编制了特快专递、普通邮件和机要邮件的作业时间表，市内趟车和取筒的运行时间表，各局所营业时间和邮件封发时间表，投递员归班时间表，以及季节性的更换时间表；

（8）绘制全局生产流程图及各部位的作业流程图；

（9）制定了全局通信作业频次时限管理办法及其规范性系列文件；

（10）实行了运行跟踪控制，建立和健全各项跟踪控制办法和考核制度。

（二）建立新的基础工作

1．完善作业标准

为完善作业标准，该局坚持以国家邮政局规定的时限为依据，以基础管理为根本，以提高企业整体素质为目标的指导原则，进一步完善各种作业标准。

该局在制定各项标准工作中，首先对各工种、各工序和各岗位作业要素进行功能分析，然后依据其作业任务和安全责任，明确功能，确定标准。

邮政通信管理随机性很大，管理者往往是凭借个人经验和权力指挥生产，为了避免有章不循的现象在管理者和职工中发生，该局对全局所有的生产岗位和管理岗位制定了岗位工作标准、岗位素质标准。按照国家标准要求的内容和编号印制成册，下发各单位执行，并纳入各项考核办法进行检查、落实，确保执行效果。

2．合理配置设备

在合理配置设备中，该局遵循的原则是经济合理，可行适用。同时，加强对设备的管理，在确保通信质量的前提下，努力提高设备的利用率。

3．现场定置管理

定置管理过程中，经过作业分析和动作研究，要使定置物和操作者紧密结合，使操作者感到顺手、方便、安全、省力；搬运过程方便、安全、堆放整齐、通道畅通。对不同物品，实行不同的定置管理。

4．加强安全措施

邮政质量，主要体现在邮政时限、规格标准、邮件安全和资金安全等方面。因此，该局在优化过程中，对与邮件时限、规格标准化、邮件安全和资金安全有关的生产环节，加强安全措施，力求万无一失。

5．改善作业环境

在优化作业组织管理中，该局根据局内的现实条件，先后调整了信函、国际、包刷和发行的作业现场，并进行了装修粉刷，改善了生产环境，在邮政枢纽部位设置了活动室、更衣室、休息室、学习室，为通信生产一线职工提供了良好的后勤服务保障。

（三）提高运行管理效能

邮政通信生产作业的运行管理是事关提高通信效能和确保通信质量的重要工作。为了搞好企业运行中的调控体系，该局在优化中，通过强化指挥调度，加强监督控制和严格考核工作，进一步提高了运行管理效能。

1. 强化指挥调度

邮政运行管理系统好比是神经系统，其中指挥调度起着中枢的作用。为了确保全局的通信生产作业组织有效地正常运行，必须强化指挥调度这个中心。通过系统优化，该局指挥调度体系以主管生产的副局长兼任调度长，实行统一指挥，以主任调度员为轴心进行综合管理，以值班调度员在一线实施调度，以专业管理各大员为业务参谋而形成指挥调度中心。并从市局到基层各单位，上下形成健全的自上而下的指挥调度体系和自下而上的信息反馈体系。执行这种调度体系以来，全局的通信作业切实按照整体作业流程图正常地、有效地运行起来。

2. 加强监督控制

优化作业组织管理中，该局改变了以往监督检查工作中存在的事后检查多和单项检查见物不见人的现象，坚持以预防为主，以控制为主，简化区、县局管理，加强动态管理，除正常检查外，在以下四个方面加强了控制。

（1）对生产运行过程实行跟踪检查控制，即调度检查。

（2）对规格标准和时限频次实行定点控制。

（3）对资金实行纵横控制。在资金安全上对郊县邮政局实行三个管理岗位（局长、股长、业务员）、四个会计岗位（邮政、发行、汇兑、储蓄）、五个业务岗位（邮政、发行、汇兑、储蓄、档案）和一个现场检查员岗位（乡邮检查员）的纵横控制法，对城市邮政局实行二个管理岗位（区局长、邮政业务员）、四个会计岗位（营收、汇兑、储蓄、发行）、五个业务岗位（汇兑、储蓄、发行、出纳、档案管理）和二个现场检查员（邮政、储汇检查员）的纵横控制法。

（4）平衡合拢控制。平衡合拢是邮政通信生产作业过程中必须贯彻的一项基本制度，是确保邮件迅速、准确传递的一项重要措施。该局在优化作业组织工作中，进一步健全了转运总包邮件、特快专递邮件、挂号函件、包裹邮件、机要邮件及国际给据邮件等七项平衡合拢办法和考核制度，促进了交接验收、勾挑复核的落实，提高了通信质量。

3. 严格考核办法

在优化作业组织管理中，考核具有控制、激励和导向的作用。在优化工作中，本着“内容要具体、方法要简便、检查要严格、奖罚要兑现”的指导原则，进一步健全了五项考核办法。

（1）在通信作业运行方面，实行“两率一令一制”的考核办法。两率就是准点率和延误率；一令就是各单位执行通信生产调令的落实情况；一制就是对信息反馈制度的执行情况。按照上述四个项目实行百分制考核，考核结果同经济责任制挂钩。

（2）对通信质量和安全进行考核。

（3）对全程时限和规格标准实行定点、定量、定时检查考核。

（4）对通信和资金安全则按照前面所讨论的纵横控制法进行检查考核。

（5）对各单位通信生产作业管理、业务管理、质量管理、现场管理及基础工作，由各业务部门按月考核。

上述五种考核办法，将通信作业的运行、质量、规格、安全和管理，统一由通信调度室控制管理起来，达到了责权的统一。

复习思考题

1. 解释概念

（1）邮政运行管理；（2）邮政企业；（3）邮政系统优化；（4）系统原理；（5）组织体系；（6）运行机制。

2. 问答题

（1）邮政通信运行管理系统优化的工作重点是什么？

（2）系统管理的基本思想是什么？

（3）邮政企业系统优化的基本内涵包括哪些内容？

（4）邮政企业系统优化的基本内容包括哪三个部分？其中运行机制系统优化具体包括哪些基本内容？

（5）导向动力包括哪些范围？其中导向优化包括哪些基本内容？

（6）以某邮政企业为平台，试进行邮政企业系统优化。

第五章

邮政运行过程组织

学习目标：通过本章学习，理解邮政通信运行过程及其分类；了解邮政通信运行过程的工序组成；掌握邮政通信运行过程中的三项基本制度；理解邮政通信运行过程的组织；理解邮政企业运行过程的空间组织和理解邮政企业运行过程的时间组织。

学习重点：邮政企业运行过程的时间组织和空间组织。

学习难点：邮政企业运行过程的时间组织和空间组织。

第一节　邮政运行过程概述

一、邮政运行过程的含义

邮政运行过程，是指邮政企业从接收用户提供的邮件开始到邮件投递到指定的收件人手中为止的全部过程。对这一概念，可以从以下几个方面进行理解。

（一）邮政运行过程的中心内容是传递实物信息

在这个过程中，邮政通信传递的信息主要以实物为载体，各类实物信息的传递是邮政运行活动的中心内容。

（二）邮政运行过程中产生了邮政产品

邮政部门使用邮政通信设备和工具，对实物信息进行处理和转移，使之产生了有益效用，即邮政产品。

（三）各类邮件的处理和传递过程形成了邮政运行过程

从邮件（即实物信息）的收寄开始，经过处理、交运、运输、接受、再处理，直到邮件投递，这是各类实物信息的处理和转移过程，即各类邮件的处理和传递过程，这一过程形成了邮政运行过程。

二、邮政运行过程的组成

邮政通信的运行过程，通常并不是只在一个邮政企业范围内进行的，要将用户委托给邮政部门的实物信息的传递变成最终的邮政产品，一般要经过两个或两个以上位于不同地区的邮政企业和各种邮运工具的协调行动才能完成。在这种情况下，一个企业一般只能完成整个运行过程中的某一阶段的工作。所以，邮政运行过程由邮政专业产品运行过程和邮政企业产品运行过程组成。

（一）邮政专业产品运行过程

邮政专业产品运行过程是完整的邮政运行过程，是指从用户交寄邮件开始，到邮件投交给收件人为止的全部运营过程。这一过程通常由一个企业开始，在另一个企业结束，两个企业之间用运输工具联系，有时还需要一个或一个以上的企业负责邮件的经转，所以邮政专业产品过程也叫邮政全程生产过程，是邮政传递信息和物品的全过程。

（二）邮政企业产品运行过程

邮政企业产品运行过程是局部的非完整的邮政运行过程，是指在一个企业范围内所完成的整个运行过程的一部分。在这一过程中，一个邮政企业一般只能完成生产过程的一个阶段，可能是开始的出口阶段，也可能是结束的进口阶段，还可能是中间经转的转口阶段，他们都只是局部的生产过程。

（三）二者之间的关系

邮政专业产品运行过程是邮政生产过程的主体，邮政企业产品运行过程则是邮政生产过程的基础。完整的邮政专业产品运行过程与局部的邮政企业产品运行过程的关系如图 5-1 所示。

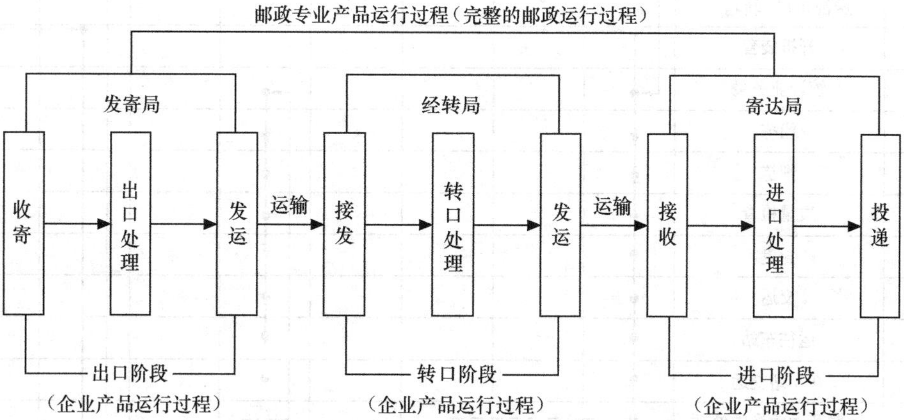

图 5-1　邮政专业产品运行过程和邮政企业产品运行过程示意图

由图 5-1 可以看出，邮政专业产品运行过程是由企业产品运行过程组成的，专业产品运行过程是邮政运行过程的主体，而企业产品运行过程作为专业产品运行过程的一个组成部分则是邮政运行过程的基础。所以，为了确保邮政通信任务的顺利完成，必须从专业产品运行过程出发来考察问题、研究问题和处理问题，重点抓好本企业产品运行过程的管理。对邮政运行过程进行上述分类的目的，是为了考察不同的运行过程的性质和特点，从而可以据此采取相应的不同的管理手段和方法。

三、邮政运行过程的组成工序

邮政通信的运行活动与其他行业的生产活动一样，是由一系列相互联系的工序组成的。工序是由一个或若干生产人员根据总的生产目的，在同一场地对同样的劳动对象连续进行生产活动的综合。工序是组成各种形式的不同企业的生产过程的基本单位。下面以平常邮件的企业产品运行过程为例，来说明这些基本单位之间的联系（见图 5-2）。

由图 5-2 可以看出，平常邮件的企业产品运行过程是由以下几类具有代表性和综合性的工序组成的：

（1）从公众手中收进邮件的工序；

（2）收寄局分拣封发出口邮件并将其发往目的地的工序；

（3）局外运送（包括装卸）的工序；

（4）寄达局接受并处理进口邮件的工序；

（5）按址及窗口投递的工序；

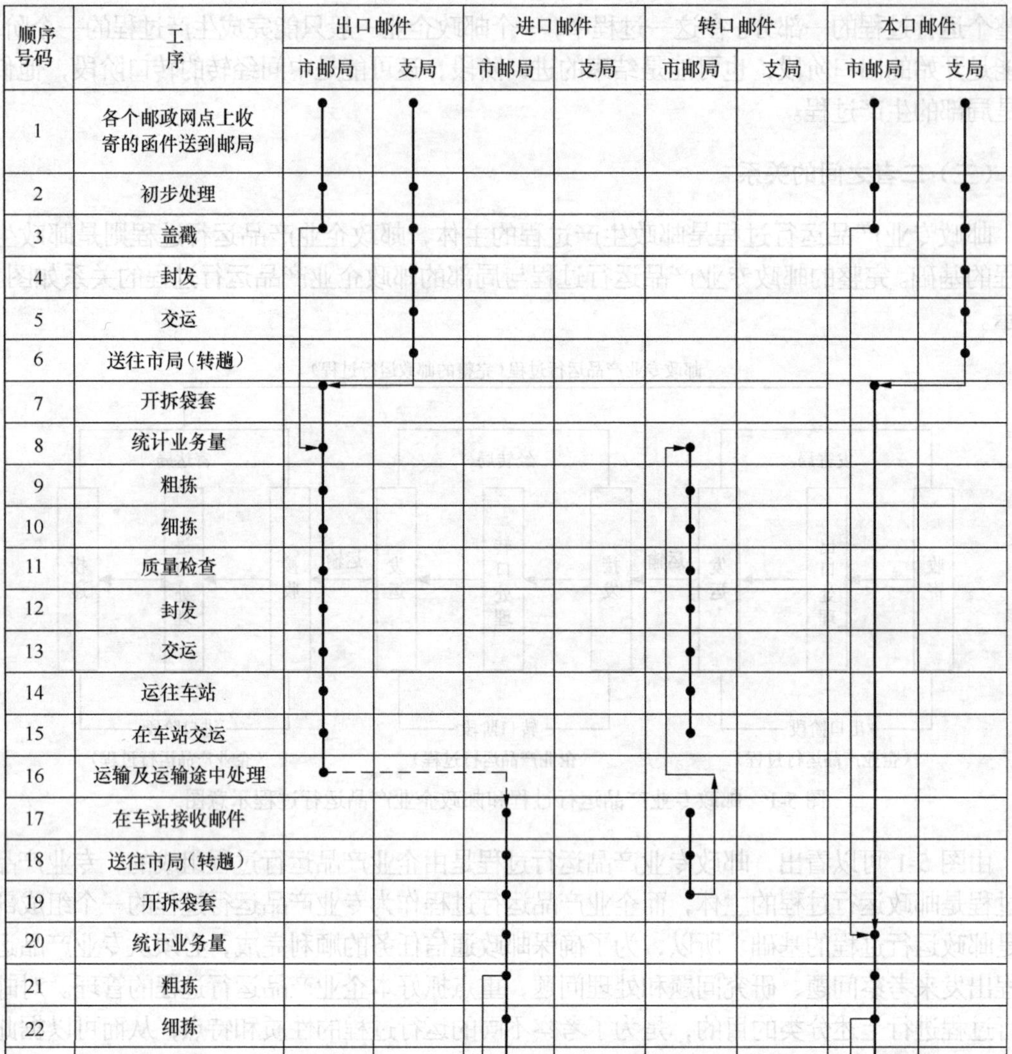
顺序号码
工序
出口邮件
进口邮件
转口邮件
本口邮件
市邮局
支局
市邮局
支局
市邮局
支局
市邮局
支局
1 各个邮政网点上收寄的函件送到邮局
2 初步处理
3 盖戳
4 封发
5 交运
6 送往市局（转趟）
7 开拆袋套
8 统计业务量
9 粗拣
10 细拣
11 质量检查
12 封发
13 交运
14 运往车站
15 在车站交运
16 运输及运输途中处理
17 在车站接收邮件
18 送往市局（转趟）
19 开拆袋套
20 统计业务量
21 粗拣
22 细拣
23 封发
24 交运
25 送往支局（转趟）
26 开拆袋套
27 盖戳
28 按投递段分拣
29 排信
30 投递

图 5-2　平常函件（出口、进口、转口、本口）运行过程主要工序图

（6）运行过程中的统计、检验和监督工序等。

为了进一步了解邮政运行过程的基本情况，通过将上述六类工序归纳为四个基本环节，即收寄、分发、运输及投递四大生产环节，每个生产环节都直接影响整个邮政运行过程。因此，必须重视对每一个生产环节的管理，以保证顺利完成邮政通信任务。

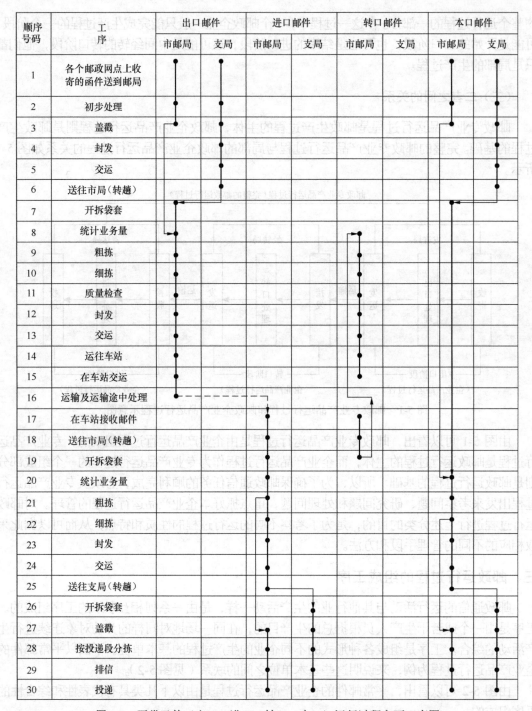

四、邮政运行过程中三项基本制度

邮政通信运行过程中对邮件的处理，要严格执行交接验收、勾挑核对和平衡合拢三项基本制度，从而达到有效地控制邮政通信运行过程的目的。

（一）“交接验收”制度

在处理邮件的过程中，凡需办理交接的各工种、工序、班次及人员之间，都必须严格执行交接验收制度。各类给据邮件和应当补收资费的平常邮件一律通过清单办理交接；总包（袋、套）一律通过路单办理交接。交接时，交接双方会同办理，如有不符情况，应当场复验清点，并办理签收手续。

（二）“勾挑核对”制度

邮政通信运行过程中，各生产单位在邮件总包发出之前及接受时或接受后，均应根据实物逐件、袋勾挑核对相关清单、总清单和路单，以确保登单节目与实物相符。勾挑核对时，如发现所登节目与实物不符，交接双方应当当场验清；如无法当场验清时，应以实物为依据更正清单或路单，并将更正情况由主管人员签发后当班或按规定时限验知相关单位；对不执行或不认真执行勾挑核对制度，造成邮件无着落的，应追究相关人员责任。

（三）“平衡合拢”制度

邮政通信运行过程中，各生产单位必须在每日、每班、每车（船）次工作终了时，根据进、出口清单或路单对给据邮件和总包分别进行平衡合拢，并登入相关表格。合拢时，如总数不平衡或结存数与实存数不符，应即采取措施查明；如复查无结果，应即向主管人员如实反映汇报，并作详细记录备查。

第二节　邮政运行过程的组织

一、邮政运行过程组织的概念及任务

（一）邮政运行过程组织的概念

要使邮政通信运行过程的各个阶段、环节、工序形成一个协调的系统，并使这个系统高效率地正常运转，就要对邮政通信运行过程进行科学有效的组织。

邮政运行过程组织就是根据有关规章制度和生产作业计划等管理信息，运用现代管理方法和手段，对邮政运行过程进行监督、检查、指挥和调度，使邮政产品在运行过程中的质量最好、行程最短、时效最优、耗费最小和效益最佳。由于企业运行过程是整个邮政运行过程的基础，所以对邮政运行过程进行组织，就要以企业运行过程组织为基础。

（二）邮政运行过程组织的任务

邮政运行过程组织就是研究邮件在企业运行过程中如何根据邮政通信运行的特点，以经济有效的方式进行处理和传递，保证产生有益的效用。要保证邮政通信全程全网的通信效能，就必须有效地对每个邮政企业的运行过程进行组织。邮政运行过程组织的任务，就是按照现代社会发展的规律和邮政生产组织的基本原则，把分布在全国各地的邮政企业及其分支局所，通过各种邮路联结并组织起来，同时采用科学合理的方法，将邮政部门的生产人员、设备、场地和劳动对象及信息有效地结合在一起。总的来说，有效地组织邮政企业运行过程，必须完成以下基本任务：

（1）完成处理和传递各个时期来到企业的各种不同种类的业务量；

（2）确保邮政产品质量和服务质量达到相应标准；

（3）降低生产运营成本，提高劳动效率；

（4）改善劳动条件，确保安全生产。

为了确保上述任务的完成，在邮政运行过程中要强调全局观念、质量第一的观念、用户至上的观念以及管理方法科学化、管理工作专业化等现代管理的观念和采取科学的管理手段。

二、邮政运行过程组织的特性

根据邮政运行过程组织活动的基本规律，邮政运行过程组织具有以下特性。

（一）邮政运行过程的连续性

邮政运行过程的连续性就是邮件在运行过程的各个阶段、各个工序中传递时，尽可能在时间上保持衔接，使生产连续不断地进行。

（二）邮政运行过程的比例性

邮政运行过程的比例性就是邮件在运行过程的各个阶段、各个工序中使用的各种设备的生产能力，与运行过程各阶段各工序配备的生产人员的生产能力，在比例上应力求协调。

（三）邮政运行过程的节奏性

邮政运行过程的节奏性就是邮政运行过程各个阶段各个工序的工作，从开始到结束，都能均衡地有节奏地进行，故也把节奏性称为均衡性。

（四）邮政运行过程的适应性

邮政运行过程的适应性就是企业对不断变化的企业内部和外部因素的应变能力，这种应变能力要确保邮政运行活动正常地进行。

（五）邮政运行过程的经济性

邮政运行过程的经济性是邮政通信运行过程所消耗的费用，必须力求节省，讲求经济效益。

按照上述特性对邮政运行过程进行组织，不断提高劳动生产率和设备利用率，最大限度地适应业务量增长的需要，确保邮政通信任务的完成，并在此基础上，要讲求邮政运行全过程的经济性。

三、邮政运行过程组织工作的内容

邮政运行过程组织是一个复杂的系统工程，根据邮政全网的运行过程与邮政企业运行过程相互配合的关系，邮政运行过程组织工作的主要内容有以下两大方面。

（一）邮政专业产品运行过程的组织

（1）预测全国的邮件流量，规划组织覆盖全国的邮政通信网，为邮政运行过程组织提供物质基础。

（2）按照运行地区管理制的原则，设置邮政生产机构，合理配置邮政生产资源。

（3）根据邮区中心局的网络体制和与之相适应的邮件分拣封发体制及干线邮运管理体制，建立和组织邮政运输系统。

（4）核定邮政服务水平，主要是邮件传递的全程运递时限和阶段作业时限及各种频次，作为组织邮政专业产品运行过程的根本依据，并从宏观上确定邮政运行过程的组织形式。对运行过程中的通信质量进行控制，通过优化邮政通信质量控制系统，确保邮政通信万无一失。

（5）配合邮政运行过程组织，严格执行有关规章制度，根据生产作业计划，对邮政运行过程进行监督、检查、指挥和调度，以确保运行过程优质、高效、低耗地运转。

（二）邮政企业产品运行过程的组织

（1）根据社会或市场的需要，兼顾可能具备的条件，在一个邮政企业范围内广泛设置布局合理的服务网点。

（2）根据邮政企业规模大小和生产专业化程度，设置邮政企业内部的运行单位，主要包括支局所、运行科室、班组和工作场地。

（3）对各运行单位的生产用房和场地进行总体布局，保证满足对外服务和内部生产过程的各种要求。

（4）选择地点建立邮件分拣封发中心，并围绕该中心组织规划企业范围内的开箱邮路和投递路线，使之自成系统，并与省内干线邮路或全国干线邮路相衔接。

（5）根据邮政企业的具体生产条件，优化邮政企业的运行流程，并选择各个运行单位合理的运行组织形式，组成相应的运行流水线，搞好运行过程在空间方面的组织，使运行场地的布局合理，运行过程中省事、省力又省时。

（6）预测各类邮政业务量，掌握其变化规律，在此基础上按照实际需要情况分配阶段作业时限，核定和安排邮政企业各运行单位间和各道工序间，在生产工作量、运行能力和运行时间等方面的相互衔接和配合，搞好生产过程在时间方面的组织，把生产耗时降到最低限度。

（7）根据各个环节生产作业的特点和劳动组织的基本原则，采取不同的劳动组合形式，组织各个班组、工种的生产劳动。

（8）编制和执行全局综合作业计划和车间计划。通过统一而灵活的指挥调度，保证连续而有节奏地在规定的阶段作业时限内完成邮政企业的生产任务。

四、邮政企业运行过程

邮政企业运行过程是以接收从运邮工具的到达地点（火车站、轮船码头等）为起点，以邮件投交收件人的地点为终止的运行过程；或以从公众和报刊社收受邮件的地点为起点，而以邮件交给网外运邮工具的地点为终点的运行过程。即前者为处理进口邮件的全过程，后者为处理出口邮件的全过程。

按照邮件的传递方向，邮政企业运行过程可分为各类邮件的出口、转口、进口和本口运行过程。通常，邮政企业是按照进、出、转三条流水线来组织运行过程的。

按照邮件的种类和寄递范围，邮政企业运行过程可进一步细分为国内邮件寄递（具体包括函件、包裹、特快专递等）和国际邮件寄递的进、出、转运行过程，报刊发行的进、出、转运行过程，国内和国际邮政汇兑的进、出、转运行过程和邮政储蓄业务的处理运营过程。

按照邮件的处理流程和流程的不同要求，邮政企业运行过程则是由营业收寄、分拣封发、邮政运输和邮件投递等四个基本生产环节所组成。邮政企业总体运行流程如图 5-3 所示，这是由设计好了的若干条企业范围内的全程流水线组合而成的某企业邮政通信枢纽总流程图。

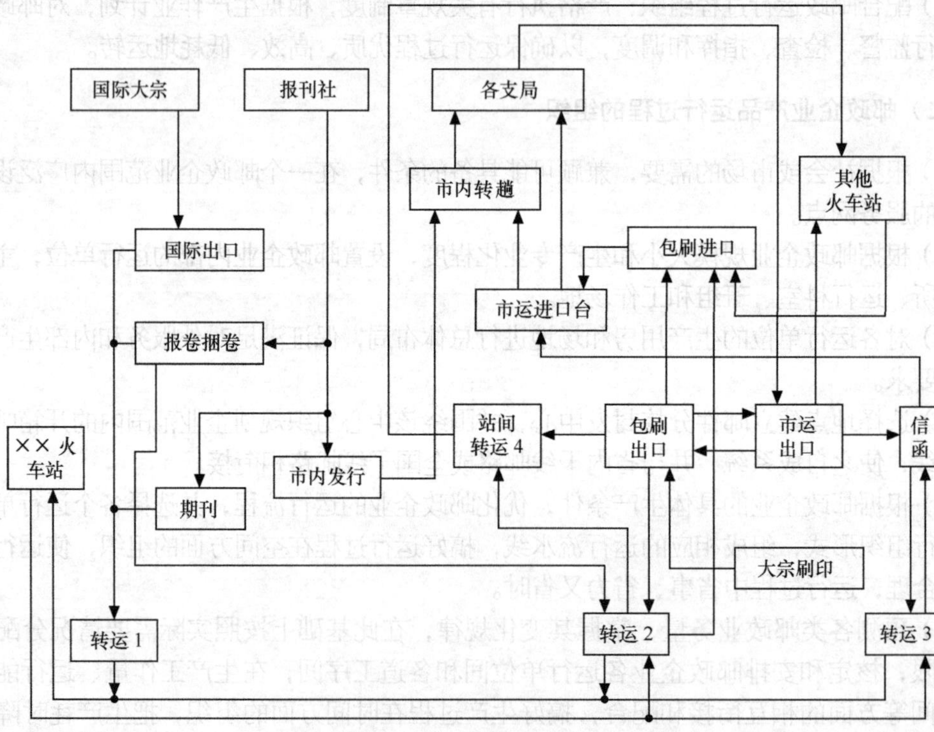

图 5-3　某邮政局通信枢纽总流程图

对邮政运行过程的组织工作，本章将从邮政企业运行过程的空间组织和时间组织两个方面来进行有侧重的讨论。

第三节　邮政企业运行过程的空间组织

一、邮政企业运行过程空间组织的概念及工作内容

（一）邮政企业运行过程空间组织的概念

邮政企业运行过程的空间组织是邮政运行过程组织中的一项重要工作。运行过程中每道工序之间，每个环节之间相对位置的确定，对生产效率影响很大，这就需要对运行过程实施科学的空间组织。邮政企业运行过程的空间组织是指正确确定邮件在运行过程中的空间布局和运行过程中各阶段各工序在空间上的划分等工作。

（二）邮政企业运行过程空间组织的工作内容

为了保证邮件在最短的空间畅通无阻地运行，运行过程的空间组织具体要做好以下主要工作：

（1）邮政企业各生产部门的合理划分与布局；

（2）企业内外生产流水线的合理组织与布局；

（3）各种各类邮件生产过程的合理安排与组织等。

二、邮政企业生产部门的合理划分与布局

（一）邮政企业生产部门的合理划分

为了科学地对邮政企业运行过程进行空间组织，就必须划分好邮政企业内的生产部门，并明确其相互关系及其各部门在运行过程中应起的作用和承担的责任。通常，把邮政企业内的生产部门划分为基本生产部门、辅助生产部门和生产服务部门等三个部门。

1．邮政基本生产部门

邮政基本生产部门是指直接从事邮政生产活动的主要生产单位。邮政企业基本生产部门主要包括以下部门。

（1）收揽邮件和负责邮件窗口投递的营业部门，如邮政支局所等；

（2）邮件分拣封发部门，如信函分拣科、包裹分拣科、刷印分拣科和国际邮件分拣科等；

（3）邮件转运部门，如转运科（火车）、汽运科、市内转趟科等；

（4）报刊发行部门；

（5）集邮部门；

（6）邮政汇兑、储蓄部门等。

2．邮政辅助生产部门

邮政辅助生产部门，是指为基本生产部门提供服务的部门。主要包括动力供应部门、设备维修部门、物资与器材供应部门、邮袋管理部门等。

3．邮政生产服务部门

邮政生产服务部门，是指为基本生产部门和辅助生产部门提供服务的部门。主要包括各种仓库，如邮袋库、邮件暂存库等；后勤部门，如衣、食、住、行等服务部门。

（二）邮政企业生产部门的合理布局

邮政企业内各部门的划分，并不是各部门的独立，而是根据现代管理理论中的整分合原则，在分工的基础上有效地综合，以形成一个有序运行的整体，最大限度地发挥整体功能。因此，邮政企业各生产部门的空间布局，各部门间的有机联系，要根据各自在运行过程中的地位和作用、生产的特点和需求、历史现状和发展趋势来合理布置。

1．合理布局邮政企业生产部门的基本原则

（1）整体性原则。邮政生产部门通常是个有机整体。因此，邮政生产部门的布局应考虑到邮政通信网的整体性和全局性。比如邮件处理中心的布局既要考虑方便市内邮件的运输，也要考虑与外界运输交通工具衔接方便；既要考虑到干线运输的方便性，也要考虑到市内运输的便利性。

（2）综合性原则。邮政生产部门的布局涉及多个方面，应尽量避免片面性，要考虑多个方面的因素。如邮区中心局的布局要考虑经济、技术、地理环境、人口、城市规划等多个方面的因素，需要全面了解有关信息，经过技术、经济等方面的可行性论证后才能做出决策。

（3）服务性原则。邮政企业是服务型企业，承担普遍服务义务，邮政生产部门的布局不仅要考虑经济效益，还要考虑社会效益。如农村地区的邮政生产部门的经济效益不好，但是要虑及普遍服务的要求，仍然需要设置邮政生产部门。

（4）前瞻性原则。由于邮政业务发展迅速，邮政生产部门的布局不仅要考虑到当前邮政业务发展的需要，而且还要考虑到未来一个时期业务量增长的需要。因此，邮政生产部门的布局要有一定的前瞻性。

2．邮政企业生产部门的布局

作为邮政企业的决策者，布局生产部门有两个层次，一个是城市内特定区域的选择，另一个则是具体区位地点的选择。

（1）决策者分析影响因素。这些因素通常包括到达服务设施的交通通达性、对用户的吸引力、区域的消费能力和消费量的分配情况以及该区域的发展空间和发展方向等。

（2）决策者作出合理的生产部门的定位。确定要布局生产部门的规模、服务档次、服务种类和客户群等。

（3）准确地点的落实。这是区位决策的最终阶段，通常要虑及该地点的交通状况和交通发展潜力、相邻企事业单位的基本状况以及在该地点布局的综合费用等因素。

三、邮政企业内外生产流水线的合理组织与布局

根据邮政通信的特点，其运行过程的空间组织实质上是企业内外生产流水线的合理组织与布局。对邮政企业运行过程进行组织，需要组成整个市内邮政通信网范围内的全程流水线，把市内各个生产环节连接成一个整体，局内外各个生产车间相互沟通，使邮件得以快速地处理和传递。

（一）邮政生产流水线的含义及其特征

1．邮政生产流水线的含义

邮政生产流水线即流水作业线，它是按照流水生产的形式组成的作业线。在这种先进的组织形式下，邮件按照一定的速度，连续不断地像流水一样，依次通过各个工作座席。

2．邮政生产流水线的特征

邮政生产流水线有以下基本特征：

（1）工作座席专业化，即各个工作席位固定执行一道工序；

（2）工作座席按照工序的先后排列；

（3）各道工序配备有相当数量的工作座席，在相同的时间内各工作席位的工作量相等，或者大致相等；

（4）工作席位之间劳动对象的传递实现机械化与自动化。

（二）邮政生产流水线的合理组织与布局

在空间上合理组织企业范围内的全程流水线，就是要合理安排企业各个车间的作业流水线。各个车间的作业流水线，都是以接受邮件或收寄邮件为起点，而以邮件投递和转运为终点的局部作业流水线。它与全程流水线相互联系和沟通，使企业的内部处理和市内运输网协调配合，紧密衔接而形成一个整体。

组织各个车间的作业流水线，就是安排各个车间的工艺流程。其具体要求是：布局合理，流程通畅，渠道清楚，紧密衔接，连成整体。要达到这一要求，就必须对车间的平面布置、各工作席位在车间里的分布、邮件在工作席位之间的传递等进行空间组织，组成作业流水线，从而达到最有利于生产，并能节约劳动力、生产设备和生产场地的目的。

例如，某邮政局包裹分发部门机械化与自动化生产流水线如图 5-4 所示。这一作业流水线，使得整个包裹处理就像流水一般，经过一系列有序作业，能够畅通无阻地进行包裹处理。

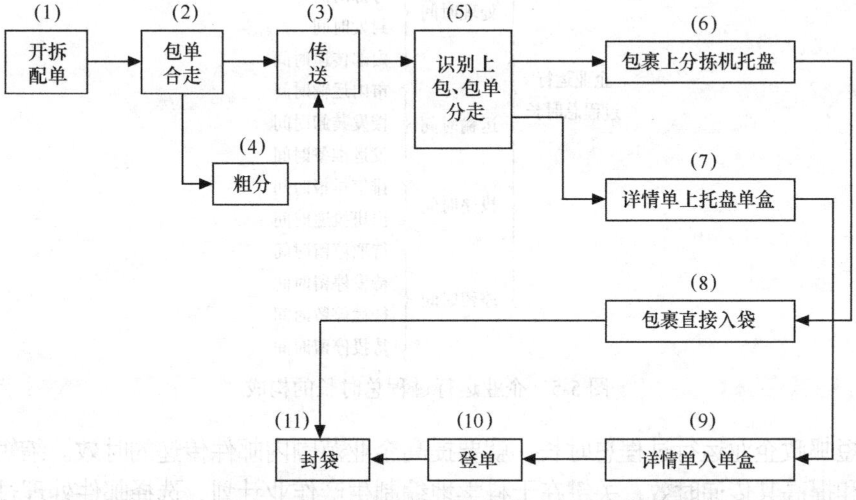

图 5-4　某邮政局包裹分发部门机械化与自动化生产流水线示意图

由此可见，组织邮政生产流水线，实行流水生产，可以提高邮政企业的劳动生产率和设备利用率，缩短邮件处理时间，并且有利于提高邮政员工的业务技术水平，从而提高邮政产品质量和劳动效率。所以，从空间上组织邮政企业运行过程时，合理组织邮政生产流水线是十分重要的。

第四节　邮政企业运行过程的时间组织

一、邮政企业运行过程时间组织的概念

邮政企业运行过程的时间组织，是指邮件在企业运行过程的各个阶段进行处理时，对每道工序进行科学的安排，确保在一定的时间内，处理邮件的数量最多，质量最好，传递时间最短。由此可见，从时间上合理组织邮政企业运行过程就是要缩短运行过程总时长。

二、邮政企业运行过程总时长的构成

邮政企业运行过程总时长是指一批邮件在企业运行过程中，在每个生产单位的各个处理阶段和传递阶段以及其他必需时间的总和。构成邮政企业运行过程总时长的各项时间如图 5-5 所示。

- 企业运行过程总时长
  - 收寄时间
    - 开箱开筒时间
    - 窗口收寄时间
    - 支局初步处理时间
  - 处理时间
    - 开拆时间
    - 分拣时间
    - 封发时间
    - 内部传递时间
  - 运输时间
    - 市内运输时间
    - 接发装卸时间
    - 发运准备时间
  - 投递时间
    - 排信排报时间
    - 出班投递时间
  - 停留时间
    - 待取停留时间
    - 待发停留时间
    - 待运停留时间
    - 待投停留时间

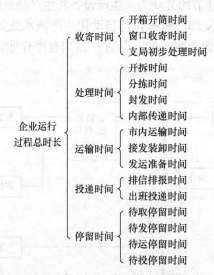

图 5-5　企业运行过程总时长的构成

要缩短邮政企业运行过程总时长，就要提高企业范围内邮件传递的时效。缩短邮件传递的总时长和提高其传递时效，关键在于科学地编制生产作业计划、选择邮件处理过程中的移动方式和确定处理邮件的先后次序。下面将有所侧重地进行讨论。

三、邮政企业的生产作业计划

（一）邮政企业生产作业计划的含义

邮政通信生产是邮政企业运行过程中的主要工作。邮政企业为了顺利地进行通信生产，每年都要制定生产计划来安排一年的生产任务。生产作业计划就是企业年度生产计划的继续和具体化，是企业生产计划的执行计划，是企业具体组织日常生产活动的计划，也是企业及其生产现场统一指挥调度生产的依据。

（二）邮政企业生产作业计划的种类

邮政企业的生产作业计划，有全局生产作业计划和车间（或班组）生产作业计划两种。全局生产作业计划规定了各主要生产环节和生产车间在完成规定的生产任务中相互配合和衔接的时间，是通过编制综合作业时间表来体现的，故亦称综合时间表；车间生产作业计划则是在全局生产作业计划的安排下，按照各个时间阶段应完成的生产任务，对所配备的工作席位和生产人员，在时间上做出进一步的具体安排。两种计划是建立生产秩序和协调企业日常生产活动的重要手段。

（三）邮政企业生产作业计划的作用

邮政企业生产作业计划的作用主要有以下几点：

（1）使邮政企业每个生产环节紧密配合、互相衔接和协调动作，避免产生脱节或松散；

（2）使邮政企业各个车间和每个职工都有明确的奋斗目标，从而调动和发挥全体生产人员的主动性和积极性；

（3）通过生产作业计划，可以统一调配和使用人员和设备，有利于挖掘企业的潜力，并提高邮政企业的管理水平。

（四）编制邮政企业生产作业计划的基本原则

通常，生产作业计划的编制要遵循以下基本原则：

（1）必须保证邮政通信运行过程均衡地有节奏地进行；

（2）尽可能缩短企业运行过程总时长，确保达到规定的时限；

（3）充分利用企业各生产环节和生产车间现有的生产能力；

（4）对出口、转口和本口邮件，要求开箱、转趟、分发和转运等环节的规定时间紧密衔接，确保出口发运和本地投递的需要；

（5）对进口邮件，要求转趟与分发及投递等环节的规定时间紧密衔接，确保进口邮件投递的需要。

根据邮政企业生产计划，遵循编制生产作业计划的基本原则，系统考虑邮政企业本身的现状和发展潜力，从而编制好企业生产作业计划。有了生产作业计划，就要下大力气组织执行。在执行过程中还必须根据企业运行过程中内外生产条件和主客观因素的影响，使运行的实际过程与计划规定的过程尽可能相一致，这就需要对邮政通信全局的运行活动进行经常的检查和监督，进一步加强运行的指挥调度工作，对企业运行过程以至整个邮政通信系统进行有效的控制，从而完成邮政企业的生产作业计划。

四、邮件处理的移动方式

邮政企业运行过程的时间组织，其目的就在于缩短邮件的处理周期。要缩短邮件的处理周期，就需要恰到好处地选择邮件处理过程中邮件的移动方式和处理邮件先后次序的安排，而移动方式的选择和处理顺序的安排都要以邮件的规格化、标准化和系列化为前提。通常，邮政企业运行过程的时间组织中邮件移动有三种基本方式。

（一）依次移动式

依次移动式是指整批邮件在前一道工序全部处理完毕后，才整批地转移到下一道工序继续进行处理，直到最后一道工序完工才告结束的一种移动方式。这种移动方式，座席或设备在处理同一批次邮件时工作不停顿，生产不中断，便于组织，但邮件处理周期最长。此时，邮件处理周期 $T_{依}$的计算式为

$$T_{依} = n\sum_{i=1}^{m} t_i$$

式中：t_i 表示第 i 道工序的处理时间；

n 表示整批邮件中的批量（批数）；

m 表示工序数。

例 5-1：邮件批量 n=4，工序数 m=4，每道工序时间分别为 t_1=10′，t_2 = 5′，t_3 = 15′，t_4=10′。邮件处理周期如图 5-6 所示。也可用公式计算，用公式计算得

$$T_{依}= n\sum_{i=1}^{m} t_i =4\times（10+5+15+10）$$

$$=4\times 40=160（分）$$

计算结果与图 5-6 中的结果是一样的。

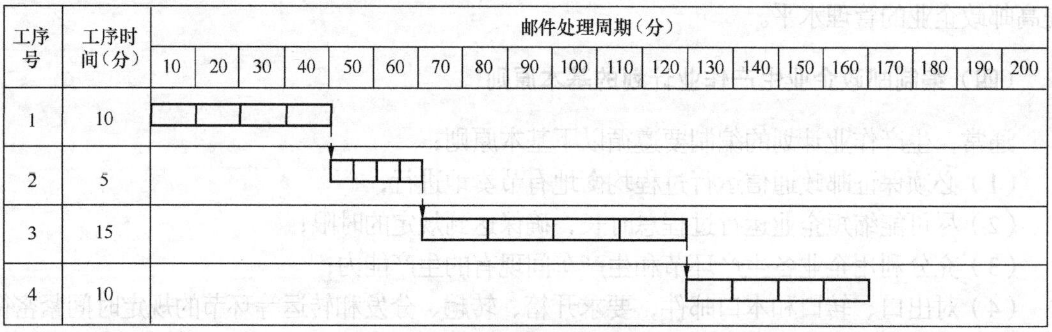

图 5-6　依次移动式示意图

（二）平行移动式

平行移动式是指整批邮件在前一道工序处理完其中的一小批后，就立即转入下一道工序进行处理，直到邮件全部处理完毕的一种移动方式。这种移动方式，使得工序间出现平行作业，因而邮件处理周期最短，但当前道工序处理的时间大于后道工序时，座席或设备有停顿时间，生产短暂中断。此时，邮件处理周期 $T_{平}$的计算式为

$$T_{平} = \sum_{i=1}^{m} t_i + (n-1)t_{\max}$$

式中：t_{max}表示工序时间中最长的工序时间。

为了便于比较邮件处理周期的大小，仍以例 5-1 中的数据为例，邮件处理周期如图 5-7 所示。也可用公式计算。

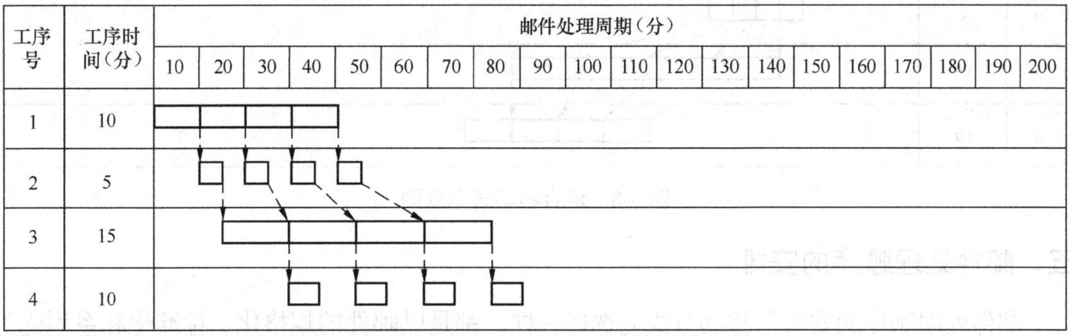

图 5-7　平行移动式示意图

用公式计算得

$$
\begin{aligned}
T_{平} &= \sum_{i=1}^{m} t_i + (n-1)t_{max} \\
&= (10+5+15+10)+(4-1)\times 15 \\
&= 40+45 = 85\,(分)
\end{aligned}
$$

计算结果与图 5-7 中的结果是一样的。

（三）混合移动式

混合移动式是依次移动式和平行移动式的混合形式。这种移动方式既考虑了生产的平行性，又考虑了生产的连续性，座席或设备在处理邮件时无停顿时间，但邮件处理周期大于采用平行移动式的周期，而比采用依次移动式时要小。此时，邮件处理周期 $T_{混}$的计算公式为

$$T_{混} = n\sum_{i=1}^{m} t_i - (n-1)\sum_{i=1}^{m-1} \min\left(t_i, t_{i+1}\right)$$

式中：min（t_i，t_{i+1}）表示 t_i与 t_{i+1} 前后两道工序间最小的工序处理时间。

仍以例 5-1 中的数据为例，邮件处理周期如图 5-8 所示，也可用公式计算。

用公式计算得

$$
\begin{aligned}
T_{混} &= n\sum_{i=1}^{m} t_i - (n-1)\sum_{i=1}^{m-1} \min\left(t_i, t_{i+1}\right) \\
&= 160 - 3\times(5+5+10) = 100(分)
\end{aligned}
$$

计算结果与图 5-8 中的结果是一样的。

选择邮件移动方式时，应当考虑批量的大小、邮件处理工序时间的长短、生产的专业化形式等因素。当批量小、工序时间短时，采用依次移动式；当批量大、工序时间长时，宜采用混合移动式；对象专业化的生产车间，也可采用混合移动式；平行移动适合于流水生产线。

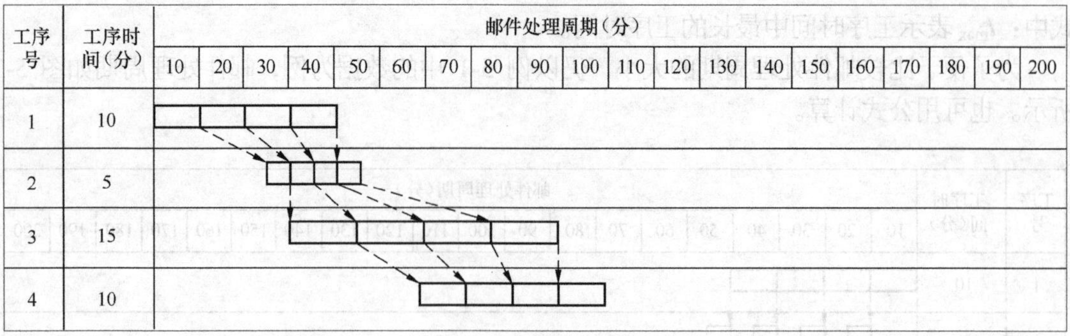
工序号
工序时间（分）
邮件处理周期（分）
10 20 30 40 50 60 70 80 90 100 110 120 130 140 150 160 170 180 190 200
1 10
2 5
3 15
4 10

图 5-8　混合移动式示意图

五、邮件处理顺序的安排

邮件处理顺序的安排与移动方式的选择一样，都是以邮件的规格化、标准化和系列化为前提的。

选择邮件处理过程中的移动方式，是在邮件和处理工序已经排定的情况下进行的。事实上，邮件处理时的先后排列也会影响传递邮件的时限。因此，科学地安排邮件处理的顺序，对于缩短邮件处理的总时长也是很重要的。下面介绍三种情况下邮件处理顺序的安排方法。

（一）单台座席或设备的排序问题

当有 n 批邮件都要在一台座席或设备上处理时，则称此为单台座席或设备的排序问题。此时，由于其处理时间为一固定值，哪批邮件排前，哪批邮件排后，对这一固定值没有影响。因此，评价尺度不能用处理时间，通常宜用平均流程时间或最大延期量来进行评价。

平均流程时间（$T_{均}$）的计算公式为

$$T_{均}=\frac{\sum_{j=1}^{n}T_j}{n}$$

式中：T_j 表示第 j 个邮件的流程时间；

n 表示 n 批邮件。

其中 T_j 的计算公式为

$$T_j=T_{j-1}+t_j$$

式中：T_{j-1} 表示第 j−1 个邮件的流程时间；

t_j 表示第 j 个邮件的处理时间。

即

$$T_1=T_0+t_1=t_1\text{（因 }T_0=0\text{）}$$
$$T_2=T_1+t_2=t_1+t_2$$
$$T_3=T_2+t_3=t_1+t_2+t_3$$
$$\vdots$$
$$T_n=T_{n-1}+t_n=t_1+t_2+t_3+\cdots+t_{n-1}+t_n$$

即

$$\sum_{j=1}^{n}T_j=T_1+T_2+T_3+\cdots+T_n$$

$$= nt_1 + (n-1)t_2 + (n-2)t_3 + \cdots + t_n$$

由上式可知，要使 $T_{均}$最小，必须使 $t_1 < t_2 < t_3 < \cdots < t_n$，由此即可得出结论：邮件按处理时间的大小安排处理顺序，则处理时间最小的邮件最先处理。

若按最大延期量最小来进行排序，则得另一结论：邮件按时限的长短安排处理顺序，则规定时限最短的邮件最先处理。

例 5-2：以表 5-1 中的数据为例，按平均流程时间最短或最大延期量最小两种评价尺度来排序。

表 5-1　　邮件处理时间和规定时限表

邮 件 编 号	Y_1	Y_2	Y_3	Y_4	Y_5
处理时间（小时）	3	4	1	2	5
规定时限（小时）	10	14	8	7	5

为使平均流程时间最短，邮件处理的排列顺序为

$$Y_3 \to Y_4 \to Y_1 \to Y_2 \to Y_5$$

$T_{均}$为

$$T_{均} = \frac{\sum_{j=1}^{5} T_j}{5}$$

$$= (5\times1 + 4\times2 + 3\times3 + 2\times4 + 1\times5)/5 = 7(小时)$$

为使最大延期量最小，邮件处理的排序为

$$Y_5 \to Y_4 \to Y_3 \to Y_1 \to Y_2$$

其邮件交运延期量如表 5-2 所示。

表 5-2　　处理延期量计算表

邮件处理顺序	Y_5	$\to Y_4$	$\to Y_3$	$\to Y_1$	$\to Y_2$
处理时间（小时）	5	2	1	3	4
完成时间（小时）	5	7	8	11	15
规定时限（小时）	5	7	8	10	14
处理延期量（小时）	0	0	0	1	1

由表 5-2 可见，本例的最大延期量为 1 小时。

（二）两台座席或设备的排序问题

当有 n 批邮件要在两台座席或设备上处理时，则称此为两台座席或设备的排序问题。此时，采用约翰逊-贝尔曼法（Johnson-Bellman）求解这类排序问题，可使邮件处理的总时间最短。

例 5-3：设有五批邮件在 A、B 两台座席或设备上处理，其工序处理时间如表 5-3 所示，要求邮件处理时间最短时的排序。

表 5-3　　　　　　　　　　　　　　邮件处理时间表

邮件编号		Y_1	Y_2	Y_3	Y_4	Y_5
处理时间（分）	t_{iA}	7	10	12	6	5
	t_{iB}	13	11	8	4	9

表 5-3 中：t_{iA} 表示第 i 批邮件在 A 座席或设备上的处理时间；t_{iB} 表示第 i 批邮件在 B 座席或设备上的处理时间。

用约翰逊-贝尔曼法安排邮件处理顺序的步骤如下。

第一步：在表 5-3 中找出一个最短的处理时间。由表 5-3 得 $t_{4B}=4$（分）。

第二步：根据该最短时间所属设备（或工序），确定相应的处理邮件的顺序。若所找到的最短时间属第一工序，则该批邮件安排在最先处理；反之，若属第二工序，则安排该批邮件在最后处理。本例中，由于 t_{4B} 属第二工序，故邮件 Y_4 排在最后处理。

第三步：将已经排定处理顺序的邮件除去再重复第一步、第二步，直至全部邮件处理顺序排定为止。

如果在 A、B 两台座席或设备上邮件处理时间的最小值有两个或两个以上时，则任选一个即可。

由此得出该五批邮件的处理顺序为

$$Y_5 \rightarrow Y_1 \rightarrow Y_2 \rightarrow Y_3 \rightarrow Y_4$$

用甘特图法可求得该五批邮件的处理总时长（$T_{总}$）为 50 分钟，如图 5-9 所示。

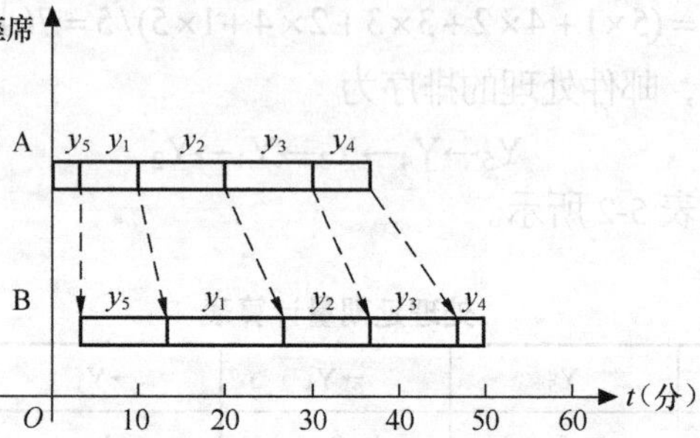

图 5-9　五批邮件的处理总时长示意图

（三）三台座席或设备的排序问题

当有 n 批邮件要在三台座席或设备上处理时，则称此为三台座席或设备的排序问题。此时采用约翰逊-贝尔曼法的扩展方法求解这类排序问题，可使邮件处理的总时长最短。但邮件在三台座席或设备上的处理时间要符合下列两个条件中的一个：A 设备上的最小处理时间大于或等于 B 设备上的任一处理时间；C 设备上的最小处理时间大于或等于 B 设备上的任一处理时间，即 $\min t_{iA} \geqslant \max t_{iB}$ 或 $\min t_{iC} \geqslant \max t_{iB}$

符合上述两个条件中的一个时，可以将三台座席或设备变换成两台模拟设备，并计算出模拟设备上的处理时间。

设 G、H 为两台模拟设备的代号，用 t_{iG} 和 t_{iH} 分别表示两台模拟设备上的处理时间，则 t_{iG}、t_{iH} 的计算公式为

$$t_{iG}=t_{iA}+t_{iB}$$

$$t_{iH} = t_{iC} + t_{iB}$$

式中：t_{iA}、t_{iB}、t_{iC}分别表示原问题中 A、B、C 三台设备上的处理时间。

在变换成两台模拟设备后，即可按两台设备的排序问题来求解。

例 5-4：设有五批邮件在三台座席或设备上处理，处理邮件的时间如表 5-4 所示。

由表 5-4 可知

$$\min t_{iA} = 7 > \max t_{iB} = 6$$

表 5-4　　邮件处理时间表

邮件编号		Y_1	Y_2	Y_3	Y_4	Y_5
处理时间（分）	t_{iA}	15	10	8	7	11
	t_{iB}	3	4	6	5	2
	t_{iC}	4	7	3	8	6

符合将三台设备变换成两台模拟设备的条件中的一个，故可用模拟设备 G、H 来代表该三台设备，并求出各批邮件在两台模拟设备上的模拟处理时间，如表 5-5 所示。

表 5-5　　模拟处理时间表

邮件编号		Y_1	Y_2	Y_3	Y_4	Y_5
处理时间（分）	t_{iG}	18	14	14	12	13
	t_{iH}	7	11	9	13	8

据此，采用约翰逊-贝尔曼法，求出处理总时长最短时的邮件的处理顺序为

$$Y_4 \rightarrow Y_2 \rightarrow Y_3 \rightarrow Y_5 \rightarrow Y_1$$

用甘特图法可求得该五批邮件的处理总时长（$T_{总}$）为 58 分钟，如图 5-10 所示。

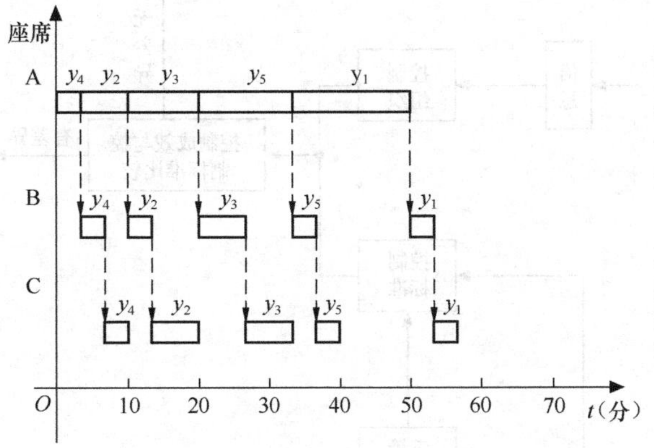

图 5-10　三台设备处理邮件的总时长示意图

第五节　邮政运行过程组织的实践

邮政运行过程组织要以确保通信质量第一的目标，邮政通信质量控制是邮政运行过程组

织中的重要内容。近几年来，邮政部门对原有的质量控制系统进行改善，建立起新的适应性很强的质量控制系统，取得了显著了社会效益和企业效益。下面就某一省会邮政局在运行过程组织中优化质量控制系统的成功经验作一简单讨论。

一、邮政运行过程质量控制系统优化的必要性

首先，该局充分认识到邮政运行过程质量控制系统优化的必要性和紧迫性。由于邮政运行过程线长、面广、复杂，任何一个环节、部位出现问题，都会影响全程通信质量；同时，随着企业改革的不断深化，影响通信质量的新问题和新情况也会不断出现。因此，为了适应外部环境的不断变化和新情况的不断出现，有必要对邮政运行过程强化控制、优化管理，在原有的基础上，建立起一个能解决新问题，能随时纠正偏差的质量控制系统，并通过这个系统的有效运转，确保通信质量的稳步提高。改善原有质量控制系统，建立起新的质量控制系统的工作，实际上就是邮政通信质量控制系统的优化。

二、邮政通信质量控制系统优化模式的建立

邮政通信质量控制就是生产第一线的质量控制，也就是邮件收寄、分拣封发、运输和投递全部生产作业过程的质量控制。这一控制工作的有效程度，对于实现企业的质量目标，达到控制标准，全面完成质量指标是十分关键的。

根据现代管理的基本原理，按照控制的系统性与封闭原则、控制的动态性与反馈原则和控制的层次性与分级原则，该局经过对原有通信质量控制系统的优化，形成了由控制标准、控制组织、信息反馈、控制技术手段四大部分构成的通信质量控制系统，建立了系统的运行模式，如图 5-11 所示。

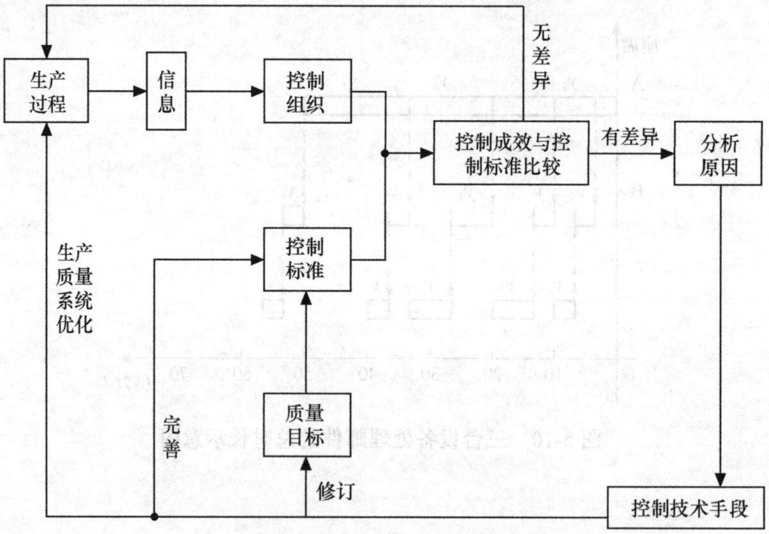

图 5-11　通信质量控制系统图

由图 5-11 中的通信质量控制系统的运行模式可以看出以下几点。

（1）质量目标是质量控制系统运行的起点，它决定着控制标准。

（2）控制标准的功能是，一方面它需要不断完善，另一方面它又被控制组织作为控制的

基本依据。

（3）控制组织不断地从生产中获取信息，并与控制标准比较，以把握质量控制活动。

（4）控制的技术手段是针对影响质量的因素采取的。

（5）通信质量控制系统的优化过程是随着控制系统的运行而循环往复的动态过程。

下面着重介绍构成质量控制系统的各个部分的基本情况及其相互关系。

三、确定质量控制目标

质量控制系统与其他系统一样，都是有目的的系统。该局根据实际情况，确定了以下邮政运行过程质量控制系统优化的质量目标。

（1）局内各类邮件时限、频次满足国家邮政局规定的要求。

（2）局内生产组织结构，各环节作业方式对邮件处理规格标准做出保证。

（3）局内交接验收各环节无重复作业工序，并在确保邮件安全的前提下，尽量减少交接环节。

（4）局内邮政生产的各岗位责任和作业方式要求明确岗位，对作业标准做出保证。

（5）创造出一种先进的质量标准，以全面提高邮政通信质量。

四、制定质量控制标准

为了确保邮政通信质量控制系统达到预定的质量目标,还必须制定具体的质量控制标准。该局根据自身的实际情况，制定了生产作业计划、质量指标、生产工艺流程及作业标准、生产工人岗位标准、现场质量管理标准、邮件运行图集和生产班组管理标准等控制标准。

下面仅就质量指标和邮件运行图集两种控制标准作一简单介绍。

（一）邮政生产作业的质量指标

邮政生产作业的质量指标是结合国家邮政局、省邮政局的要求和该局实际，根据已确定的质量指标，对其构成要素进行定量分析，确定各要素目标值而确定的。该局的质量指标分内控指标和生产专业管理指标两部分。这一系列相互联系的单项指标，构成了一个比较科学的质量指标体系。

1. 内控质量指标

这种指标是为控制关键的质量特性而制定的高于国家邮政局、省邮政局的考核指标的一种质量控制标准。

2. 生产专业管理质量指标

这种指标是为了保证工序质量和通信质量，根据工作质量以及影响通信质量各要素间的内在联系及其规律而设置的，它反映了运行过程中生产作业的质量，是内控指标的标准指标。

内控质量指标、生产专业管理质量指标要根据本局实际，结合上级要求确定目标值，编写质量指标计划，对指标范畴的内容和计算方法做出具体明确规定，并按各生产单位、班组和个人进行层层分解，形成指标链，便于实行目标管理和经济责任制的考核。指标体系如图5-12和图5-13所示。

- 内控质量指标
  - （1）迅速指标
    - ① 总包邮件逾限率
    - ② 机要文件逾限率
    - ③ 给据邮件逾限率
    - ④ 报刊发行逾限率
    - ⑤ 平常邮件逾限率
    - ⑥ 邮件全程全网时限逾限率
  - （2）安全指标
    - ① 总包邮件损失率
    - ② 给据邮件损失率
    - ③ 机要文件失密丢损率
    - ④ 报刊发行损失率
    - ⑤ 平常邮件损失率
    - ⑥ 邮件处理不合规格率

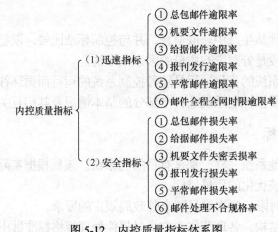

图 5-12　内控质量指标体系图

- 生产专业管理质量指标
  - （1）工作质量指标
    - ① 收寄规格合格率
    - ② 抄登规格合格率
    - ③ 封发规格合格率
    - ④ 机要文件安全携带合格率
    - ⑤ 查单处理及时率
    - ⑥ 验单处理及时率
    - ⑦ 验单处理合格率
    - ⑧ 平信捆把规格合格率
    - ⑨ 报纸捆把合格率
  - （2）工序质量指标
    - ① 交接验证合格率
    - ② 勾挑核对合格率
    - ③ 平衡合拢合格率（总包、给据、机要）
    - ④ 局内分段作业时限逾限率
    - ⑤ 长途邮车运行正点率
    - ⑥ 市内趟班运行正点率

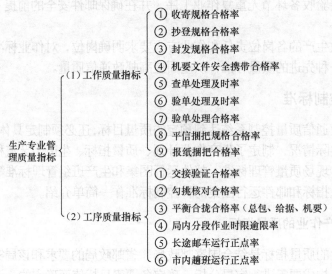

图 5-13　生产专业管理质量指标体系图

（二）邮件运行图集

该局的邮件运行图集，是根据国家邮政局有关频次、时限和组织等提出出口邮件作业时间表（运行图表）的要求，结合本局实际绘制而成的，是生产作业过程中关于频次、时限控制的标准。

邮件运行图集由出口、进（转）口、市内互寄三个总图及其分图组成。图中所绘制的各环节和主要工序，都相应地规定了处理时间，切实做到用国家邮政局颁布的频次、时限，把邮件的收、发、转、投四个环节和各环节的主要工序有机地联系起来，实施总体控制，保证在本局范围内的邮件运行能够环环相扣、紧密衔接、相互吻合和协调。图集在编绘形式上，采取线图并列的方法，运用图线连接，达到形象化，增强直观感，便于实施控制，如图 5-14 所示。

五、健全质量控制组织

质量控制系统的正常运行，要以控制的组织为保证，控制组织是通信质量控制系统中的施控主体。如果没有相应的控制组织，组织中没有明确的工作划分和岗位职责，就无法确定当某种生产作业质量与质量指标产生偏差时的责任者，难以采取及时的纠正措施。因此，健全相应的控制组织，也是进行控制活动的基本前提。该局建立的相应的质量控制组织结构如图 5-15 所示。下面仅就该局生产作业质量监督检查组织（质检处部分）进行讨论。

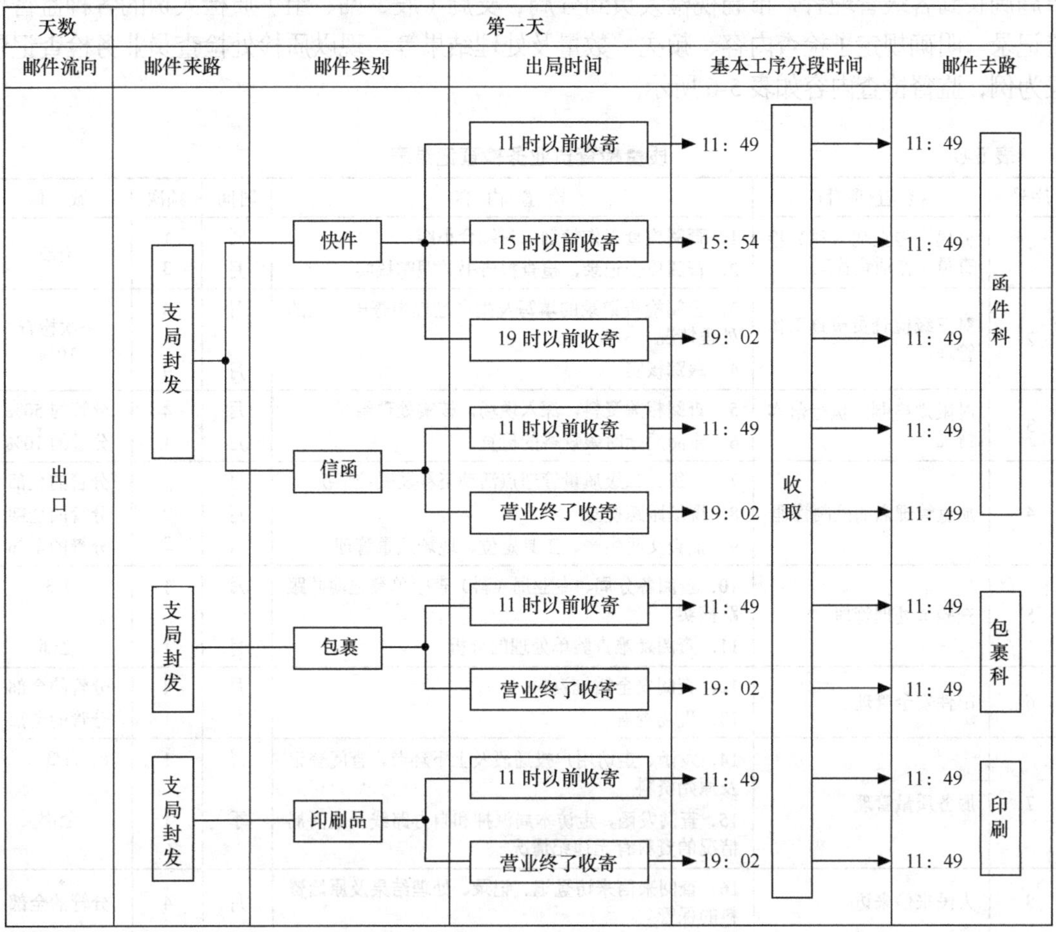

图 5-14　某局邮件运行（市内转趟—出口分图）示意图

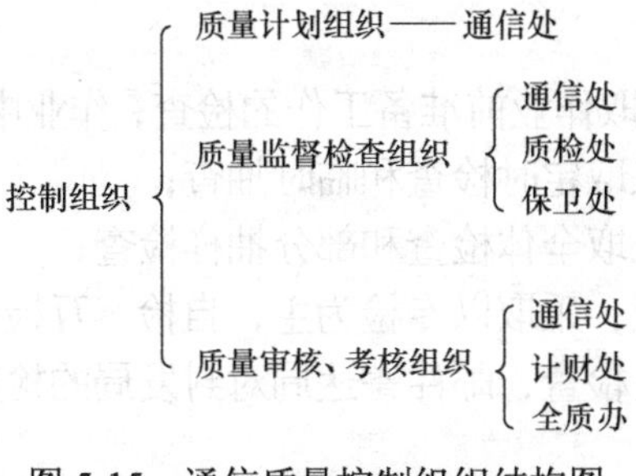

图 5-15　通信质量控制组织结构图

（一）监督检查体制

根据集中管理、分级负责原则，建立由市局、分局、支局（股、站、组）组成的三级质量检查体制。各级按职责分工及管理权限，对邮政运行全程质量实行动态控制。

（二）监督检查内容

根据国家邮政局的有关质量管理办法和邮政通信的特点，结合本局实行情况，拟定了从市局局长到各级管理者，市局视检人员到分局、支局（股、站、组）质检人员的各种监督检查记录。明确规定了检查内容、频次、数量及处理结果等。现以质检处检查员业务检查记录表为例，监督检查内容如表5-6所示。

表5-6　质量检查员业务检查记录表

序号	检查项目	检查内容	时间	频次	数量
1	分局、专业局（科）检查员工作质量管理	1．查阅检查工作计划，月综合小结	月	1	全部
		2．查阅检查记录，检查报告书并跟踪核实	月	3	
2	对三级检查员检查工作管理	3．查阅检查记录的填写及生产过程中查出问题的处理情况	月	4	每次检查10%
		4．跟踪核实	月	4	
3	时限规格制定执行落实情况	5．查阅相关资料，深入现场，核实处理结果	月	4	分管的50%
		6．查阅局际时限规格的检查	月	1	分管的10%
4	质量管理点的控制管理	7．一级、二级质量管理点活动资料及受控情况	月	2	分管的全部
		8．现场跟踪检查	月	2	分管的全部
		9．抽查文明生产、工具定位、现场质量管理	月	2	分管的全部
5	查验单处理管理	10．查阅各分局、专业局（科）查验单登记簿并跟踪核实	月	1	1/3
		11．查阅疑难查验单处理的分析	月	1	全部
6	邮件安全管理	12．查阅安全措施资料	月	4	分管的全部
		13．现场查看	月	1	分管的全部
7	服务质量管理	14．发函、走访用户投递段及上下环节，查阅登记及原始资料	月	1	1/3
		15．查阅发函，走访本局派押和自办路线及地面局情况的资料有无违纪情况	季	1	全部
8	人民来信来访	16．查阅来信来访登记、记录、处理结果及原始资料的保管	月	4	分管的全部

（三）监督检查方法

（1）在检查的方法上，采取作业前准备工作的检查，作业中的检查和作业结束后的检查；

（2）在检查的时间上，采取定时检查和临时抽查；

（3）在检查的数量上，采取全体检查和部分抽样检查；

（4）在检查的组织工作上，采取以专检为主，自检、互检相结合的工序三检制，组织下道工序对上道工序的交接验收检查，邮件寄达局对封发局的检查，以及设置社会监督岗，组织用户对投递质量的检查等。

六、质量信息反馈

质量信息是进行质量控制的依据。当控制标准确定以后，控制组织就要向控制对象发出控制的信息，并要不断地从控制对象那里获得控制质量的信息，这个过程就是控制系统的信息反馈过程，信息反馈是保证质量控制系统达到预定质量目标的前提，正是控制的这种反馈机制，才使得质量控制系统具有自我调节性，从这个意义上说，质量控制系统也可以看成是一个质量信息系统。

该局的质量信息反馈体系如图 5-16 所示。由图 5-16 可见，该系统具有信息的反馈和处理功能。

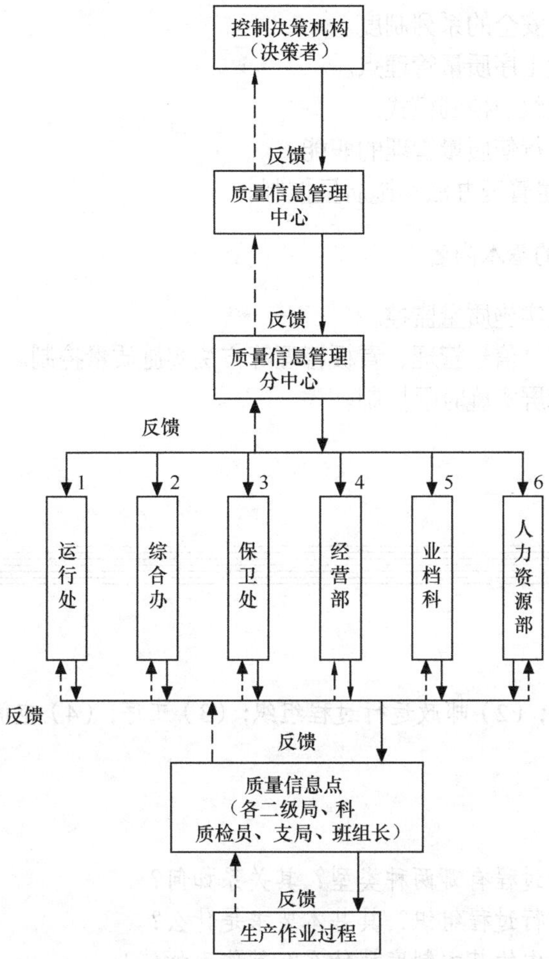

图 5-16　质量信息反馈体系示意图

正常信息由各信息点于当日或次日上午以前反馈到相关的信息分中心，填写信息反馈两联单，信息分中心接到信息后，一面协调责任单位解决，一面分析整理，连同协调处理意见报送局信息中心。如协调解决不了，再由信息中心或局决策者协调解决。

异常信息由各信息点必须在 1 小时内先用电话向信息中心反馈，然后在 12 小时内填写异常信息反馈表，送局信息中心及相关信息分中心，信息中心应在接到异常信息反馈单后 20 分内，报送局长，经局长批示后由局信息中心、分中心协调责任单位解决。

根据反馈信息，采用有效的控制技术与手段，对邮政通信质量进行控制。

该局的质量控制技术手段分为软技术手段和硬技术手段两大类，并以软技术手段为主。

（一）软技术手段的主要内容

（1）建立邮政通信质量管理办法实施细则。

（2）建立邮政通信质量指标及统计报告制度。

（3）建立邮政通信时限管理办法。

（4）建立质量信息报告制度。

（5）建立查、验分析制度。

（6）建立保证邮件安全的系列制度。

（7）建立生产作业工序质量管理点。

（8）建立邮件作业组织控制模式。

（9）在运行过程中行使质量管理的职能。

（10）运用全面质量管理办法实施质量控制。

（二）硬技术手段的基本内容

（1）运用摄录装置实施质量监控。

（2）运用色彩管理、信号管理、看板管理等方法实施质量控制。

（3）运用电子显示屏实施时限控制。

复习思考题

1. 解释概念

（1）邮政运行过程；（2）邮政运行过程组织；（3）工序；（4）空间组织；（5）时间组织；（6）生产流水线。

2. 问答题

（1）邮政通信运行过程有哪两种类型？其关系如何？

（2）什么叫邮政运行过程组织？其基本要求是什么？

（3）邮政运行过程中的基本制度是什么？其作用如何？

3. 计算题

（1）已知邮件批量 $n=5$，工序数 $m=4$，每道工序时间分别为 $t_1=6$（分）、$t_2=3$（分）、$t_3=12$（分）、$t_4=8$（分），要求

① 用公式计算 $T_{依}$及 $T_{平}$；

② 用横道图计算 $T_{混}$。

（2）设有五批邮件在 A、B 两台座席或设备上处理，其工序处理时间如表 5-7 所示，要求

① 邮件处理时间最短时的排序；

② 邮件处理的总时长 $T_{总}$。

表 5-7　　工序处理时间

邮件编号		Y_1	Y_2	Y_3	Y_4	Y_5
处理时间（分）	t_{iA}	8	10	11	6	7
	t_{iB}	12	11	6	6	10

（3）设有五批邮件在三台座席或设备上处理，处理邮件的时间如表 5-8 所示，要求

① 邮件处理时间最短时的排序；

② 邮件处理的总时长 $T_{总}$。

表 5-8　　工序处理时间

邮件编号		Y_1	Y_2	Y_3	Y_4	Y_5
处理时间（分）	t_{iA}	7	4	7	3	2
	t_{iB}	3	2	6	3	2
	t_{iC}	7	7	6	9	8

第六章

邮政运行现场管理

学习目标： 通过本章学习，理解邮政运行现场管理的含义和特点；掌握6S理论及其在邮政运行现场管理中的运用；理解现场定置管理的概念和工作内容、工作步骤；了解不同邮政场所的现场管理的基本规范；了解邮政运行现场的指挥调度。

学习重点： 6S理论及其在邮政运行现场管理中的运用。

学习难点： 6S理论及其在邮政运行现场管理中的运用。

第一节　邮政运行现场管理概述

现场管理是邮政运行管理的重要组成部分，直接影响通信质量和邮政企业的经济效益。只有不断地优化现场管理，才能实现邮政通信系统的整体优化。

一、现场管理及“6S”理论

（一）现场管理的含义

1．现场的含义

现场有广义和狭义两种含义。广义上讲，凡是企业用来从事生产经营的场所，都称之为现场，如厂区、车间、仓库、运输线路、办公室、营销场所等。狭义上讲，现场是指企业内部直接从事基本或辅助生产过程组织的结果，是生产系统布置的具体体现，是企业实现生产经营目标的基本要素之一。狭义上的现场也就是一般大家默认的。

2．现场管理的含义

现场管理就是指用科学的管理制度、标准和方法对生产现场各生产要素，包括人（工人和管理人员）、机（设备、工具、工位器具）、料（原材料）、法（加工、检测方法）、环（环境）、信（信息）等进行合理有效的计划、组织、协调、控制和检测，使其处于良好的结合状态，达到优质、高效、低耗、均衡、安全、文明生产的目的。现场管理是生产第一线的综合管理，是生产管理的重要内容，也是生产系统合理布置的补充和深入。

（二）现场管理的基本内容

（1）现场实行“定置管理”，使员工、物流、信息流畅通有序，现场环境整洁，文明生产。

（2）加强工艺管理，优化工艺路线和工艺布局，提高工艺水平，严格按工艺要求组织生产，使生产处于受控状态，保证产品质量。

（3）以生产现场组织体系的合理化、高效化为目的，不断优化生产劳动组织，提高劳动效率。

（4）健全各项规章制度、技术标准、管理标准、工作标准、劳动力消耗定额、统计台账等。

（5）建立和完善管理保障体系，有效控制投入产出，提高现场管理的运行效能。

（6）搞好班组建设和民主管理，充分调动职工的积极性和创造性。

（三）“6S”管理理论

“6S 管理”由日本企业的 5S 扩展而来，是现代的现场管理理念和方法，其本质是一种执行力的企业文化，强调纪律性的文化，不怕困难，想到做到，做到做好，作为基础性的 6S 工作落实，能为其他管理活动提供优质的管理平台。

1．“6S”现场管理的内涵和实施要点

“6S”现场管理的内容主要包括以下几个方面（详见表6-1）。

表6-1　“6S”现场管理的内涵和实施要点表

要　素	含　义	实施要点
整理	清理现场空间和物品	1．清除垃圾或无用、可有可无的物品 2．明确每一项物品的用途、用法、使用频率 3．现场只保留必要的物品
整顿	整顿现场次序、状态	1．在清理基础上，合理规划现场的空间和场所 2．按照规划安排好现场的每一样物品，使其各得其所 3．做好必要的标识，使所有人都感觉清楚明白
清扫	进行清洁、打扫	在整理、整顿基础上，清洁场地、设备、物品，形成干净、卫生的工作环境
安全	采取系统的措施保证人员、场地、物品等安全	系统地建立防伤病、防污、防火、防水、防盗、防损等保安措施，加强摄像监控和封闭作业管理
规范	形成规范与制度，保持、维护上述四项行动的方法和结果	1．检查、总结，持续改进 2．将好的方法与要求纳入管理制度与规范，明确责任，由突击运动转化为常规行动
素养	建立习惯与意识，从根本上提升人员的素养	通过宣传、培训、激励等方法，将外在的管理要求转化为员工自身的习惯、意识，使上述各项活动成为发自内心的自觉行动

（1）整理（SEIRI）。所谓整理，就是将工作场所的任何物品区分为有必要和没有必要的，除了有必要的留下来，其他的都清除掉。其目的是腾出空间，空间活用，防止误用，塑造清爽的工作场所。

（2）整顿（SEITON）。所谓整顿，就是把留下来的必要用的物品依规定位置摆放，并放置整齐加以标识。其目的是使工作场所一目了然，消除寻找物品的时间，创造整整齐齐的工作环境，消除过多的积压物品。

（3）清扫（SEISO）。所谓清扫，就是将工作场所内看得见与看不见的地方清扫干净，保持工作场所干净、亮丽的环境。其目的是稳定品质，减少工业伤害。

（4）规范（SEIKETSU）。所谓规范，就是将整理、整顿、清扫进行到底，并且制度化，经常保持环境外在美观的状态。其目的是创造明朗现场，维持上面3S成果。

（5）安全（SECURITY）。所谓安全，就是重视成员安全教育，每时每刻都有安全第一观念，防范于未然。其目的是建立起安全生产的环境，所有的工作应建立在安全的前提下。

（6）素养（SHITSUKE）。所谓素养，就是每位成员养成良好的习惯，并遵守规则做事，培养积极主动的精神（也称习惯性）。其目的是培养有好习惯、遵守规则的员工，营造团队精神。

2．“6S”现场管理的作用

“6S”之间彼此关联，整理、整顿、清扫是具体内容；规范是指将上面的3S实施的做法制度化、规范化，并贯彻执行及维持结果；素养是指培养每位员工养成良好的习惯，并遵守规则做事，开展6S容易，但长时间的维持必须靠素养的提升；安全是基础，要尊重生命，杜绝违章。长期执行“6S”现场管理，能够起到如下作用。

（1）提升企业形象。整齐清洁的工作环境，能够吸引客户，并且增强自信心。

（2）减少浪费。由于场地杂物乱放，致使其他东西无处堆放，这是一种空间的浪费。

（3）提高效率。拥有一个良好的工作环境，可以使个人心情愉悦；东西摆放有序，能够提高工作效率，减少搬运作业。

（4）质量保证。一旦员工养成了做事认真严谨的习惯，他们生产的产品返修率会大大降低，提高产品品质。

（5）安全保障。通道保持畅通，员工养成认真负责的习惯，会使生产及非生产事故减少。

（6）提高设备寿命。对设备及时进行清扫、点检、保养、维护，可以延长设备的寿命。

（7）降低成本。做好 6 个 S 可以减少跑冒滴漏和来回搬运，从而降低成本。

（8）交期准。生产制度规范化使得生产过程一目了然，生产中的异常现象明显化，出现问题可以及时调整作业，以达到交期准确。

二、邮政运行现场管理的含义及其特点

（一）邮政运行现场管理的含义

邮政运行现场就是邮政部门向社会提供邮政服务的场所，即邮政职工运用劳动手段，作用于邮件完成一定生产作业任务的场所。对邮政来说，运行现场就是邮政局所、邮件处理中心等生产第一线，甚至邮车、信筒、信箱等都可视作现场。有现场就必然有现场管理。

邮政运行现场管理就是运用现场管理的思想、方法和手段，对邮政运行现场的各种生产要素进行合理配置和优化组合，通过计划、组织、领导、控制等职能，保证邮政运行现场按预定的目标进行安全、高效的生产。由此可见，作为生产第一线的现场管理，其首要任务就是保证邮政运行现场的各项生产活动高效率地、有秩序地进行，实现预定的各项目标。

（二）邮政运行现场管理的特点

通常而言，邮政运行现场管理具有以下特点。

1．基础性

现场管理始终处于邮政通信的“前沿阵地”，属于基层管理，是邮政运行管理的基础。基础扎实，现场管理水平高，可以增强邮政企业对外部环境的承受能力和应变能力；可以使邮政企业的经营目标，以及各项计划、指令和各项专业管理的要求，顺利地在基础层得到贯彻与落实。

2．系统性

现场管理从属于邮政运行管理这个大系统中的一个子系统。现场管理作为一个系统，具有整体性、相关性、目的性和环境适应性。这个系统输入的是人、机、物、法、环、资、能、信等生产要素，通过生产现场有机的转换过程，向社会输出各种合格的邮政服务。同时，在转换过程中反馈各种信息，以促进各方面工作的改善。

3．群众性

现场管理的核心是人。人与人、人与物的组合是现场生产要素最基本的组合，不能见物不见人。现场的一切生产活动、各项管理工作都要由现场的人去掌握、去操作、去完成。因

此，现场管理的群众性要求邮政企业要不断提高邮政职工的素质。

4．开放性

现场管理是一个开放系统，在系统内部以及与外部环境之间经常需要进行物质和信息的交换与信息反馈，以保证生产有秩序地不断进行。各类信息的收集、分析和利用，要做到及时、准确、齐全，尽量让现场人员能看得见、摸得着，人人心中有数。

5．动态性

现场各种生产要素的组合，是在投入与产出转换的运动过程中实现的。优化现场管理是由低级到高级不断发展、不断提高的动态过程。由于市场环境的变化，原有的生产要素组合就不能适应了，必须进行相应的变革。

三、邮政运行现场管理的重要性

现场管理的重要性主要体现在以下几个方面。

（一）优化现场管理是邮政企业整体优化的重要组成部分

生产现场是企业生产力的载体，是职工直接从事生产活动，创造价值与使用价值的场所。现场管理水平的高低，直接关系到邮政服务质量好坏、消耗与效益的高低，以及邮政企业在市场竞争中的适应能力与竞争能力。由此可见，优化现场管理是邮政企业整体优化的重要组成部分，是现代化大生产不可缺少的重要环节。

（二）加强现场管理是提高邮政企业市场竞争力的重要手段

邮政企业要在激烈的市场竞争中求得生存与发展，就必须向市场提供质量好、品种多的邮政服务，而邮政服务是通过邮政生产现场提供的，要靠现场管理来保证，现场管理水平的高低决定着邮政企业对市场的应变能力和竞争实力。所以，邮政企业的管理者要一手抓市场，一手抓现场，不能抓了市场丢了现场，也不能只顾现场忘了市场，要以市场促现场，用现场保市场，通过加强现场管理使邮政企业适应外部环境的不断变化。

（三）加强现场管理是邮政企业技术进步的需要

邮政新业务的开发，邮政设备的技术改造与更新，邮政新技术的采用，以及引进邮政技术等这些技术含量很高的工作都要具体落实和体现在生产现场。如果没有先进的现场管理，先进技术就很难充分发挥作用。有些邮政企业引进了国外先进的分拣设备，但由于现场管理水平低，迟迟不能投产或投产后迟迟不能达标，就是一个明显的例证。

（四）加强现场管理是提高邮政企业整体素质的需要

现场管理与邮政运行管理是相辅相成、相互促进的，现场管理贯穿于邮政运行管理的全过程，现场管理要服从运营管理整体优化的要求，要保证邮政运行总目标的实现。邮政运行管理要以现场管理优化为基础，把管理的重点放在现场，各职能科室要主动地为生产现场服务，为现场提供良好的工作条件。现场管理搞好了，邮政运行管理整体优化才有可能实现。

四、邮政运行现场管理的基本原则

邮政运行现场管理必须遵循以下基本原则。

（一）经济效益原则

现场管理要克服只抓业务量、业务收入而不计成本、不讲效益的单纯生产观点，要树立以提高经济效益为中心的指导思想。但坚持经济效益原则不能简单化，要实事求是地根据具体问题进行具体分析。

（二）科学性原则

生产现场的各项工作都要按科学办事，实行科学管理。现场管理的思想、制度、方法和手段都要从小生产方式的管理上升为科学管理，符合现代化大生产的客观要求。

（三）弹性原则

现场管理必须适应市场需求和满足用户的要求，具体体现在增加服务品种、提高质量、降低成本、确保通信时限等方面。这是企业在激烈的市场竞争中为求得生存和发展所必须遵守的原则。

（四）服务原则

管理是协作劳动的产物，这就要求邮政部门各管理机关、职能科室要主动为生产现场服务，也包括各工序之间、各生产环节之间的相互服务，以确保邮政通信高效地进行。

（五）规范化原则

规范化、标准化管理是现代化大生产的要求。邮政职工必须服从生产中的统一意志，严格地按照规定的作业流程、作业方法、质量标准和规章制度办事，克服主观随意性。坚持规范化原则有利于培养邮政职工的大生产习惯；有利于提高现场的生产效率和管理的工作效率；有利于建立正常的生产秩序。

五、邮政运行现场管理的内容

邮政通信全程全国联合作业，生产现场纵横交错，工作千头万绪，这就决定了邮政运行现场管理的内容是多方面的综合性管理，既包括邮政运行现场生产的组织管理工作，又包括落实到邮政运行现场的各项专业管理和管理基础工作。它具体包括邮政运行现场作业管理，邮政运行现场物流管理，邮政运行现场管理系统优化，邮政运行现场文明生产与安全生产，邮政运行现场质量管理，邮政运行现场设备管理，邮政运行现场成本控制，生产现场计划与控制，邮政营业、分发、运输和投递工作的管理，邮政通信生产指挥调度和邮政通信监督检查等主要内容。总而言之，随着生产技术的发展和管理水平的提高，现场管理的内容将更加丰富、充实，并不断出现新的内容。

这些内容在本书的有关章节有所讨论。限于篇幅，本章侧重地讨论作业管理、定置管理、指挥调度等内容。

第二节　邮政运行作业管理

邮政运行现场的生产活动是通过许多作业来完成的，各种作业是否合理、有效，直接关系到邮政生产的效率。因此，有必要对邮政运行作业管理进行研究。

一、邮政运行作业管理的含义

（一）作业的概念

所谓作业是指通过作业手段（人、机、信息等）将作业对象（邮件）转化为作业目的（邮政通信服务）的活动。即作业手段与作业目的结合的活动就是作业。

（二）邮政运行作业管理的含义

所谓邮政运行作业管理就是运用科学的方法和手段，对现场的各种作业进行分析研究，消除作业中不合理的因素，寻求最经济、最有效的作业程序和作业方法，以提高邮政通信的效率和效益的过程。主要内容包括生产作业分析、作业研究、动作分析、时间分析、搬运管理等。限于篇幅，本节仅讨论邮政运行作业研究、邮政运行动作分析、邮政运行搬运管理等内容。

二、邮政运行作业研究

（一）邮政运行作业研究的内容和目的

1．邮政运行作业研究的内容

邮政运行作业研究是研究、改进、设计邮政运行管理系统，提高邮政生产效率最基本的管理技术。其内容随着管理实践的发展不断扩大，最基本的内容是方法研究和作业测定。方法研究就是对现有的工作方法进行系统的记录、分析、考核与检验，使之成为更有效、更简易的工作方法。作业测定就是研究如何正确地确定作业所需要的标准时间。这两者是紧密联系的。

2．邮政运行作业研究的目的

邮政运行作业研究的目的在于力求改善现有的作业程序和作业方法，充分挖掘邮政运行现场的生产潜力。为此，需要借助一些分析手段和思考方法。这些手段和方法是从生产实践经验中积累、归纳和总结出来的，很容易掌握，用于邮政运行现场管理能收到立竿见影的效果。

（二）作业研究的程序

邮政运行作业研究有一套科学分析和研究问题的方法，需要按一定的程序进行。其步骤如下。

1．选择研究项目

在一定时期内，邮政运行现场存在着诸多的问题，不可能将所有问题都作为研究项目，要进行选择。这就需要选择影响邮政通信质量的主要作业以及存在问题较多的作业。具体内容包括改进邮政运行过程的组织及工序划分；改进邮政局所及工作地的布置；合理利用邮政设备；缩短邮政通信生产周期，节约生产时间；简化操作动作，减轻工人劳动强度；建立良好的工作环境，实现安全生产等。

2．调查了解、详细记录现行方法

研究项目确立后，要对该项目现行的作业方法和作业内容，通过查阅资料，邮政运行现场观察，进行详细记录。这是为邮政运行作业研究提供基础资料，要求详尽准确。

3．采用“5W2H 法”对记录的事实进行分析

事实记录下来后，就要逐项考查，从中找出问题和产生问题的原因，寻求改善的方法。通常采用“5W2H”法对记录的内容进行分析研究。

“5W2H 法”是对每一项作业都从“目的（Why）、对象（What）、地点（Where）、时间（When）、人员（Who）、方法（How to do）、费用（How much）”七个方面提出的问题进行考察分析。

4．运用 ECRS 四原则构思新方法

在进行“5W2H”分析的基础上，可以构思新的工作方法，以取代现行的工作方法。运用 ECRS 四原则，即取消、合并、重组、简化的原则，以找到更好的解决问题的方法。

（1）取消（Eliminate）。首先考虑该项工作有无取消的可能性，如果所研究的工作、工序、操作可以取消，这便是最有效果的改善。例如，不必要的工序、不必要的搬运、不必要的检验等，应予取消或可考虑部分取消。

（2）合并（Combine）。就是把两个或两个以上的对象变成一个，如工序或工作的合并、座席的合并等。合并后可以消除重复现象，取得较大的效果。当工序之间生产能力不平衡，出现人浮于事和忙闲不均时，就需要对这些工序进行调整和合并。

（3）重组（Rearrange），或称替换。就是通过改变工作程序，使工作的先后顺序重新组合，以达到改善工作的目的，如前后工序的对换、手的动作改换为脚的动作、机器位置的调整等。

（4）简化（Simple）。经过取消、合并、重组之后，再对该项工作做深入的分析研究，使现行方法尽量简化，以缩短时间，提高工作效率。

通过运用 ECRS 改善四原则来分析邮政运行过程中的作业，能够找出更好的作业方法和作业流程。

5．拟定改进方案

找到新的工作方法以后，作业研究人员还要对新的工作方法做具体的技术经济分析，并与原有的工作方法进行对比。在确认是可行的工作方法后，正式绘制出工作方法改进图表，拟定实施新工作方法的方案，经有关邮政主管部门审批后付诸实施。

6. 贯彻实行新的工作方法

实施新方案，一般会遇到来自两方面的阻力：一是由于邮政员工对新方法还不了解，因而一时难以适应；二是由于习惯势力的影响，人们习惯于用传统的方法。这就需要广泛宣传新方法的内容、意义和优点并进行试点，还需要对邮政员工进行新方法的技术培训和加强现场指导，让邮政员工逐步适应和熟悉新的工作方法。

三、邮政运行动作分析

（一）邮政运行动作分析的概念

邮政运行动作分析就是把完成某项作业的动作分解为最小的分析单位（动素），对作业进行定性分析，从而找出最合理的动作，缩短作业时间，使作业达到标准化的一种方法。

任何一种作业都有操作快慢之分，有的操作方法先进，有的落后，通过分析，可以总结和推广先进的操作方法，以提高生产效率。邮政目前尚属劳动密集型行业，对动作进行研究，以减少不必要的动作有较为重要的作用。

（二）邮政运行动作分析的原则

邮政运行动作分析的原则主要指动作经济原则，就是省时、省力、迅速、合理的动作法则。应用动作经济原则的目的，不是要改变作业程序和邮政设备、生产组织等作业条件，而是在上述条件不变的情况下，提高工作效率，减轻疲劳，缩短操作时间。动作经济原则主要包括关于身体使用的原则和作业场地的布置原则两个方面。

1. 关于身体使用的原则

（1）只要能达到作业的目的，手的动作应尽量使用等级低的动作。如能用手指的不用手腕。

（2）两手的动作应同时开始，同时结束。

（3）两手的动作应相反地、对称地进行。

（4）避免不安定的作业姿势和上下移动，动作应在正常作业范围内进行。

（5）排除不必要的动作，动作距离要最短。

2. 作业场地的布置原则

（1）邮件和邮政工具通常应放在眼可见、手可及的地方，并按处理顺序放置。

（2）邮政工具应靠近作业位置，放置在操作者两臂正常工作范围之内。

（3）应尽量利用邮件本身坠力，自动降落到邮件处理人员手边。

（4）应有适当的照明设备，使亮度、颜色适宜，光线方向合适。

（5）给操作者配备高度适宜的营业、分拣座椅和工作台，使工作者感到舒适、方便。

3. 动作分析方法

动作分析的方法主要有以下三种。

（1）目视动作分析法。目视动作分析法是以动作基本要素为单位，把连续的动作详细记录在动作要素程序图上，根据记录的资料对动作进行分析研究的一种方法。动素程序图是将某一生产过程中人体的动作，用动素符号详细记录在程序图上，分左右手两边对称地分别列出动作要素。经过分析研究，设计出更省力、省时的动作。

（2）影像分析法。影像分析法是以摄影机或录像机对操作者的动作进行拍摄或录像，然后通过放映对动作进行分析研究的一种方法。这种方法对所研究的细微动作不会遗漏，取得的资料比较全面、准确，但成本较高。影像分析法又分录像动作研究和细微动作研究。

（3）预定时间法（Predetermined Time Standards），简称 PTS 法。这种方法是根据作业方法研究作业标准时间的一种方法。首先把人所从事的各种作业都分解成基本动作，然后根据预先确定的最小动作单位的时间表，求得每个最小动作单位的时间值，再把组成该项作业的所有动作时间值累加起来，即可求得该项作业的正常时间，最后加上适当的宽裕时间，即为该项作业的标准时间。

四、邮政运行的搬运管理

搬运邮件作业是邮政运行现场的一项重要活动，是联结各项邮政生产活动的纽带。为了有效地组织好邮件搬运，必须遵循搬运的原则，采用科学合理的搬运方式和方法，不断进行搬运分析，改善搬运作业，从而提高搬运效率。

（一）搬运原则

1．便利搬运方面

（1）便于邮件搬运的原则。

（2）邮件集中堆放的原则。

（3）邮件规格体积大小适中的原则。

（4）最大搬运单位的原则。

（5）排除二次搬运的原则。

2．搬运自动化方面

（1）重力化原则。利用邮件本身的重力运输，如邮件滑槽。

（2）机械化原则。尽可能利用机械设备搬运。

（3）接力的原则。在一个搬运终点和下一个搬运起点之间，尽量避免再次装卸，减少中转环节及其重复劳动。

3．减少等待和空载方面

（1）协同工作的原则。

（2）均衡搬运的原则。

（3）钟摆方式搬运的原则。在邮件转运站台，将邮件装在拖车上，用牵引车拖走，在卸车时，摘下拖车，迅速把另外的空拖车拉回原地，如同钟摆一样，牵引车在两点间不停地工作，以提高作业者和牵引车的利用率。

（4）定时搬运的原则。通过定时搬运，以消除各搬运点不必要的等待时间。

（5）提高运转率的原则。

（二）搬运方式

从技术上分有四种方式，即人力搬运、简单工具搬运、机械化搬运、自动化搬运。这其实也是搬运技术发展的四个阶段。

1. 人力搬运

人力搬运就是靠工人用体力，手搬肩扛。这种方式比较简单，但效率低，人工费用高，工人容易疲劳。一般只适用于邮件体积小、数量少、重量轻、搬运距离短的情况。

2. 简单工具搬运

简单工具搬运就是利用手推车等工具搬运。这种方式简便，搬运效率较前者高，工人不易疲劳。一般适用于邮件体积小且量大，搬运距离短的情况。

3. 机械化搬运

机械化搬运就是利用叉车、电瓶车、起重机、吊车等设备进行搬运。这种搬运方式灵活，效率高，运量大，节省人力，费用低，适用范围广，既可以运大邮件，也可以运小邮件，既可以长距离搬运，也可以短距离搬运。

4. 自动化搬运

自动化搬运就是利用机械手、传送带、悬挂链、滑道等进行搬运。一般不使用人力。这种搬运方式效率更高，一般适用于邮件小，数量大，重量轻，距离短的情况，可以组成机械化、自动化流水作业来传送邮件。

第三节　邮政运行的现场定置管理

一、现场定置管理的概念

现场定置管理是邮政运行过程空间组织的重要组成部分，它是邮政企业在运行活动中研究人、物、场地三者之间关系的一门学科。现场定置管理通过对生产过程、作业要素进行相同分析，按作业流程需要，科学、合理地确定邮政运行过程中人、设备、邮件、工具在现场中的相对位置，充分利用生产空间，改善作业环境，进行文明生产，以保证井然有序的生产秩序，减少操作中寻找和等待时间，排除无效劳动和不安全因素，加速邮件传递，从而提高劳动生产率，保证邮政通信质量。

二、现场定置管理的目的及范围

（一）现场定置管理的目的

按照“6S”管理中“清理”、“整顿”、“清扫”的基本要求，对生产作业现场进行定置定位管理。按照科学、合理、方便的原则，依据作业流程和环境条件绘制定置图，将场地划分区域，物品定置存放，减少生产现场的不安全因素；生产用品、用具严格按定置图所标位置摆放，如有变动，应及时更改，并报相关部门备案；设备、设施一经安装投入使用，不能随意挪动位置；工作终了，所有用品、用具要及时归位，设备、物品定置图以外的用品不得进入安置区，达到“有物必有区，有区必挂牌，挂牌必分类，按图定置，图物相符”，“以物对号，以号对图，图号相符”。

可见，现场定置管理的过程是在进行作业分析和动作研究的基础上，实现人与邮件、机器的最佳组合的过程。其目的在于使作业者感到顺手、方便、安全、省力，避免忙乱。

（二）现场定置管理的范围

现场定置管理的范围主要包括营业、分拣封发、转运、投递等在内的各生产现场。其内部区域又包括处理场地、存放邮件场地、待发邮件区、生活区、通道等。

三、现场定置管理的工作内容和工作步骤

（一）现场定置管理的工作内容

现场定置管理的工作内容包含以下几个方面。

（1）根据作业现场总体布局的要求，设计各封闭作业现场定置图，划分工序、台席作业区域。

（2）设计设备、工具、台席、办公家具等的存放位置和动态物（车辆）等的活动通道及停用时放置位置。

（3）设计按岗位应配置作业时用品摆放位置和工作终了时保管位置。

（二）现场定置管理的工作步骤

1. 调查分析现状，提出总体设计方案

组织人员对定置单位的生产现场、作业流程、操作方式及邮件和物品的存放现状进行调查、分析，找出影响安全、质量、效率的因素。运用相同优化方法进行科学的分析，提出调整布局的整体设计方案。

2. 划分区域，定置设备

在作业组织优化的前提下，根据作业组织要求，划分区域，按照作业流程和确定的生产岗位，对各种专用设备进行定置。

3. 设计定置方案

在研究操作方法的基础上，消除无效劳动和多余动作，确定合理的工作方法，并在此基础上设计定置方案，将工具、材料定置到设备或工作台内。

4. 设计和绘制定置图

设计和绘制定置图，并在定置图中标明企业界定、定置物位置、数量，各种符号应标准化。

5. 制定相关制度

定置物确定后，不得随意增减变动，定置标准外的物品不得进入定置区域，改变定置须经相关部门批准。

第四节 各类邮政场所的现场管理

一、邮政营业支局（所）的现场管理

（一）邮政营业支局（所）现场管理的含义

邮政营业支局（所）现场管理就是运用科学的管理思想、方法和手段，对邮政营业支局（所）的人员、设备、环境和信息等生产要素进行合理配置和优化组合，以此来提高邮政营业支局（所）的生产作业效率和质量，保证预定目标的实现。

（二）邮政营业支局（所）现场管理的“6S”法

“6S”现场管理法主要是通过规范现场、现物，营造一个秩序良好的工作环境，培养邮政员工良好的工作习惯，其最终目的就是提升人的品质。其主要内容如下。

1．整理

（1）将邮政营业支局（所）工作现场所有的物品分为必要的和不必要的；

（2）把不必要的物品和必要的物品严格而明确地分离开来；

（3）不必要的物品要尽快处理掉。

通过整理，可以营造出一个干净、舒爽的工作环境，腾出空间，防止作业用品的浪费和误用，减少寻找物品的时间，提高工作效率。

2．整顿

（1）对整理后的、留在工作现场的必要物品分门别类放置，排列整齐；

（2）摆放完毕之后，清点物品数量，并进行有效地标识。

通过整顿，使邮政营业支局（所）工作场所秩序井然，消除过多的积压物品，节约寻找物品的时间，创造整整齐齐的工作环境。整顿要遵循“定点、定容、定量”的原则。定点就是放在哪里合适；定容就是用什么容器和什么颜色；定量就是规定合适的数量。

3．清扫

（1）将邮政营业支局（所）工作场地清扫干净；

（2）保持邮政营业支局（所）工作现场清洁、卫生的环境。

通过清扫，消除脏污，保持工作场所内干净、明亮。要实施清扫，就要建立清扫责任区，规范清扫标准，制定清扫制度，将清扫制度化、规范化。

4．规范

将以上措施制度化、规范化并加以执行，其结果就是清洁。目的就是要维持以上做法的成果。邮政营业支局（所）必须建立完善的考评方法和奖惩制度，并且严格加以执行，这样才能真正做到整理、整顿、清扫，达到规范的目的。

5. 素养

通过晨会、竞赛等手段，提高全体邮政员工的文明水准。培养每位员工养成良好的工作习惯，并按规则做事。素养的培养包括执行邮政业务规则，掌握邮政服务礼仪，遵守邮政服务规范以及各种形式的教育及培训活动。通过提升素养，来提高邮政整体的服务水平。

6. 安全

安全就是让员工树立“安全第一”的理念，并建立严格的安全生产责任制，切实把责任落实到每个岗位和每个员工。严格按照“谁经营、谁负责”的原则，加强对邮件收寄环节的管理，严格执行收寄验视制度，不让任何一件禁寄物品或影响邮政安全的其他物品流入邮政渠道。

“6S”是现场管理的基础，不仅能够改善作业环境，还能提高生产效率、产品质量、服务水准、员工士气等等，是减少浪费、提高生产力的基本要求，也是其他管理活动有效展开的基础。

（三）邮政营业支局（所）的定置定位管理

1. 邮政营业支局（所）的定置定位管理的概念

邮政营业支局（所）的定置定位管理就是在对营业操作进行分析的基础上，实现人与邮件、设备等的最佳组合。其目的是使营业员感到顺手、方便和安全，并能保证营业环境的干净、整洁和有序。

2. 邮政营业支局（所）的定置定位管理的主要内容

邮政支局（所）定置定位管理的主要内容包括：综合台、储蓄台、集邮台、服务台、封发台等台席的定置定位管理，各类邮件的定置定位管理，包裹库房定置定位管理，邮件容器定置定位管理，邮政车辆停放等。

3. 邮政营业支局（所）的定置定位管理的工作要求

（1）邮政支局（所）应根据实际情况实行定置定位管理，明确定置定位标准和管理责任。各台席应本着方便操作和使用的原则绘制配有文字说明的定置定位图，并张贴在各台席内明显位置。

（2）各类车辆存放区分内部和外部，划定存车线，定位停放整齐。

4. 邮政营业支局（所）的定置定位管理的基本步骤

（1）调查分析现状，提出总体设计方案。组织人员对营业现场、营业操作流程及用品、用具、邮件等物品的存放现状进行调查、分析，找出影响安全、质量、效率、整洁等方面的因素，运用系统优化方法进行科学分析，提出调整布局的总体设计方案。

（2）设计定置方案。在研究操作方法的基础上，消除无效劳动和多余动作，确定合理的工作方法，并由此设计定置方案，将工具、材料定置到设备或工作台内。

（3）绘制定置图，实施定位管理。对生产用品、用具进行定位管理，夹钳、邮袋等邮政用品用具必须定置摆放，邮袋用一条拿一条，严禁乱摆乱放；邮件、单册等要明确摆放，做到所有清单进抽屉，随用随取，收寄的邮件统一摆放到固定的位置，严禁乱堆乱放；宣传标语和宣传牌统一张贴、摆放，严禁营业员乱贴乱放；个人物品一律摆放到固定的存放间，严禁在营业操作区内放置个人物品。

（4）定置物确定后，不得随意变动。

二、邮区中心局的现场管理

（一）生产作业现场定置定位管理

1．生产作业现场定置定位管理的基本内容

按照“6S”管理中“清理”、“整顿”、“清扫”的基本要求，对邮区中心局生产作业现场进行定置定位管理。按照科学、合理、方便的原则，依据作业流程和环境条件绘制定置图，将场地划分区域，物品定（位）置存放，减少生产现场的不安全因素；生产用品、用具严格按定置图所标位置摆放，如有变动，应及时更改，报相关部门备案；设备、设施一经安装投入使用，不能随意挪动其位置；工作终了，所有用品、用具要及时归位，设备、物品定置图以外的用品不得进入定置区，达到“有物必有区，有区必挂牌，挂牌必分类，按图定置，图物相符”，“以物对号，以号对图，图号相符”。

2．生产作业现场定置定位管理的具体规范

（1）运输工具。

① 空拖车。横看成行，纵看成列，车把合上，每辆车间距相同，不能超过通道黄线。待修空拖车另放于指定位置。

② 装邮件的拖车。按发运路向依次摆放，要求横看成行，纵看成列，不能超过通道边线。

③ 牵引车。不得驶出生产区域；场内行驶速度不超过 5 公里/小时；牵引拖车，连挂限空车 4 辆，挂装邮件拖车不得超过 3 辆，工作完毕整齐停放于指定位置。

（2）总包邮件。

① 开拆前邮件。按照卸车顺序整齐摆放，袋口朝向一致。

② 待发运邮件。按发运车次整齐摆放，堆码整齐牢固，界限清楚。

③ 待封发邮件。在规定位置按顺序整齐摆放。

（3）邮件容器。

① 空袋。按型号对折向外，露出“中国邮政”字样及袋型标号，整齐存放于指定区域；每种型号只能按列堆位，堆放界限清楚；未用完邮袋按要求摆回散袋堆放处，现场不留任何散落空袋；所退空袋整齐码放于指定位置。

② 空信盒。现场原则上不得存放空信盒。特殊情况下有滞留时，在指定位置按同一方向、同一高度分类依次排列。

③ 理信筐。在指定位置按同一方向依次摆放。

④ 空集装箱。在指定位置整齐摆放，朝向一致，界限清楚。

（4）用品用具。

① 生产用品。各种单式、账册、登记本分类整齐摆放于公物柜指定位置；封套、袋牌、绳扣、铅丸、塑料扎条、日戳、夹钳（钢钳、塑料钳）、条码识读器等按类分开，按方便取用的原则整齐摆放，班后及时清理，保持地面干净整洁，台面抽屉归位无杂物。

② 安全用品。安全帽整齐放于规定位置；消防器材在规定位置存放，定期检查。

（5）分拣封发、终端设备。所有生产作业现场的分拣封发、终端设备必须保持使用前、

中、后的正常、顺畅、整洁和保养；工作终了，清理检查分拣封发、终端设备；终端设备应加盖防静电布罩。

故障设备和报废设备应及时清退搬离现场；不能及时清退搬离现场的设备必须加注明显标识，以示待修和报废。

（6）其他。

① 桌椅。细分台桌子与格口分布方向平行摆放，接发室内桌面无杂物，抽屉内物品按类摆放整齐，椅子放于抄登点或微机点指定位置，未作业时推至桌内。

② 水杯。在水杯架处摆放整齐，其他地方严禁摆放。

③ 废杂物品。废路单、清单及时放入垃圾筐，台席不得有废纸屑、色带、袋牌等。

④ 其他物品。雨披、伞等挂在更衣室外衣钩上，不得带入生产现场。

（二）生产作业现场封闭管理规范

按照“6S”管理对安全的要求，在邮区中心局生产现场进行封闭作业管理。具体内容包括以下几个方面。

（1）建立封闭管理制度，主要包括建立来宾登记制度、值班制度和检查巡视制度。

（2）划分生产作业区域，严禁生产人员串岗，非生产物品严禁带入生产现场。

（3）加强作业现场的摄像监控。

（4）加强处理中心装卸站台的管理，严禁邮件处理中心以外人员（包括司机）进入内部作业区，邮件交接完毕，要求生产作业人员及时关闭装卸站台闸门。

（三）6S 管理考核要求

按照“6S”管理中“规范”和“素养”的要求，定期对邮区中心局生产现场“6S”开展情况进行指导、监督、检查、评比、奖罚和公布，从制度上保证“6S”工作的顺利实施。

1. 考核要求

（1）各局依据要求制定“6S”管理考核办法，定期进行检查。

（2）每次检查，将检查记录交给各作业区负责人一份，督促当事人在期限内整改。

（3）每次检查的下一周公布上周评比结果，并张贴于公告栏。

（4）各作业区的“6S”管理执行情况，作为对作业区负责人及员工的工作考核内容之一。

（5）邮区中心局在年中及年末对成绩突出的部门予以奖励。

2. 考核用的检查表

考核用的检查表包括“6S”检查记录单（见表 6-2）和“6S”检查问题汇总表（见表 6-3）。

表 6-2　　“6S”检查记录单

被检部门：				检查时间：				
序号	检查部位	检查情况	评定结果	直接责任人	整改后应达到的标准	整改截止日期	合格	不合格
1								
2								
3								

续表

被检部门：				检查时间：				
序号	检查部位	检查情况	评定结果	直接责任人	整改后应达到的标准	整改截止日期	合格	不合格
4								
5								
…								
检查人员：				得分：				

表 6-3　“6S”检查问题汇总表

检查项目序号	检查项目名称	检 查 部 位	检查中发现的主要问题（分类列出）	建　议

检查人员：
检查组长：
检查时间：

三、投递作业现场管理

（一）现场标准化管理

投递作业推行 6S 现场管理法，使投递作业现场管理达到标准化管理要求。

1．整理

将必需物品与非必需品区分开，必需品摆在指定位置挂牌明示，实行目标管理，不要的东西则坚决处理掉，在作业现场不要放置必需品以外的物品。这些被处理掉的东西可能包括无用桌椅、无效的文件或记录、邮袋信盒、作业后遗留物（如编织带等）、私人物品等。其要点如下。

（1）执行定期整理制。要定期对物品进行整理，物品摆放必须按日整理，文件资料至少每周进行一次整理。

（2）无用品及时清除。无用的物品，应坚决处理掉，决不手软。

（3）场地设置最佳化原则。场地因业务变化造成场地不够时，要考虑场地设置管理是否存在问题，要对现有的场地设置进行优化调整。

2．整顿

除必需物品放在能够立即取到的位置外，一切乱堆乱放、暂时不需放置而又无特别说明的东西，均应受到现场管理人员（投递部经理、检查员、质检员等）的责任追究。其要点如下。

（1）绘制作业场地定置图。投递作业现场实行定置管理。

（2）执行标识管理制。对物品摆放场所进行明确的标识，有乱摆乱放能马上发现。

（3）执行重在坚持。要长抓不懈地贯彻标准，确保所有人员熟悉和执行定置管理标准和要求。

3．清扫

将工作场所、环境、设备、材料、用具等上的灰尘、污垢、碎屑等脏东西清扫擦拭干净，创造一个一尘不染的环境，投递作业所有人员都应一起来执行这个工作。

（1）制定卫生包干责任制。合理分配每个人应负责清洁的区域，设置岗位台席清扫包干区。分配区域时必须绝对清楚地划清界限，不能留下没有人负责的区域（即死角）。

（2）实施考核。对自己的责任区域不肯去认真完成的员工，要进行考核，同时不要让他担当更重要的工作。

（3）随时查看并及时清除。任何异常，包括一点纸屑掉在地上应立即被发现并清除。

（4）严格执行设备使用管理办法。落实职责，确保设备在使用维护中及时发现和解决故障。

4．规范

规范就是在“整理”、“整顿”、“清扫”之后的日常维持活动，即形成制度和习惯。

执行收班清洁制。所有台席在每天收班后利用十分钟（视情况而定）对责任包干区进行清洁作业，使整个环境随时都维持良好状态。

5．素养

素养就是培养全体员工养成遵守规章制度、工作纪律的习惯，努力创造一个具有良好氛围的工作场所。在此，我们一定要做到如下几点。

（1）加强培训教育。每月组织一次 6S 现场管理法的培训，确保每名职工均能理解熟悉和规范执行 6S 现场管理法，培养每位成员养成良好的习惯，并遵守规则做事。

（2）要以身作则。管理要公开化、透明化；负责人要努力自律、起表率带头作用，同时要积极帮助职工提高能力素质。

（3）要对职工进行表扬激励。发现职工工作逐渐在改进的时候，要公开表扬。

6．安全

为确保企业财产、邮件和职工人身安全，严格执行安全生产管理制度是关键。

（1）严格执行作业现场安全管理制是确保邮件安全，保障通信秘密的重要工作。

① 执行作业场地封闭作业制。非工作人员不得进入，上级领导部门、相关单位来局检查需按规定办理。

② 执行设备器材安全使用制。设备电器使用必须落实专人负责，确保用电防火安全。

③ 落实现场管理值班制。制定值班计划，明确职责，确保每天下班时生产场地的检查工作，电灯、设备是否关闭电源，门窗是否关好。

（2）严格执行外部投递安全制是确保投递员人身安全的重要工作。

① 严格出班检查制。出班投递前，要检查车况、用品用具是否完好。

② 外部投递遵守交通规则制。投递员外部投递必须严格遵守交通规则，严禁班前饮酒。

（3）严格执行保障通信秘密制，公民的通信秘密受法律保护。

① 严格邮件安全制。邮件不得带至与工作无关场所，严禁他人翻看。

② 严格用户信息保密制。用户的通信地址必须保密，不得外泄。

（二）现场规范化管理

全面实行标准化管理，规范操作，规范服务，确保优质服务。

1. 严格执行“交接验收、勾挑核对、平衡合拢”制

三项基本制度是确保邮件安全、明确责任的重要制度，是服务质量的根本保障。

（1）把好进出口邮件交接关。严格落实进出口邮件交接人员工作职责和操作规范，确保进出口邮件交接工作。

（2）把好邮件内部交接关。严格落实邮件内部交接手续，确保内部交接规范操作。

（3）把好邮件外部投交关。严格落实邮件外部投交手续，确保邮件妥投工作。

2. 严格执行投递频次管理规定

按照客户需求、服务标准、投递效果执行城投信报分三个频次投递、乡邮一个频次制。

（1）早报早投频次。对都市类、竞争激烈的报刊和党报党刊实行早报早投，中邮广告夹报投送，早报早投频次上午 8：30 归班。

（2）上午频次。对本地分印报及外埠报刊、平挂邮件（印刷品除外）进行投递。

（3）下午频次。对下午到达的本地分印报纸和外埠报刊、平挂邮件（含印刷品）进行投递。

3. 严格执行内部处理作业规范要求

规范标准的内部作业管理是作业质量的有效保证。

（1）严格日戳加盖管理。落实人员和职责，日戳在每班工作前，必须调好时间，并在日戳打印簿上加盖，经手人、检查人签章确认无误后，才能使用。

（2）严格分发簿、投递簿管理。确保下月分发簿、投递簿在本月末打印填制完毕；明确职责，确保报刊订阅加减数及时。

（3）严格进出口查验处理管理。落实验单处理人员和相关职责，严格按规定、按时效、按标准缮发验单、查复验单。

（4）严格邮件批退转管理。落实相关人员职责，确保处理和监控规范有效。

（5）严格留存邮件报刊管理。落实专人负责、专柜保管留存邮件报刊，建立守班制，确保用户上门领取工作。

4. 严抓投递外部作业管理

外部投递作业质量是整个投递作业流程质量的最后体现。

（1）严格按址投递制。按址投送，有信报箱的进行插箱投递，杜绝乱投、错投问题。

（2）严格按频次时限开取信筒制。投递员必须按频次时限要求开筒取信，妥善存放，当班将取筒信带回投递部。

（3）严格优质服务制。投递员外部投递必须严格执行投递工作服务标准，确保行为规范，

使用服务用语。

（4）严格外部滞留邮件检查处理制。落实投递员对收发室、信报箱内滞留时间较长邮件的检查处理工作。

5．执行业务系统规范操作管理

对报刊系统、名址维护系统、商函投递信息系统的有效应用，直接关系着作业效率和作业质量。

（1）执行专人操作制。相关业务系统必须指定专人操作，设置登录密码，确保系统安全。

（2）执行按标准操作制。操作人员必须按操作内容、操作时限等要求进行操作，确保各项业务操作及时，准确，不延误、不遗漏。

6．投递作业执行“五个统一”原则

“五个统一”即统一出班时间、统一佩戴工号牌、统一着装、统一服务标准、统一装备。

第五节　邮政运行现场指挥调度

邮政运行现场指挥调度是确保邮政运行现场秩序井然的保证，因此指挥调度是邮政运行现场管理的重要内容。

一、邮政运行现场指挥调度概述

（一）邮政运行现场指挥调度的含义

邮政运行现场指挥调度就是结合邮政通信的特点，根据邮政通信的预定目标，按照邮政通信生产作业计划，对邮政通信网的运行全过程实行集中统一的调度，以确保邮政通信生产活动有计划、有秩序、高效率地进行。

（二）邮政运行现场指挥调度系统

指挥调度是邮政运行现场管理的“中枢”，要搞好现场管理，就必须按照省际、省内、邮区内、市内、局内分层次地建立起完善的分级指挥调度系统，使各级调度系统彼此之间相互紧密衔接，组成全网完整的指挥调度系统。我国邮政通信指挥调度的组织结构如图 6-1 所示。

集团公司网路指挥调度中心的主要职责如下：负责制定干线邮件发运计划并组织实施；负责邮件的分拣封发管理；负责邮运业务量的统计、审核、检查；负责邮袋、信盒、集装箱的调拨与管理；负责对各大区指挥调度中心的管理；负责邮运的指挥调度并发布调度通知。

（三）邮政运行现场指挥调度的工作内容

邮政运行指挥调度工作具体包括邮件处理中心的指挥调度、邮件作业现场指挥调度、一级干线邮件运输指挥调度、省内邮件运输指挥调度、邮区邮件指挥调度等内容。

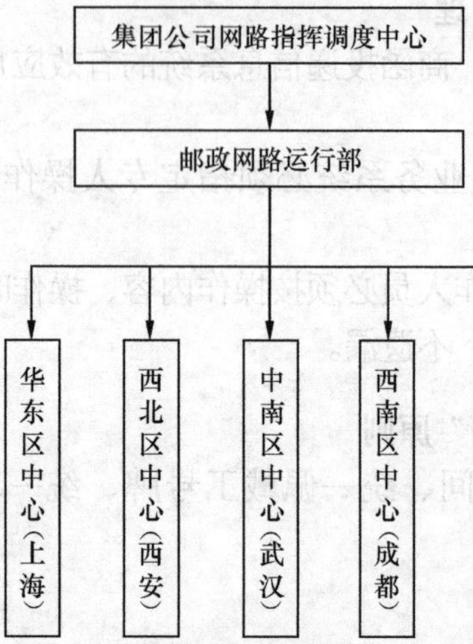

图 6-1　调度中心的组织结构示意图

二、指挥调度的基本原则

指挥调度的基本原则是全面规划、统一调度、分级负责、密切协作，确保全网运行的畅通。因此，各级调度机构必须遵循以下基本要求。

① 一般情况下不能越级指挥，发生突发事故时，上一级调度机构可做现场指挥；

② 确保信息及时准确地反馈和定期指导检查；

③ 现场遇有非常情况时，值班调度人员有紧急处置权，先调度后汇报；

④ 指挥调度命令具有强制性和权威性，必须执行；

⑤ 指挥调度的权限及责任必须明确到人。

三、指挥调度的目标

（一）确保网路的运行畅通

实物空间转移的前提是网路畅通，要达到这一要求，除了应具备相应的网路能力外，更要具备及时有效的指挥调度。

（二）邮件运行的高速度

邮件在网中运行不但要求畅通，而且要根据不同类别的时限标准达到规定的运行速度，这必须通过有效的指挥调度系统来保证。

（三）提高网路运行的经济效益

邮政通信网应在保证运行畅通和传递高速的基础上充分发挥网的潜力，降低运营成本，提高运行的经济效益。这是指挥调度所涉及的面最广、难度最大的目标，也是网路运行的最终目标。

四、邮政运行指挥调度的组织管理

（一）邮政运行指挥调度的工作内容

邮政运行指挥调度工作，一方面按地区、按企业分层次地分别进行；另一方面又是在超地区、跨企业的集中统一领导下进行的。因此，邮政通信指挥调度的组织，既要各个企业、各个地区相对独立，又要全国统一领导。

在邮政企业范围内，为了指挥调度所属各个生产单位的作业，保证全局作业计划的切实执行，必须建立全局的包括生产现场在内的指挥调度系统（生产调度室），对全局的生产调度工作，实行统一领导、分级负责。邮政企业不仅要设置专门的生产调度机构，配备精干的专职干部和调度人员，而且要配备必要的调度设备，保证生产现场调度工作的顺利进行。

全国邮政通信应建立自下而上、环环相扣、高度统一的指挥调度系统：国家邮政局设全国（含大区）邮政网管中心，省邮政局设省邮政网管中心，邮区所在地的市局设邮区网管中心。

邮政网管中心指挥调度要严格遵循“全面规划、统一调度、分级负责、密切协作”的基本原则，确保全网畅通。各级网管中心有关人员，必须树立确保全网畅通的全程全网观念，认真执行统一的规章制度，做到局部服从整体，各环节服从全网，互相帮助，紧密配合，迅速、准确、安全地进行邮政通信。

（二）邮政运行指挥调度的具体工作

管理好指挥调度工作主要应做好编制综合性作业计划和组织调度两个方面的工作。

1．编制综合性的作业计划

作业计划通常包括干线的作业计划（邮件发运计划）、全局的作业计划（市内邮件运递计划）和各单位的作业计划等三种，这是邮政通信指挥调度的依据。

邮件发运计划是根据交通运输情况（邮运工具特点、邮运量的变化等）以及出口邮件、报刊流向流量规律制定的。它对于科学合理地选择路线、车次，保证邮件运输的迅速、准确、安全、经济及沿线局所和邮车押运班在邮件发运上取得协调一致有重要的作用。

市内邮件运递计划（全局进、出、转及本口邮件综合时间表）是根据市内邮件、报刊投递情况的变化（投递班次和时间的变化），在掌握进口邮件的流量和当地报纸出版时间规律的情况下制定的。

为了保证全局作业计划的完成，局内各生产单位还要相应地制订出能和局内其他相关单位密切衔接、协调运作的单位作业计划。

2．组织调度

作业计划的制定只是调度工作的开始，大量的工作需要将计划落到实处并在实践中不断地修改计划，使计划更切合实际、更科学和合理。因此，调度工作还应包括邮运调度工作的组织、市县局生产调度及各个单位的生产调度工作组织等三个方面的工作。

邮运调度分为运能调度和运量调度两个方面。对邮政自办邮路、自备邮运工具，则实行运能和运量的两方面调度；对邮政不能自主调节邮运工具和邮路的，则实行运能调度。

邮区中心局所在地的生产应通过邮区网管中心对辖区内进、出、转口邮件运递进行指挥调度。具体要根据运输情况，组织进、出、转口邮件的运递调度；以时限为目标，组织进口邮件及本口邮件运递的调度；在组织进出转口邮件传递过程中，调度单位应及时发现并解决问题，并明确责任进行奖惩；遇到运输邮路发生阻断，车次、航班等临时改点，邮件经转关系发生变化时，应由本局提出报告，立即通知相关邮运局、收发局及押运等各环节和单位。

综上所述，指挥调度是邮政运行现场管理的一项重要内容。在企业范围内，它把每个生产人员、每道生产工序，以及整个局所和所属的邮路的一切生产活动，组成一个完整统一的整体。与此同时，在全国范围内集中统一的指挥调度，又把分散在全国各地每个邮政企业组织成为整个邮政通信的有机整体，使每个企业都能在统一的指挥调度下，协调一致地传递邮件。

复习思考题

1. 解释概念

（1）现场管理；（2）“6S” 理论；（3）作业研究；（4）动作研究；（5）定置管理；（6）现场指挥调度。

2. 问答题

（1）邮政运行现场管理的重要性体现在哪些方面？

（2）邮政运行现场管理要遵循的基本原则是什么？

（3）现场管理的工作内容主要有哪些？

（4）邮政运行的现场定置管理的工作步骤是什么？

（5）“6S” 在邮政运作的现场管理过程中是如何应用的？

（6）邮政企业是如何实现运行指挥调度的？

第七章

邮政营业工作管理

学习目标：通过本章学习，了解邮政营业工作的特点；掌握邮政资费的基本构成及其重要性；理解邮政营业工作的内容；掌握邮政营业工作的综合管理，尤其是营业工作标准化；掌握邮政营业工作的劳动组织的最优安排方法。

学习重点：邮政资费的基本构成及其重要性。

学习难点：邮政营业工作的劳动组织的最优安排方法。

第一节　邮政营业工作概述

邮政营业工作是邮政部门连接广大邮政用户的窗口，也是邮政的开始或结束，又是邮政经济收入的主要来源。邮政营业工作的正常秩序和良好的服务质量，事关邮政企业的信誉、社会效益和自身的经济效益，所以，对邮政营业工作的管理应给予高度的重视，并采取切实措施，搞好邮政营业工作。

一、邮政营业工作的概念及其特点

（一）邮政营业工作的概念

邮政营业就是经营各种邮政业务。为了方便用户使用邮政，每个邮政企业必须安排专人并指定相应场所办理各种邮政业务。这个场所，通常叫做营业厅或营业室。营业厅的大小、人员的多少，取决于邮政经营的范围、业务种类和业务量的大小等因素。同时，为了便于用户寄递平常函件，根据需要和有关规定，在街道、机关、企事业单位等地设置信筒、信箱，这是邮政企业收寄平常函件的一种传统的有效措施，也是邮局营业窗口收寄平常函件业务功能的延伸。通常，信筒、信箱中的平常函件由邮区中心局或邮政支局开取。

（二）邮政营业工作的特点

邮政营业工作是直接为全社会提供邮政服务的第一道或最后一道工序，因此邮政营业有其自身固有的特点，主要表现在以下几个方面。

1．服务性

邮政营业工作随时都要与用户直接接触，具有很强的服务性。因此，不断提高邮政营业的服务水平就显得非常重要。营业服务水平包括服务时间的长短、服务网点的疏密和服务人员的态度等。

2．多样性

邮政营业业务种类繁多，处理手续、规格要求也不尽相同，而且涉及千家万户乃至整个社会，给邮政营业的管理工作、作业过程带来了多样性与复杂性。因此，邮政营业在提供服务方面要尽可能做到全面、周到和严密。

3．随机性

邮政营业的忙闲取决于用户的用邮需要，呈不均匀状，随机性很强，业务高峰期与低谷期差异很大，这种随机性给邮政营业管理工作带来了许多困难。因此，邮政营业时间的安排和现场管理应力求科学，既考虑用户的用邮习惯，又要尽可能提高邮政营业的场地利用率和服务效率。

二、邮政资费

邮政营业是收取邮政业务资费（简称邮资）的主要场所，也是邮政企业收入来源的主要窗口。因此，邮政营业工作要特别重视对邮资的研究、执行与管理。

（一）邮政资费概述

1. 邮政资费的概念

邮政资费是邮政部门经营各种邮政业务，为用户提供服务时，按规定收取的各项费用标准的总称。它也是邮政产品的价格。邮件的种类和资费标准不同，收取的费用也就不一样。一个国家的邮资标准通常由国家主管邮政的最高领导机关制定，有些国家对函件资费还要经过立法程序，以法律形式规定和公布。国际邮件的资费依照《万国邮政公约》规定的标准制定。

2. 邮政资费的构成

通常来说，邮政资费由以下三个部分构成。

（1）基本邮资。按国家邮政局的有关规定，根据邮件的类别、距离、重量、容积等标准来核定的资费即为基本邮资，如平常信函、印刷品等资费。它主要是指按水陆路交寄的普通邮件应交付的邮费。

（2）特别资费。特别资费也叫附加资费，是指由于特殊处理或加速运输而需加付的资费。特别资费（附加资费）包括挂号费、航空附加费、邮件回执费、保价费和保价手续费、撤回或修改更正收件人名址申请费、进口欠资函件处理费、存局候领费、逾期保管费、送交海关验关费等。

（3）延伸服务费。这部分费用是为用户提供延伸服务所收取的费用，例如，上门收取邮件的手续费、高层住宅的投递费等。

所以，各类邮件资费的计算公式为

应纳资费 = 基本资费 + 附加费 + 延伸服务费

3. 制定邮政资费的原则

邮政企业是全民所有制的经办邮政业务的公用企业，不仅要讲求社会效益，同时还负有为经济建设积累资金的任务。也就是说，邮政企业还要讲求自身的经济效益。因此，制定邮政资费，既要考虑社会效益，又要考虑企业效益。主要遵循以下基本原则。

（1）体现国家的经济政策；

（2）邮政通信的成本；

（3）邮政业务种类；

（4）邮政投递范围和深度；

（5）邮政服务等级。

（二）邮政资费制度的演进

1840 年以前，办理邮政的国家一般实行递进邮资制，即按邮件寄程远近收取不同的资费。如当时英国是按距离和信纸的张数规定邮资，并由收件人交付。后来，英国教育家罗兰 · 希尔发现传递信函的成本中，运输费并不占主要地位，而且由于当时邮件中寄程远的比寄程近的数量多，运输成本与邮件寄程却成反比。1840 年英国政府按照希尔的建议对国内互寄信函，实行均一邮资制，不问寄程远近，并由寄件人以贴邮票的方式交付。均一邮资制和邮票的出现，被认为是邮政事业发展的里程碑，逐步为世界各国所采用。

我国近代邮政自 1896 年正式开办起，函件资费即采用均一邮资制，但因国土辽阔，交通不便，曾一度对当时边远地区的蒙古和新疆等地，另定较高的资费。

中华邮政时期，函件资费在《邮政法》中有具体规定，行政主管机关无权变更。当时邮政基本上采取自给自足的经营方针。对包裹业务则实行递进邮资制，按照邮程远近和运费高低收取邮费，收入盈余部分用以弥补新闻纸、印刷品等类低资费业务的亏损。在邮政经济繁荣时期，邮政资金年有积累，称为“邮余”。当时贴在包裹上的邮票约占出售邮票总数 40%。

中华人民共和国成立初期，中央人民政府于 1949 年 12 月规定以财政小米 12 两（新衡制七两半）的价格为一件平信基本资费的标准。1950 年 3 月又改为以人民胜利折实公债分值的 4%为标准。同年 5 月平信邮资调整为旧人民币 800 元，折合现人民币 8 分，沿用至今。挂号、快递、回执等特种资费，均按信函基本邮资的倍数规定。挂号费曾为平信邮资的三倍，后降为一倍半。邮政包裹的资费，初期基本上沿用中华邮政一地一费的递进邮资制，后因计算繁琐，改为按运输流向将全国划分成若干计费区，实行一区一费的办法。区间寄费依各区之间距离按社会平均运价分别制定。

中国邮政对于新闻纸、印刷品和盲人读物等类邮件都采取低资费政策。中华人民共和国成立后，新闻纸和印刷品的资费，分别按社会平均运价的 80%和 90%、以平均寄程 500 公里为标准制定。盲人读物资费又低于印刷品资费。后来邮政报刊发行业务逐步推广，新闻纸类邮件及其资费也就随之取消。

（三）邮政资费的价格形成机制

根据 1986 年《邮政法》第十五条的规定，邮政业务的基本资费由国务院物价主管部门制定，报国务院批准，非基本资费由国务院邮政主管部门制定。

《价格法》施行后，经国务院批准，原国家计委 2001 年 7 月发布的《国家计委和国务院有关部门定价目录》中规定，邮政基本业务资费由国家计委定价，其范围包括信函、明信片、印刷品、包裹、报刊发行、邮政汇兑、特快专递、机要邮件的服务价格。

《邮政法》第三十九条根据改革邮政业务价格形成机制的精神，将邮政企业的业务资费分政府定价和市场调节价两种情况做出规定。邮政普遍服务业务资费、邮政企业专营业务资费、机要通信资费以及国家规定报刊的发行资费实行政府定价，资费标准由国务院价格主管部门会同国务院财政部门、国务院邮政管理部门制定；邮政企业的其他业务资费实行市场调节价，资费标准由邮政企业自主确定。

（四）邮政普遍服务业务资费和邮政企业专营业务资费的定价程序

邮政普遍服务业务资费属于关系群众切身利益的公用事业价格，邮政企业专营业务资费属于法律规定的垄断经营的业务价格。

《邮政法》第四十条规定，制定邮政普遍服务业务资费标准和邮政企业专营业务资费标准，应当听取邮政企业、用户和其他有关方面的意见。邮政企业应当根据国务院价格主管部门、国务院财政部门和国务院邮政管理部门的要求，提供准确、完备的业务成本数据和其他有关资料。上述规定包括以下内容。

第一，制定邮政普遍服务业务资费标准和邮政企业专营业务资费标准，应当采取座谈会、论证会、听证会等多种形式，听取邮政企业、用户和其他有关方面的意见。

第二，邮政普遍服务业务资费、邮政企业专营业务资费必须以邮政普遍服务业务、邮政企业专营业务的成本数据为依据，结合市场供求、国民经济和社会发展的要求以及社会承受能力制定。邮政企业应当提供准确、完备的成本数据和其他有关资料，这是保障邮政普遍服务业务资费、邮政企业专营业务资费政府定价程序的一项重要内容。

（五）邮政资费的交付方式

用户交寄邮件与邮政企业形成邮政服务合同法律关系，邮政企业应当依照用户的委托履行投交邮件的义务，用户则应当按照规定交付资费，除非法定免费的特殊服务业务（如义务兵平常信函、盲人读物、革命烈士遗物）。《邮政法》第四十一条规定，邮件资费的交付，以邮资凭证、证明邮资已付的戳记以及有关业务单据等表示。因此，邮政资费交付方式包括使用邮资凭证与现金或者转账方式支付。

1．邮资凭证

使用邮资凭证包括以邮票、邮资符志、邮资信封、邮资明信片、邮资邮简、邮资信卡等交付邮政资费。交寄邮件使用邮票是用户交付邮政资费的重要形式，除国务院邮政管理部门另有规定的外，粘贴在邮件上的邮票都属于有效邮资凭证，邮政企业应当允许用户以粘贴邮票的方式交付邮政资费，不得限定用户支付信件、印刷品和包裹资费的方式。凡未宣布停止使用的邮票，用户在国际信函、印刷品、小包和国内信函、印刷品以及包裹等邮件上粘贴使用邮票，任何邮政企业不得拒收。邮政企业所售出的邮票可以在各地使用，应杜绝不允许用户使用非本局出售的邮票的现象。

2．以现金或者转账方式支付

以现金或者转账方式支付邮政资费，邮政企业在邮件上加盖证明邮资已付的戳记或者出具有关业务单据，如包裹详情单或者特快专递邮件详情单载明邮政资费的交付数额。

（六）邮政资费的收取

邮政营业部门在经办邮政业务过程中，一项日常性的工作就是收取邮政资费。这项工作事关邮政部门的收入和用邮者的切身利益，是一项政策性很强的工作。因此，营业员要严格按照国家邮政局规定的有关收费标准来收取邮政资费，不得擅自更改邮资。通常，收取邮政资费的形式主要有以下三种。

1．零星邮资纳付

这是收取零星交寄的各类邮件邮资的一种方式。如果交寄函件，就把邮票贴在函件上盖销。如果办理汇兑和包裹业务，邮资可以收取现金，开具收据，收寄包裹时在包裹详情单上贴邮票。

2. 寄件人总付邮资

这是由寄件人负责付清邮资的一种形式，具体又有以下两种做法。

（1）整寄整付。收寄大宗邮件时，可以不贴邮票，收取现金，开具收据，在邮件上用邮资机直接打印邮资戳记。

（2）零寄整付。用户向邮局申请交寄零寄整付业务，当邮局同意并预交一笔邮资后，每次零星交寄邮件，按月结算。

3. 收件人总付邮资

这是由收件人负责付清邮资的一种形式，经国家邮政局批准，特准由全国人大常委会办公厅向人大代表发放的供代表使用的全国人民代表建议专用信封和人民群众的报矿邮件，在交寄时候不要求寄件人交付邮资，分别由全国人大常委会办公厅和收件地质队或者地质局总付邮费，由投递局按月汇报总向收件人单位补收。除此之外，任何单位不得使用收件人总付邮资这种方式寄递邮件。

三、邮政营业的工作内容和范围

（一）邮政营业工作的基本内容

邮政营业工作的任务是收汇、收储、收订、收揽各类邮政业务，并在窗口投递给据邮件和存局候领邮件。为了完成这一任务，邮政营业部门要组织做好以下主要工作：收寄各种邮件；承办各种邮政业务；窗口投递；集邮；开取营业厅内信筒信箱；平函销票；邮件的退回、查询等特殊处理；国际邮件的收寄与窗口投递。

（二）邮政营业工作的基本范围

邮政营业工作的基本范围详见表 7-1。

表 7-1 邮政营业主要工作范围

序　号	项　　目	主要工作范围
1	窗口售票（品）	请领，收款，售（品），开据，日终结账，缴款
2	窗口收寄各类邮件	接收，验视，核对，称重，计费，收款，给据，配、贴票，贴签，销票（大宗：核费，编号），盖章戳，登单，复核，抽查，分类结算，合拢，送交，缴款
3	窗口投递各类邮件	接单，验视证件，填写节目，取件核对，复重，发验，填具开拆记录，盖章戳，销号，合拢，催领，改退，改寄，收取逾期保管费等（进口包裹含接收，开拆，核对，保管）
4	开发汇票	接收，验视核对，计收费用，贴签，开票，盖章戳，复核给据，登交接簿，送交，结账，缴款
5	兑付汇票	接收，核对，顺号存款，抽票核对，验视证件，盖章戳，点付付款，销号，催领，改退，改寄，日终结算，合拢，归档
6	窗口收订报刊	修正目录，接受订阅并审核，收款，给据，填单，缴款，送交卡簿，办理补退款，改寄查询，退订及转移订单
7	窗口受理查询	验核收据，发申请书，填写查单，收费，查询单，盖章戳，退寄件人，填具查单，登簿，发档案室，签收查单，批注查询结果，通知寄件人，销号，退档，填写领取赔偿收据，赔偿
*8	窗口受理礼仪业务	接收，开据，登记，书款，通知

上述各项营业工作的管理将在本章和有关章、节中有所侧重地分别进行讨论。

第二节 邮政营业综合管理

邮政营业综合管理是邮政营业工作管理的主要内容。邮政营业综合管理主要包括营业时间的安排、营业场地的布局、营业标准化、邮件收寄过程的管理、开取信箱工作的管理、邮件投递工作的管理、邮政营业工作的检查和邮政营业工作结算等内容。

一、营业时间安排和场地布局

（一）营业时间安排

营业时间的安排应充分考虑到广大用户的用邮习惯，在保证满足广大用户正常用邮的前提下，尽可能安排最少的人力、物力、财力，即以最少的投入，获取最大的产出。

总之，邮政营业时间的排定、营业时间的长短要视营业工作的忙闲程度、营业网点的分布、当时当地的实际等情况而定。

（二）营业场地布局

营业场地的布局，主要是营业厅的布局、营业柜台的设置、营业窗口的设置等内容。总的来说，邮政营业场地的布局，必须体现邮政通信的特点，科学地利用生产场地，既要考虑因地制宜，讲究实效，工作内外有别（以方便用户为主），方便安全，又要体现文明生产。

二、邮政营业的标准化工作

邮政营业标准化就是根据邮政部门的有关规定，制定有关管理标准、操作标准和服务标准，并切实贯彻执行的过程。具体包括制定和执行管理标准、操作标准和服务标准三项主要内容。

（一）管理标准化

做好营业综合管理工作是实现邮政营业标准化的关键，管理标准化主要体现为：健全的工作制度、完整的原始记录和严格的质量考核。

1．邮政营业综合管理的基本工作制度

邮政营业综合管理的基本工作制度主要包含岗位责任制；质量检查制；职工考勤制；交接签收制；安全保密制；生产设备和工具的使用、保管、维修制；营业劳动纪律。

其中岗位责任制是各项工作制度中的重点，要根据各个营业工作席位的工作范围、责任、标准等做出明确的具体规定，工作效率、服务质量和岗位责任要与劳动分配相联系，达到奖勤罚懒、促进做好邮政营业工作的目的。

2．原始记录

原始记录包括各项业务登记、各项管理工作记录和各种统计图表等。原始记录不仅要完整，还要做到内容准确、真实、及时，并有专人负责管理。

3．质量考核

严格的质量考核要以切实可行的质量指标为依据。质量指标在上级有关部门下达的指令性计划中有具体规定，有关营业部门的质量指标是每个邮政营业职工的奋斗目标，要千方百计去完成，考核时要实实在在，不能弄虚作假。

（二）操作标准化

操作标准化必须符合邮政部门规章制度的统一要求，具体包含程序和规格两个内容。

1．程序

程序就是对整个邮政营业工作过程的工作次序进行合理的排列，要达到无重复劳动、便于操作、方便用户，使得整个营业工作过程井然有序。操作程序一经固定，就要坚持执行，形成习惯，不可随意改变。

以窗口收寄挂号函件为例，要历经以下操作程序。

（1）验看；（2）称重计费；（3）盖销邮票；（4）贴号码；（5）出收据；（6）复核抄登；（7）封发和日终结算。

上述程序要依次进行，规范作业，一气呵成。在整个操作过程中，要确保挂号函件的封面书写、重量、尺寸、抄登、戳记、封装等要合乎规格。

2．规格

规格是指邮件的重量、尺寸、抄登、戳记、封装等都要符合邮政部门有关的规定，要便于邮政营业部门进行标准化操作。

（三）服务标准化

服务标准化是邮政营业标准化的一项重要内容。由于邮政营业各项工作都是直接为用户服务的具体岗位，同时又是向全社会宣传精神文明的窗口，因此这种服务一定要合乎标准。服务标准主要包括：营业网点的分布密度、营业网点的业务功能、邮件投递频次和深度、各种邮政业务的享用水平、服务设施、服务态度以及用户办理各种邮政业务的等候时间等。

三、邮件收寄过程的管理

邮件收寄工作是邮政运行过程中的一个重要环节，而且是首要环节。收寄工作的好坏，直接关系到后续各个生产环节能否顺利进行，同时也直接影响到广大用邮者的切身利益。因此，邮件收寄过程中，要严格执行国家邮政局的有关规定，把握好各种各类邮件的准寄范围，执行禁寄限寄规定，认真做好函件、包件、国际邮件的收寄以及汇兑、储蓄、报刊收订等工作。

（一）邮件的准寄范围

邮件的准寄范围是国家邮政局根据国家的有关政策以及各类邮件的性质、种类、资费的不同，具体规定了不同种类的邮件中准许装寄哪些种类的物品，不准装寄哪些物品，要求用户向邮局交寄邮件时必须遵守，也是营业部门收寄各类邮件的主要依据。

（二）禁寄和限寄

为了贯彻国家政策法规，维护社会安宁，保证我国经济建设的顺利进行和确保邮件运输的安全，国家邮政局规定用户禁止交邮局寄递的物品都属于禁寄物品。如国家法令禁止流通或是寄递的物品、各种危险品、妨碍公共卫生的物品、反动报刊书籍以及宣传品和淫秽物品、各种活的动物、各种货币、包装不良易造成邮件被损坏或是伤害工作人员的物品、虽经包装但不易保证内件完好的物品等。

限寄物品就是国家邮政局或各省、市、自治区人民政府在全国范围或各省、市、自治区范围内对用户邮寄某些物品所做出的某些限制，如数量限制、政策性限制、海关限制等。邮政营业部门在收寄物品时，必须执行有关限寄的规定。

（三）函件收寄

函件收寄是邮政营业部门收寄工作中的一项主要内容，具体包括收寄平常函件和挂号函件、特种挂号函件、保价函件和特快专递函件等。

平常函件是邮局在收寄时不出给收据，处理时不登记，投递时不要收件人签收的函件。适合于投入信筒信箱的平常函件，寄件人交寄时可以直接投入信筒信箱；大件平常函件由营业窗口收寄；采用寄件人总付邮资方式交寄的大宗平常函件也在营业窗口收寄。

平常函件以外的函件，如挂号、特挂、保价和特快专递等函件都由营业窗口收寄，收寄时要出给收据，处理时要加以登记，投递时要收件人签字。

（四）包件收寄

国内各种包裹均交由邮政营业窗口收寄，办理有关收寄手续。

（五）国际邮件的收寄

各种国际函件、包件和特快专递等邮件的收寄都在邮政营业窗口办理。由于国际邮件要与其他国家邮政、海关联合作业，才能完成通信，因此，国际邮政营业人员对国际、国内邮政业务必须具备高水平的业务处理能力，严格按照国际邮政业务规章制度办理，并接受海关监督。

（六）汇兑与储蓄

邮政汇兑就是邮政部门利用点多、面广、传递快的条件，执行汇款人的委托，将其交汇的款项如数兑付给指定的收款人。邮政营业部门直接收汇和兑付现款，因此必须保证安全、准确，加强资金管理。此外，由于邮政汇兑是一项货币收付的金融业务，与银行有密切的关系，所以要积极协调好与银行的关系。

邮政储蓄也是邮政部门利用网点多和联系群众广泛的条件，为用户办理存提款项的业务。邮政营业部门直接经办用户的现金存提工作，因此加强资金管理十分重要。同邮政汇兑一样，邮政储蓄也是一项金融业务，与银行联系密切，协调好与银行的关系，对于促进自身的发展非常重要。

（七）报刊的收订

邮政营业窗口办理报刊的收订业务，并负责管理营业范围内用户收订报刊的工作。

四、开取信箱工作的管理

（一）开取信箱管理工作的内容

开取信箱工作主要由负责邮政营业工作的邮政支局、所来进行，因此管理好开取信箱工作也是邮政营业综合管理的一项重要工作，平常函件的收寄都是通过开取信箱信筒来完成的。开取信箱管理工作的内容主要包括开箱时间的确定、开箱路线的确定、开箱组织形式的选择等。

（二）开取信箱管理工作的原则

开取信箱工作的管理应以减少空行里程、缩短内部处理时间、方便用户和便于管理为原则。开箱时间以方便用户和节省邮局开支为原则。一般开箱频次一天两次，即上午、下午各一次。具体要根据当时当地用户用邮的实际情况确定。

选择开箱路线应以节省人力和车辆、缩短行驶距离、降低成本、便于组织为前提，在开箱路线的环形、直线形、混合形三种结构形式中，根据当时当地的实际情况而灵活选择一种经济合理的形式。

（三）开取信箱管理工作的管理体制

开箱的管理体制有分散开箱制与集中开箱制两种。

1. 分散开箱制

分散开箱制就是市内信筒信箱分散由市局和一部分指定的分支机构，按照事先拟定的开箱区域开取。这种形式的优点是可缩短开箱局与箱筒间的距离，也可使得本口信函提前投递，其缺点是增加了处理层次、邮件投递速度减缓。

2. 集中开箱制

集中开箱制就是市内所有信箱都集中由市局统一开取。这种形式的优点是减少了邮件处理的层次，加速了邮件的投递，其缺点是开箱局与箱筒间的距离拉长了，本口邮件提前抽出投递有困难。因此，选择开箱管理形式也要根据当时当地情况而定。

五、邮件窗口投递工作管理

邮件的投递形式主要采用窗口投交和按址投递两种，其中窗口投交是邮政营业综合管理工作中一项十分细致而又责任重大的工作，因此，必须认真做好。

（一）窗口投交邮件的范围

窗口投交也称作局内投交，是邮政营业工作的一个主要内容，通常负责以下邮件的投交。

（1）存局候领邮件（如总重量超过 5 公斤的印刷品和退回的邮件等）；

（2）各类包裹；

（3）各类给据邮件；
（4）欠资邮件和应到局补费或交纳税款的邮件；
（5）无着邮件；
（6）封皮破裂或邮件内有违章夹寄的邮件；
（7）寄交邮政专用信箱的邮件（使用专用信箱的用户申请按址投递，经同意的除外）。

（二）窗口投交邮件的操作程序

各类邮件的窗口投交的操作程序主要分为以下几个步骤。

1. 接收邮件

从市内转趟接收进口、本口的待投套、袋和散件邮件，核验邮件完好后签收，如发现问题，则要按接收邮件的有关规定进行处理。

2. 开拆挑对

接收邮件后就要进行开拆，在邮件背面（不包括包裹）加盖接收日戳。开拆过程中要挑对，就是取出随附清单，与邮件逐件进行挑对复核，如发现问题，则要按照有关规定，报告主管并验知寄发局进行处理。

3. 缮发通知

对存局候领邮件和各种给据邮件，都要缮发邮件领取通知单，通知收件人如期到局领取邮件。

4. 登记入账

各类邮件进行开拆处理后，应立即分别登入有关待领邮件登记簿，每天处理好的邮件必须做到及时登列、平衡合拢、数字准确。

5. 窗口投交

根据用户的邮件领取通知单，在营业窗口投交邮件。一般程序有接验通知；验视证件；应收费用；查取邮件；呼名投交；领单盖戳等几个步骤。

6. 销号催领

各种邮件投交后应即时在相应的邮件登记簿或是进口清单上销号，对于在保管期内的各类待领邮件要分别按期及时催领，两次催领后，逾期不领的邮件则按有关规定处理。

7. 盘结库存

各类待领邮件每天投交结束后都要盘点库存，不仅要做到待领邮件登记表的结算数字与当日结存邮件数相符，而且要结合销号催领，检查待领邮件与未投邮件内容是否一致，发现问题及时处理。

8. 逾期处理

待领邮件，经过催领后超期仍不领取，或存局候领邮件管理期满未领的按规定办理有关征询寄件人意见或退回手续。

（三）无法投递邮件的处理

由于邮件上收件人地址不详或错误，原书地址无此人，收件人迁移新址不明，收件人为已撤销的单位又无合法取代单位，收件人去世又无家属代收，收件人拒收或拒付应付邮费，窗口投交邮件保管期满收件人仍未领取的，新建的企、事业单位和居民住宅不具备通邮条件的，且经投交产权单位被拒收或是保管期满的，统称无法投递邮件。

无法投递邮件的处理，根据邮件种类，视无法投递的具体情况，按照有关规定，各类函件、特快专递邮件，一律退回寄件人；各类包裹，按照寄件人包裹详情单上标注的声明进行处理，没有标注的，作退回处理。

（四）无着邮件的处理

无法投递邮件退回后又无法退回给寄件人，退回后投递局保管期满而寄件人仍未领取、寄件人声明放弃、拒付应付费用的邮件，统称为无着邮件。

无着邮件的处理要严肃认真，应有专人妥为保管，严禁擅自拆开，经查核人员核对，确为无着邮件，根据有关规定，作销号处理，并按期向主管部门寄送，由省局或省局指定省会局集中开拆处理，其他各局不得开拆处理。

六、邮政营业工作的检查

对邮政营业工作进行检查，是加强邮政营业综合管理，切实贯彻各项规章制度和操作规格标准的重要措施，也是邮政通信质量管理的重要组成部分，对于提高邮政营业服务质量具有不可替代的作用。

（一）邮政营业工作的检查范围

邮政营业工作的检查范围包括各种邮件的收寄、局内投交、汇兑储蓄、资费计收、交寄规格、处理手续和操作标准等各个生产环节。

（二）邮政营业工作的检查组织

对邮政营业工作的检查，除当事人自检、互查外，必须在各生产环节设立专职或兼职检查人员，并将其纳入正常生产轨道，按规定的检查项目、频次、数量进行检查与记录，发现重大问题要及时上报。

（三）检查后的处理

不论营业工作忙闲都要按规定检查，特别是业务量高峰时更要加强检查。检查中发现差错、用户违章夹寄、误收禁寄限寄的邮件等问题，按有关规定采取相应的措施进行即时处理或是查验处理。例如，发现资费计收不准时，应按多退少补的原则进行处理；发现差错就要开出查验单作查验处理。

七、邮政营业工作结算

邮政营业工作的结算是加强营业资金管理和邮件管理的一项重要措施。每天工作结束，对当天的票品出售、汇兑收付、储蓄存取、资费计收、票据使用、邮件进出口等都应进行一次结算，做到平衡合拢，填写报账结算单或是平衡合拢表格后上交。通常，结算形式主要有以下两种。

（一）票款结算

当日营业收支，包括售票台的售款结账、交款请票、汇兑的结算交账、储蓄存取的结算交账、包裹收入的结算报账、整寄整付的收入结算报账和国际营收的结算报账等，都属于票款的结算。

（二）邮件清点

当日各类邮件的收寄、封发、转退，局内投交邮件的接收、投交、库存件数的清点和平衡合拢等，都属于进出邮件数字的清点结算。

第三节　邮政营业工作的劳动组织

邮政营业劳动组织是邮政营业工作管理中的一项重要工作，科学地安排邮政营业工作人员、正确解决邮政营业的劳动安排问题，是保证用户用邮方便、提高营业人员劳动效率和改善职工劳动条件的必要措施。邮政营业生产人员的劳动安排具体包括正确测算营业部门的工作负荷、营业工作座席和营业人员的核算、营业人员值班时间的安排、营业任务安排等内容。

一、正确测算营业部门的工作负荷

为了测算营业部门的工作负荷，首先要考虑业务的不均匀性，当时当地的政治、经济、文化情况，居民的生活习惯，用邮的不同需要，各类用户的分布情况，对此要进行大量的社会调查，以便积累历年的统计资料，分析用户构成，计算和掌握各类业务量的日不均匀系数和小时集中系数，然后根据日不均匀系数和小时集中系数，计算一天内每一种业务各小时的业务量。

日不均匀系数是指一个月内某天的业务量与月业务量日平均数之比，即

日不均匀系数＝某日的业务量/全月业务量日平均数

小时集中系数是指各个小时的业务量与该天总业务量之比，即

小时集中系数＝该小时的业务量/一天总业务量

最繁忙小时的集中系数是指一天内最大的小时业务量与该天的总业务量之比，即

最繁忙小时的集中系数＝一天内最大的小时业务量/一天的总业务量

有了日不均匀系数和小时集中系数，就可以根据月计划负荷量，求得每天及每小时的计划负荷。

例 7-1：某邮政支局收寄挂号函件如表 7-2 所示，九月份计划负荷量为 155850 件，其中某个星期一每小时的计划负荷量，就是按照上列有关公式先求出日不均匀系数和小时集中系

数后计算取得的。

表 7-2　　　　某邮政支局收寄挂号函件

月	日　小时	不均匀系数或是集中系数（%）	计划负荷量（件）
9月			155850
	平均每日	（全月÷30）	5195
	星期一	日不均匀系数：112	5818
	8～9 点	小时集中系数：2.0	116
	9～10 点	小时集中系数：3.0	175
	10～11 点	小时集中系数：3.2	186
	11～12 点	小时集中系数：9.5	552
	12～13 点	小时集中系数：10.8	628
	13～14 点	小时集中系数：10.0	582
	14～15 点	小时集中系数：5.5	320
	15～16 点	小时集中系数：8.8	512
	16～17 点	小时集中系数：6.2	361
	17～18 点	小时集中系数：3.4	431
	18～19 点	小时集中系数：19.5	1135
	19～20 点	小时集中系数：14.1	820

二、营业工作席位和营业人员的核算

营业部门的工作负荷（Q）一经算出，就可用来计算处理此项业务量按照时间定额（H）所需的处理时间（Y），其计算公式为

$$Y=Q\cdot H/60 \tag{7-1}$$

例 7-2：某小时有工作负荷 180 件，单位工时定额为 2 分钟，或者说每小时有公众 180 人，服务每一公众的时间定额为 2 分钟，则处理全部工作负荷所需时间，或服务全部公众所需的时间为

$$Y=Q\cdot H/60=180\times 2/60=6\text{（人时）} \tag{7-2}$$

本例计算结果说明，要在 1 小时内处理完来到的工作负荷，应配备的工作席位（R）为

$$R=Y/1=6\text{（个）} \tag{7-3}$$

由于用户用邮是随机地来到营业窗口的，每个窗口为用户提供服务会有一个公众等待时间。为了既保证服务质量，又不使席位配备过多而造成浪费，就需要考虑把用户等待时间控制在一定限度之内。由此，可以利用一种计算图来确定应配备的工作席位数目。

按规定的平均等待时间（T）来核算工作席位（R）用的计算图如图 7-1 所示。图 7-1 中纵轴上所用的是对数比例尺，表示平均等待时间（T）与时间定额（H）的比值，横轴上所表示的是以人时表示的 Y 值。

假定例 7-2 中平均等待时间定为至多 0.5 分钟，此时 $T/H=0.5/2=0.25$；当 Y 为 6 人时的情况下，可在图 7-1 中的横轴上找到 $Y=6$ 的点，再在纵轴上找到 $T/H=0.25$ 点，然后找到图中一点介于 $R=7$ 与 $R=8$ 之间。由此即可求出配备 8 个工作座席。

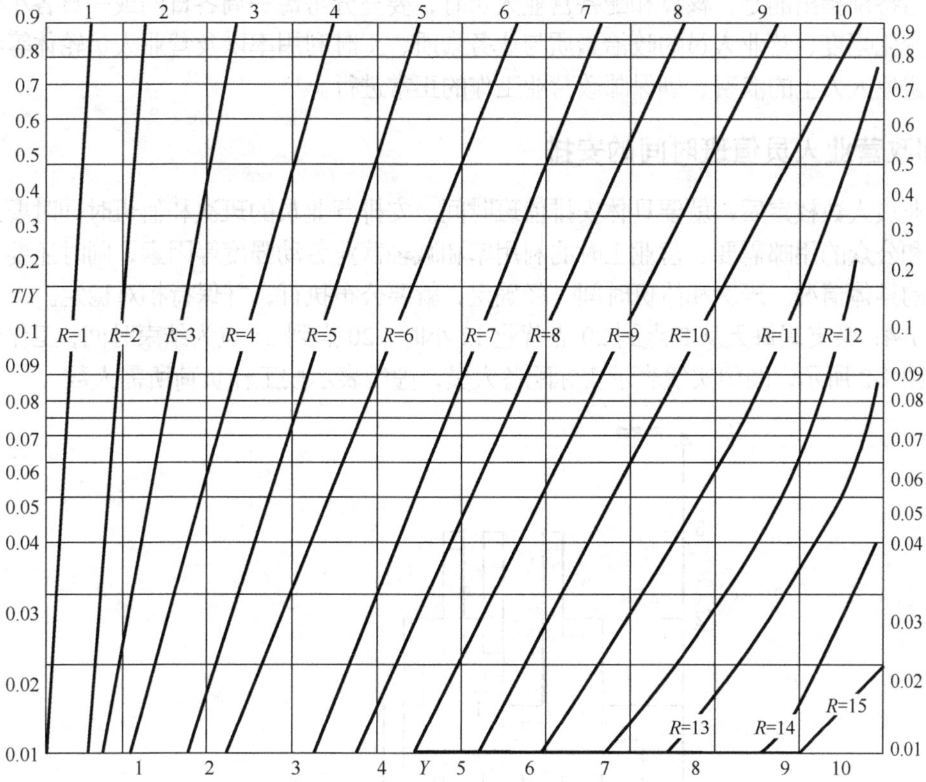

图 7-1　核算工作座席计算图

对营业部门配备的窗口营业人员，可以按各个不同席位分别进行核算，然后相加得出整个营业部门需要配备的营业员人数。其计算公式为

$$P_i=Q_i/H_i\times W \tag{7-4}$$

式中：P_i 表示第 i 项业务的窗口全日所需人数；

Q_i 表示第 i 项业务的日计划负荷量；

H_i 表示第 i 项业务的小时生产定额；

W 表示每人每日工时定额。

例 7-3：以表 7-1 提供的资料为例，某邮政支局九月份某个星期一全日收寄挂号函件 5818 件，18—19 点为最繁忙小时收寄 1135 件。假定小时生产定额为 170 件，每人每日工作 8 小时，则

该局挂号窗口应配备营业员人数＝5818/（170×8）≈4.28（人）

最繁忙小时所需营业员人数＝1135/170≈6.68（人）

依照上述方法把各个营业工作席位算出的人数加总，便得出整个营业部门应配备的营业员人数（P）。其公式为

$$P=\sum_{i=1}^{n}\frac{Q_i}{H_i\times W} \tag{7-5}$$

式中：n 表示该局的营业窗口数。

应当特别指出的是，核算和配备营业人员时，要充分考虑一周各日间或一日各小时间业务量的变化幅度、营业人员的政治素质与业务素质、工时利用率以及营业人员轮休等各种因素，以避免人力上的浪费、确保邮政营业工作的正常进行。

三、邮政营业人员值班时间的安排

营业员人数核定后，就要具体安排值班时间。安排营业员的班次和值班时间时要通盘考虑社会和公众的用邮需要、营业工时的利用率和减轻营业劳动强度等因素，同时还要考虑当时当地的具体情况。班次和值班时间一经确定，就要公布执行，并保持相对稳定。

例 7-4：某支局每天从 8 点到 20 点营业 12 小时，20 点到 21 点为结束时间，工作座席的配备如图 7-2 所示，图中实线表示实际配备人员，虚线表示按工作负荷所需人数。

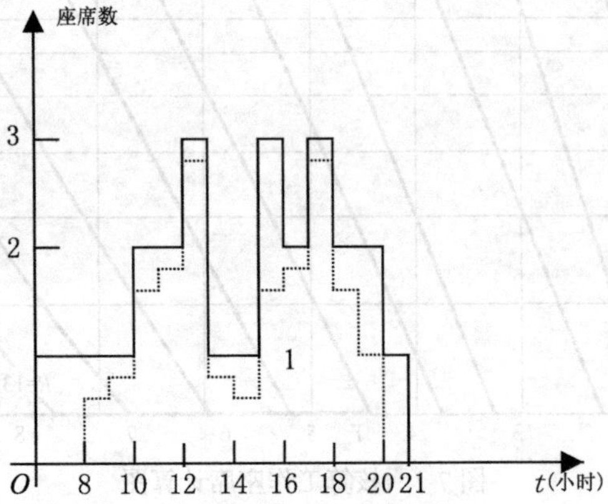

图 7-2　营业员值班指示图

必须特别指出的是，营业人员与工作座席的配备应充分考虑邮政通信业务量的变化、营业人员轮休等各种因素，采取合理兼职或干部参加劳动来顶岗等措施，以确保邮政营业部门劳动效率的提高和营业工作的正常进行。

四、邮政营业人员生产任务的最优安排

邮政营业部门所需人员经过核定并进行合理排班后，就需要考虑合理安排生产任务，以期最大限度地发挥每个人的专长，有效地利用工时，保质保量地做好邮政营业工作。本章着重介绍匈牙利数学家克尼格（Konig）提出来的方法，所以常称此方法为匈牙利法。

匈牙利法可用来求解复杂情况下的生产任务的最优安排方案。当要求安排方案总的作业时间等类似指标最小时，此为 min 任务安排问题；当要求安排方案总的工作效率等类似指标最大时，此为 max 任务安排问题。下面结合实例来介绍此法在邮政营业的任务安排中的应用。

（一）最小值任务安排问题

例 7-5：假设某支局营业室有 A、B、C、D 四项作业分别交由甲、乙、丙、丁四人（或座席）完成，规定每人只干其中一项，但不同的人干同一作业所费时间（或费用）不同，如表 7-3 所示，要求所费时间最少时的任务安排方案。

表 7-3　　　　　　　　　　　　　　　时间耗用

时间（小时）作业 / 人员	A	B	C	D
甲	4	5	3	6
乙	6	8	12	7
丙	13	16	11	10
丁	12	17	10	8

第一步：根据表 7-2 中的已知条件，列出矩阵（1）。

$$\begin{bmatrix} 4 & 5 & 3 & 6 \\ 6 & 8 & 12 & 7 \\ 13 & 16 & 11 & 10 \\ 12 & 17 & 10 & 8 \end{bmatrix} \tag{1}$$

第二步：矩阵行约简。就是原矩阵（1）中的每一行至少出现一个零元素，行约简后得到矩阵（2）。

$$\begin{bmatrix} 4 & 5 & 3 & 6 \\ 6 & 8 & 12 & 7 \\ 13 & 16 & 11 & 10 \\ 12 & 17 & 10 & 8 \end{bmatrix} \begin{matrix} -3 \\ -6 \\ -10 \\ -8 \end{matrix} \rightarrow \begin{bmatrix} 1 & 2 & 0 & 3 \\ 0 & 2 & 6 & 1 \\ 3 & 6 & 1 & 0 \\ 4 & 9 & 2 & 0 \end{bmatrix} \tag{2}$$

第三步：矩阵列约简。就是矩阵（2）中的每一列至少出现一个零元素，列约简后得到矩阵（3）。

$$\begin{matrix} \begin{bmatrix} 1 & 2 & 0 & 3 \\ 0 & 2 & 6 & 1 \\ 3 & 6 & 1 & 0 \\ 4 & 9 & 2 & 0 \end{bmatrix} \\ \begin{matrix} 0 & -2 & 0 & 0 \end{matrix} \end{matrix} \rightarrow \begin{bmatrix} 1 & 0 & 0 & 3 \\ 0 & 0 & 6 & 1 \\ 3 & 4 & 1 & 0 \\ 4 & 7 & 2 & 0 \end{bmatrix} \tag{3}$$

第四步：检查是否可以找到最优任务安排方案。如出现最优任务安排方案，则必须满足覆盖线数 L = 矩阵阶数 K。这种覆盖线数，即为矩阵维数，就是行或列能尽可能多地覆盖零元素的线，如矩阵（3）中所画覆盖零元素的直线。本例中 $L=3<K=4$，说明还不能进行任务安排，故需要调整。

第五步：调整矩阵（3）。具体做法是，找到没有被覆盖线覆盖的矩阵（3）中的元素值最小的元素 $a_{33}=1$；没有被覆盖的元素都减去 1，可保证另外至少增加一条覆盖线；为确保矩阵等价，在覆盖线交叉的元素 a_{14}、a_{24} 上分别加上元素 a_{33} 的值。调整后的矩阵如矩阵（4）所示。

$$\begin{bmatrix} 1 & 0 & 0 & 4 \\ 0 & 0 & 6 & 2 \\ 2 & 3 & 0 & 0 \\ 3 & 6 & 1 & 0 \end{bmatrix} \tag{4}$$

第六步：再检验。在矩阵（4）中找覆盖线，得到 $L=4=K=4$，满足检验标准，可进行任务安排。

第七步：确定最优任务安排方案。按列（或按行）安排，每列中零元素最少的列优先安排，被选中的零元素标以“∇”符号，同列同行的其他零元素去掉（去掉的零元素在其旁边标以“×”符号），以此类推。直到每一列都安排完毕为止，如矩阵（5）所示。

$$\begin{bmatrix} 1 & 0^{\nabla} & 0^{\times} & 4 \\ 0^{\nabla} & 0^{\times} & 6 & 2 \\ 2 & 3 & 0^{\nabla} & 0^{\times} \\ 3 & 6 & 1 & 0^{\nabla} \end{bmatrix} \quad (5)$$

结论：甲→B、乙→A、丙→C、丁→D，总耗时间为

$$5+6+11+8=30\text{（小时）}$$

最后需要指出的是最优任务安排方案不一定是唯一的，但所费总时间最少的结果则是唯一的。

（二）最大值任务安排问题

例 7-6：假设某支局营业室拟定安排四人操作不同座席（或是设备），一人只操作一台，但不同的人操作同一台座席其年产值是不同的，其数据如表 7-4 所示。要求年产值最大时的座席安排方案。

表 7-4　　年产值

年产值（千元）　座席 人员	A	B	C	D
甲	10	9	8	7
乙	3	4	5	6
丙	2	1	1	2
丁	4	3	5	6

最大值任务安排问题的求解思路就是根据 $\max f(x)=\min(-f(x))$，将 max 问题转化为 min 问题，然后仍用求解 min 问题的步骤进行求解。具体步骤如下。

$$\begin{bmatrix} 10 & 9 & 8 & 7 \\ 3 & 4 & 5 & 6 \\ 2 & 1 & 1 & 2 \\ 4 & 3 & 5 & 6 \end{bmatrix} \text{所有矩阵元素都乘以（−1）}$$

$$\rightarrow \begin{bmatrix} -10 & -9 & -8 & -7 \\ -3 & -4 & -5 & -6 \\ -2 & -1 & -1 & -2 \\ -4 & -3 & -5 & -6 \end{bmatrix} \text{矩阵中各元素都加上 10}$$

$$\rightarrow \begin{bmatrix} 0 & 1 & 2 & 3 \\ 7 & 6 & 5 & 4 \\ 8 & 9 & 9 & 8 \\ 6 & 7 & 5 & 4 \end{bmatrix} \text{行约简} \rightarrow \begin{bmatrix} 0 & 1 & 2 & 3 \\ 3 & 2 & 1 & 0 \\ 0 & 1 & 1 & 0 \\ 2 & 3 & 1 & 0 \end{bmatrix}$$

$$
\text{列约简}\rightarrow\begin{bmatrix} 0 & 0 & 1 & 3 \\ 3 & 1 & 0 & 0 \\ 0 & 0 & 0 & 0 \\ 2 & 2 & 0 & 0 \end{bmatrix}\text{找到最优方案}\rightarrow
$$

$$
\begin{bmatrix} 0^{\nabla} & 0^{\times} & 1 & 3 \\ 3 & 1 & 0^{\nabla} & 0^{\times} \\ 0^{\times} & 0^{\nabla} & 0^{\times} & 0^{\times} \\ 2 & 2 & 0^{\times} & 0^{\nabla} \end{bmatrix}
$$

结论：甲→A、乙→C、丙→B、丁→D，年总产值为

$$10+5+1+6=22\text{（千元）}$$

仍然需要指出的是最优任务安排方案也可能不是唯一的，但所获得年总产值最大的结果则是唯一的。

第四节　排队论在邮政营业工作中的应用

一、排队论的基本概念

排队论是运筹学中的一个分支，是研究随机集散现象和随机服务系统工作过程的理论与方法。这种理论与方法已广泛地运用于工商、交通、科研、军事、公用事业和企业管理等领域。

排队现象是人们日常生产和生活中经常遇到的，如顾客到商店购买物品，乘客等候公共汽车去上班，损坏的设备等候维修等等。前者为顾客，后者为服务台，两者组成一个服务系统。当服务台繁忙时候，顾客就要排队等候或是离开，再来或是不来，因为顾客到达的时刻和接受服务的时间因条件而不同，服务系统的状况是随机的，所以这种服务系统称为随机服务系统，研究这种系统的理论就称为随机服务系统理论或称为排队论。

二、邮政营业服务系统

邮政营业作为邮政通信的窗口，是直接服务广大用户的。由于邮政营业的业务量具有很大的随机性，因此邮政营业系统也是一个随机服务系统，也就可以应用排队论来优化营业系统。

邮政营业室就好比是一个服务系统，而对众多的随时可能来用邮的用户，当到达窗口用邮的人数增多的时候，就会出现排队现象。此时，若增加营业员和营业窗口，用户等待时间是缩短了，甚至不用等，但邮政企业对营业员开支增多了，也不经济；当然，若营业员不增加甚至减少窗口，营业员的开支是少了，但用户等待的时间延长了，会影响用户的正常用邮，这也不行。对于邮政营业窗口的排队问题，当用户等待时间是允许的最短的情况下，究竟应

设置多少个营业窗口才最经济合理呢？下面，我们通过举例，运用排队论中的方法来求取最经济合理的窗口数量。

三、排队论在邮政营业工作中的应用举例

例 7-7：据统计，某支局营业室平均每 35 秒钟就有一位用户来营业窗口用邮，而且每位用户用邮平均时间为 50 秒钟，若规定 50 秒钟为一个单位时间，则有

$$\lambda=50/35=1.43 \tag{7-6}$$

式中：λ表示单位时间用户的到达次数。

$$\mu=50/50=1 \tag{7-7}$$

式中：μ表示单位时间内用邮完毕的次数。

$$\rho=\lambda/n\mu \tag{7-8}$$

式中：n 表示邮政营业窗口数；

ρ表示在 n 状态下平均用邮时间内用户到达的次数。

根据排队论中的等待制公式，必须使得$\rho=\lambda/n\mu<1$ 才能保证统计平衡。这时不等待的概率为

$$P_0=\frac{1}{\sum_{j=0}^{n-1}\frac{(n\rho)^j}{j!}+\frac{(n\rho)^n}{n!}\cdot\frac{1}{1-\rho}} \tag{7-9}$$

平均等待时间为

$$T_{\mathrm{w}}=\frac{\rho(n\rho)^n}{n!}\cdot\frac{1}{(1-\rho)^2}\cdot P_0 \tag{7-10}$$

当 $n=1$ 时，$\rho=1.43>1$，说明一个营业窗口忙不过来，没有必要讨论；

当 $n=2$ 时，则 $P_0=0.166$，$T_W=1.5$ 个单位时间；

当 $n=3$ 时，则 $P_0=0.228$，$T_W=0.2$ 个单位时间；

当 $n=4$ 时，则 $P_0=0.237$，$T_W=0.036$ 个单位时间。

每天营业时间以 12 小时计算，于是平均每天有 12×3600 秒/35 秒=1235 人次到达营业窗口用邮。考虑到用邮者大部分是利用业余时间，故假定每一用户等待用邮一小时的损失为 0.5 元。若营业室多增加一个营业窗口，则假定平均一天多支付 6 元工资。现在要求在上述情况下，配备多少个营业窗口，才使得营业部门支付营业员的工资和用户等待用邮的经济损失为最小。

当 $n=2$ 时候，1235 人次因用邮等待的时间=50 秒×1.5×1235/3600 秒≈25（小时），用户所受经济损失=0.5×25=12.5 元，营业部门支付两个营业员的工资=2×6=12 元，总损失为 24.5 元。

当 $n=3$ 时候，1235 人次因用邮等待的时间=50 秒×0.2×1235/3600 秒≈3.4（小时），用户所受经济损失=0.5×3.4=1.7 元，营业部门支付三个营业员的工资=3×6=18 元，总损失为 19.7 元。

当 $n=4$ 时候，1235 人次因用邮等待的时间=50 秒×0.036×1235/3600 秒≈0.618 小时，用户所受经济损失=0.5×0.618=0.309≈0.31 元，营业部门支付四个营业员的工资=4×6=24 元，总损失为 24.31 元。

将上述计算结果列于表 7-5，由表 7-5 可见，该邮政支局营业室设置三个窗口最经济合理。

表 7-5　　计算结果表　　单位：元

营业窗口数 n	不等待的概率 P_0	平均等待时间 T_w	1235 人次因等待损失	支付营业员工资	总损失	结　论
1	—	—	—	—	—	—
2	0.166	1.5	12.5	12	24.5	—
3	0.228	0.2	1.7	18	19.7	最优
4	0.237	0.036	0.31	24	24.31	—

复习思考题

1．解释概念

（1）邮政资费；（2）邮政营业工作；（3）无着邮件；（4）给据邮件；（5）邮政收寄过程；（6）排队论。

2．问答题

（1）邮政营业工作有哪些特点？邮政企业如何应对这些特点？

（2）什么叫邮政资费？邮政资费由哪几部分组成？

（3）邮政营业主要有哪些工作？

（4）什么叫邮政营业工作标准化？邮政营业工作标准化包括哪些内容？

（5）邮政企业如何打造营业窗口的形象工程？

3．计算题

邮政通信生产过程中，假设有四项工作拟由五个人去完成，规定一人只干一项，经统计预知所创产值（单位为万元）如表 7-6 所示。

表 7-6　　产值表　　单位：万元

人员＼工作	A	B	C	D
甲	4	3	5	7
乙	2	3	4	5
丙	2	1	1	2
丁	3	2	4	5
戊	1	0	6	−1

要求

① 总产值最大时的任务安排方案。

② 总产值为多大？

第八章

邮件分拣封发工作管理

学习目标：通过本章学习，理解邮件分拣封发的概念；掌握邮件分拣封发体制；理解封发与封发方式；掌握计划封发与封发计划及其二者之间的关系；掌握邮件分拣封发管理工作的内容；理解邮件分拣封发工作综合管理。

学习重点：掌握邮件分拣封发体制。

学习难点：理解邮件分拣封发工作综合管理。

Management

第一节　邮件分拣封发工作概述

邮政运行过程，简单说来就是邮件由分散到集中，再由集中到分散的过程。首先，邮政部门通过营业、信筒、信箱及其邮政设施，把散布于用户手中的邮件收揽起来，即邮件由分散到集中，再把集中起来的邮件通过一系列的内部处理和邮政运输，最终把邮件投送给分散于全国和世界各地的用户手中，即邮件由集中到分散。这中间邮件所经历的内部处理正是邮件的分拣封发工作。

一、邮件分拣封发概述

（一）邮件分拣封发的概念

分拣封发是邮政生产的核心作业之一，它是指按规定把邮件分类、汇集、封成总包并发运给其他邮区中心局的作业过程。

邮件的分拣、封发实际上是在同一个工作地进行的两道连续处理邮件的工序，因此把这一生产过程合称为分拣封发，是邮政运行过程四大环节中的一个重要环节，通常简称为邮件分发。

（二）邮件分拣封发的工作内容

邮件分拣封发工作的主要内容就是指邮政分拣封发部门，按照邮件上收件人的邮政编码和寄达地点，根据规定的时限、频次、封发关系，把寄往同一寄达局或同一指定转口局和由该地经转的邮件分入指定的格口，然后把已分拣的平常邮件加以捆把或封成袋、套，给据邮件登记清单后再封成袋或套，同时将封妥的袋登记路单交发，出口、转口袋套交运输工具发运出去，进口、本口袋套交市内趟班运至营业投递支局。

（三）邮件分拣封发的任务

分拣封发部门的任务，概括起来就是：将本局收寄的出口邮件、运输部门运进本局的进口邮件及由本局经转的邮件，按照规定的直封标准及经转关系和封发频次、时限组织分拣封发工作。

（四）邮件分拣封发的地位和作用

1．邮件分拣封发的地位

分拣封发工作是贯通上下环节的中间环节，它决定着每一件邮件是否能按最迅速最合理的路线和方式传递出来，对整个邮件传递质量起着决定性的作用，在“全程全网，联合作业”中处于举足轻重的地位。

2．邮件分拣封发的作用

分拣封发部门把从各个邮运线上、市内转趟线上集中起来的大量邮件，加以处理、消化、吞吐，再发往各个相关的邮运线上或转趟线上去，起到中心枢纽的作用。另外，分拣封发部门是邮件的处理中心，具有邮件集散作用、质量控制作用和全网的协作配合作用。

二、直封与经转

邮件的分拣封发是按照直封与经转相结合的原则，采用直封与经转两种办法来进行的。

（一）直封

1．直封的概念

直封是发寄局按寄达地点把邮件直接分发给寄达局的一种分拣方式。它不再由中途局重复处理，可以加快邮件的传递速度，节约人力、物力。采取直封的办法，可以使邮件经一次分拣后直接运到寄达局，中途不再重复处理，因而可使函件寄递速度加快，并减少转口局重复分拣的工时消耗。

2．直封的标准

（1）制定直封标准的基本原则。在分拣封发工作中，该直封的就必须直封，这就需要规定相应的直封标准，国家邮政局对函件的直封标准有具体的规定。制定直封标准的基本原则如下。

① 满足邮政通信为政治、经济服务的需要；

② 发寄局与寄达局在邮政通信网中所处的地位；

③ 发寄局与寄达局两地之间的运输条件；

④ 发寄局与寄达局之间邮件的流量；

⑤ 制定的直封标准要体现保证时限、提高效率、规范封发关系和减少邮件倒流的基本要求。

（2）直封的标准。直封标准包括以下两个方面的内容。

① 规定直封区域范围。邮区中心局是邮件交换的集散点，因此邮区中心局之间一般都应建立直封关系。但是，由于不同等级的邮区中心局在邮政通信网中的地位和作用不同，其交通运输条件和邮件的集散量也有差异。因此，有必要按邮区中心局的等级，分别规定其各自的直封区域范围。以函件为例。

一级中心局的直封区域范围包括：对全网一、二级中心局及该一级中心局所辖范围内的三级中心局，建立直封关系；对达到了直封数量标准的其他三级中心局也应建立直封关系。

二级中心局的直封区域范围包括：对全网一、二级中心局及该二级中心局所辖范围内的三级中心局，建立直封关系；对达到了直封数量标准的其他三级中心局也应建立直封关系。

三级中心局对凡达到了直封数量标准的各级中心局都应建立直封关系。

由于邮区中心局在全网的建立和健全需要较长的时间，因此在规定分拣封发作业单位和直封区域范围时，不宜搞一刀切，而有必要照顾各地的实际情况，适当作灵活处理。例如，为减少迂回倒流，在同一直达邮路上的各中心局和县市局之间，可根据实际情况建立直封关系；在邮区范围很大或运输条件不理想的地区，可考虑保留部分县市局的分拣封发功能。

② 规定直封的数量标准。直封的数量标准是对发往规定的直封区域范围内的寄达局允许建立直封关系的最低函件数的规定。例如，1958 年确定为平常函件满 10 件、挂号函件满 3 件、包裹满 3 件，即“平十挂三”的数量规定；2000 年改为平常函件满 130 件、挂号函件满 30 件、包裹满 5 件的数量规定。

规定直封数量标准是为了减少处理中心的直封格口数量，提高分拣工作效率，降低生产成本。

直封数量标准，关系到分拣作业量在全网的分布趋向，应根据邮件的流向流量、邮政通信网路结构、分拣和运输能力分布情况，以加快邮件传递，降低生产成本为原则合理确定。

此外，由于邮件流向流量具有近密远疏的规律，在建立直封标准及其确定直封关系中，应做到近细远粗。避免该设立直封格口的不设而导致不合理的经转使传递速度降低，该不设直封格口的设而造成不必要的直封使人力物力浪费。直封格口建立以后，要保持相对稳定。

（二）经转

由于我国疆域辽阔，邮政局所数以万计，各个局所寄往全国各地的邮件数量不等，若都采取直封，不仅设置的直封格口太多，分拣起来困难，分拣效率降低，而且会因此而增加许多封发袋套，在人力物力上造成很大的浪费。同时，还将在运输过程中增加很多抄登路单、交接验收和装车卸车工作。因此，任何邮局都不可能把发出的邮件全部直封，只能对一部分地方采取直封，其他则由已经建立有直封格口的局所经转。

1．经转的概念

经转是发寄局对寄达局的邮件不直封，而是发给相关转口局，经重分后转发到寄达局的一种分拣方式。

如甲地寄往丙地的邮件，甲局不能对丙局直封，而是封入发往乙局的袋套内，由乙局转发给丙局。在这情况下，甲局就不需要对丙局建立分拣格口，而乙局由于经转甲局发往丙局的函件，乙局就要对这些邮件进行转口处理。

2．经转的优点

邮件的经转与直封相比，虽增加了中转手续和处理时间，但解决了邮件不能全部直封这一客观存在的问题。对达不到直封标准的寄达局，采取发给适当转口局经转的方法，使邮件量相对集中，便于合理组织生产和采用先进技术设备，是科学和经济的。

3．经转关系

（1）经转关系的概念。经转关系是指对达不到直封标准的寄达局如何选择转口局的规定。当发寄局发往寄达局的函件不能直封时，必须发给指定的转口局经转，不能随便发给两地间任意一个局经转，发寄局与指定的转口局之间建立的这种关系称为经转关系。

邮件的经转关系由国家邮政局制定，各省邮政局按照国家邮政局的规定编印经转地名表，根据经转关系使地名表具体化、规范化，以便于函件处理人员严格执行。

（2）确立经转关系的基本原则。建立经转关系是为了合理地、科学地组织分拣封发工作，便于实行规范化管理，以尽量减少中转层次，从而减速函件的传递。经转关系一经确定，就应该保持相对的稳定性。为此，确定经转关系应把握以下基本原则。

① 减少经转层次，避免不必要的重复分拣，确保邮件传递时限；

② 邮件分发量相对集中，便于采用机械化、自动化的邮件处理设备；

③ 近细远粗，区别对待；

④ 经转关系应保持相对稳定。

（3）总包经转关系。

① 总包邮件经转关系由国家邮政局统一制定。各省邮政局应根据本省邮路组织情况，在国家邮政局制定的总包经转关系的基础上，调整、制定本省省内互发总包邮件经转关系。

② 系统内的总包邮件经转关系由国家邮政局在“全国邮运指挥调度系统”增加、调整、下发。各邮区中心局在邮区中心局系统中下载接收，对于其中两地经转内容，选择确定唯一经转地，然后上报至国家邮政局，生效执行。

（三）直封与经转之间的关系

随着邮件业务种类的增加与调整，邮区中心局体制的建立与发展，直封与经转之间的关系表现在以下几个方面。

（1）地市局的中心局之间及其与首都局、省会局、自治区首府局的中心局之间按业务量标准直封；

（2）中心局与本邮区各收投点之间一律直封；

（3）县市内各收投点间有邮路通达的可直封；

（4）中心局对干线直达邮路沿途办理交换邮件的县市局按规定标准直封；

（5）对于特快专递邮件，不论件数多少，一律由收寄县市局直封到寄达县市局；

（6）如不符合直封规定的邮件，一般均由收投点所属的邮区中心局经转；地市局的中心局寄发的出口邮件不符合直封规定的，则寄发寄达局所在路向上合适的地市中心局以上的中心局经转；

（7）个别县市局与不在同一邮区内的大市局或相邻两省县市局互寄邮件，原有的直封关系维持不变，以免改由中心局经转造成邮件传递的迂回与倒流。

由此可见，在缩小以至取消县市局邮件集散职能的基础上，实现直接封发与邮区中心局经转相结合。凡在邮区内各收寄局和投递局的进口邮件，一般都集中到邮区中心局，中心局根据邮件种类、时限进行分类后分发和经转，市邮区中心局成为邮件集散中心。这样，将会使得经转关系进一步简单明确，经转层次减少，邮件量相对集中到邮区中心局，有利于实现分拣机械化与自动化，提高分拣效率，加快邮件的传递速度，降低邮政企业的生产费用，促进邮政企业效益的提高。

三、封发与计划封发

（一）封发

封发就是将分入格口的邮件按规定的发运路线、频次、时限要求，逐格口进行整理，填登封发邮件清单（平常函件不登单），汇总封成袋、套或捆，发运给寄达局。

封发邮件按各类邮件的有关规定，有直封、合封、汇封、混封、套封、另封等不同的封发方法。对于不同种类的邮件可以分别封成以下不同种类的袋套：平常邮件袋、套或捆；挂号邮件袋、套；平挂合封袋、套；汇封总袋以及特挂保价袋、套等。

（二）计划封发

1．计划封发的必要性

由于担负直封邮件的直封邮政局所分布在全国各地，通往这些地方的交通工具常常不止一种，每天开行车次还往往有若干次。在这种情况下，封发邮件决不能不考虑分拣封发的实际效果。如果见车就发，就会增加许多不必要的工作和封发用品，造成人力物力的浪费，也不能达到迅速安全的目的。所以，必须有计划地封发邮件，避免和克服见车就发的盲目封发现象。

2．计划封发的目的

计划封发的目的就是从提高邮政通信全程效能出发，选择邮运路线、衔接关系和寄达局的有效班次，有计划地封发邮件，达到封发与邮运相一致，在节省人力、物力和时间的前提下，确保邮件迅速安全地传递。

3．计划封发的概念

计划封发就是邮政封发部门，根据发运路线、频次和车次，编制封发计划，并按计划封发邮件的过程。

（三）封发计划

1．封发计划的概念

封发计划就是根据计划封发的要求，确定直封局和发交车次的计划。

2．编制封发计划应该注意的问题

由于邮件发运频次较多，时限要求严，对路线和车次的选择比较复杂，因此编制邮件封发计划时，主要应考虑以下几个问题。

（1）本局收寄和经转的邮件当天必须封发出去，其他邮件也要力争当天全部封发出去。

（2）要尽量加快邮件的运递速度。当每天发往同一直封局的运邮车次在两次或两次以上时，应选用较快且最有效的车次，充分利用最后开行的一班车次；对业务最大的局可考虑多次封发，使邮件分批均匀地到达直封局，以利组织生产。

（3）要考虑到中途局经转和寄达局组织生产的方便，使邮运、封发及投递尽可能地前后衔接。

（4）要从全程效能出发，不仅要看到达直封局后与投递、转发时间的衔接，还要特别注意车次在发寄局的开车时刻先后，从全程需时计算，防止“先发后到”的情况发生。

根据上述因素，逐段（分拣路段）、逐格（直封格口）对每一直封局选定封发车次后，就可编制邮件的封发计划表，规定邮件封发的车次，并按车次开行时刻安排封发作业。邮件的封发计划的格式如表 8-1 所示。表 8-1 为某局函件封发计划的一部分。

表 8-1　　　　某局函件封发计划表

区间	车次	开车时间	交运时间		封发处所	接转			汇封
			平信	挂信		到接转局时间	接转车次	接转车次开车时间	
沈佳	175次	21：35	21：05	21：02	长春本、哈尔滨本转、木兰、通河、滨县、呼兰、兴隆镇、绥化、巴彦、望奎、庆安、铁力、南岔、伊春、汤源、佳木斯				
京牡	165次	23：10	22：30	22：27	四平、梨树、长春本转、长榆间、长图间、阿城、尚志、海林、鸡西、密山、牡丹江、四长间（小站）、十家堡、郭家店、蔡家、大榆树、刘房子、陶家屯、范家屯	四平 1：48	通长342次	5：55	四长时间各站汇封通长342次
						长春 3：29	长榆367次	8：30	
							长图331次	4：57	
京哈	17次	1：35	0：53	0：50	绥化、海伦、依安、克山、克东、北安	哈尔滨 8：20	哈北齐341	16：40	
沈抚	481次	6：10	5：40	5：37	古城子、抚顺				

注：发寄路向多的局，可按路向编制封发计划。

（四）计划封发和封发计划的关系

计划封发是编制封发计划的前提、依据和指导思想，计划封发是通过编制和执行封发计划来实现的，封发计划是具体化了的计划封发的方案。两者关系非常密切，相辅相成。

四、邮件分拣封发管理工作的基本内容

（一）分拣封发关系

（1）省际邮件的分拣封发关系由国家邮政局统一规定执行，省内邮件的分拣封发关系除国家邮政局另有规定外由省邮政局统一规定。

（2）系统内省际间邮件分拣封发关系由国家邮政局在“全国邮运指挥调度系统”增加、调整、下发。各邮区中心局在邮区中心局系统下载接收，确认执行。

（3）省内邮件的分拣封发关系由邮区中心局根据省邮政局的规定在系统中维护，并上报省邮政局后确认执行。

（二）邮件分拣封发管理工作的内容

邮件分拣封发工作人手杂、手续多、时限要求严，而且与外部环境关系密切，使得管理工作异常复杂，难度很大。所以，对分拣封发工作的管理必须做到科学、严密、紧凑、准确、迅速和安全，以确保这一工作的质量。为此，在对邮件分拣封发工作的管理过程中，主要应做好以下几项工作。

（1）分拣封发工作综合管理；
（2）分拣封发生产过程中的接收、开拆、粗分、细分、封发和交运等环节的组织；
（3）分拣封发作业时间的控制；
（4）分拣封发的劳动组织；
（5）分拣系统的评价及效率的提高。

（三）邮件分拣封发主要工作范围

邮件分拣封发主要工作范围如表 8-2 所示。

表 8-2　　邮件分拣封发主要工作范围

序号	项　目	主要工作范围
1	全过程处理进出转口邮件	检给袋套，挑对路单（保价邮件：批注收到时间），点数，盖接收章戳，登记接转袋套数，开拆（保价邮件，眼同开拆；给据邮件，勾挑核对；平常邮件，称重计量），查验规格，处理破损和批办疑难邮件，整理清单，盖开拆章戳，分拣，抄登，备袋，下袋，核对内件（给据邮件，结总件数，合扰），封袋套，登袋号，写袋牌，填重量，做路单，挑对交运，理退空及袋牌，收集废铅志，统计工作量，清理工作现场，班后检查
2	落地信件过戳	开拆袋套、分类整理，盖日戳，处理不规格信件，统计工作量，班后检查

五、国内普通邮件封发关系的规定和标准

（一）普通邮件封发关系

1．出口省际普通邮件分拣封发关系

（1）一、二级邮区中心局之间建立直封关系。

（2）一、二级邮区中心局对三级邮区中心局的省（含自治区、直辖市，下同）际出口普通邮件封至寄达局指定的一、二级邮区中心局经转。

（3）三级邮区中心局的省际出口普通邮件封至发寄局指定的一、二级邮区中心局经转。

（4）各级邮区中心局所属分支机构出口省际普通邮件业务量较大的，直封发寄局指定的一、二级邮区中心局经转，业务量较小且不影响传递时限的，也可以交所属县局汇总处理后统一封交发寄局指定的一、二级邮区中心局经转。

2．进口省际普通邮件分拣封发关系及方式

（1）一、二级邮区中心局对其直接经转范围内的各投递局建立直封关系。

（2）承担指定三级邮区中心局邮件经转任务的一、二级邮区中心局，对三级邮区中心局直接经转范围内的各投递局建立直封关系。

（3）一、二级邮区中心局对承担经转的各投递局建立直封关系目前确有困难的，结合自身实际，可按下列两种方式，依次选择其中之一。

对县及县以上各投递局建立直封关系；县以下各投递局日均进口邮件达到如下数量及以上标准的建立直封关系，其余可封县局处理，封发时也可对邮件进行混封。

信函状邮件：平信 10 件；挂号信 3 件；扁平状邮件 5 件；包状邮件 3 件。

直封三级邮区中心局，三级邮区中心局一律直封投递局。采取此种方式须报中国邮政集团公司批准。

3．省内互寄普通邮件分拣封发关系

省内互寄普通邮件分拣封发关系原则上与省际相同。考虑到邮件传递时限和各局生产实际，省内普通邮件进出口分拣封发关系根据实际可采取如下方式。

（1）出口普通邮件可视实际情况采取以下方式之一。

省内各邮区中心局之间建立直封，各分支机构出口省内普通邮件直封所在邮区中心局处理。

省内各市（地）局之间建立直封，各分支机构出口省内普通邮件直封所属市局处理。

（2）进口普通邮件可视实际采取以下方式之一。

一、二级邮区中心局对省内进口普通邮件分拣封发关系与省际进口封发关系相同。

三级邮区中心局或市（地）局对省内进口普通邮件的分拣封发关系由各省局自定。

（3）省内其他规定。省内各邮区中心局或市（地）局，本邮区内或本市（地）局内互寄的普通邮件封发关系由省内自定。省内直达干线邮路上沿途办理交接的相邻局之间的封发关系由省内自定。

（二）临时直封

收寄局对包裹单件重量够20千克，脆弱包裹（“红杯”或“红杯水”）满10千克，同批交同一收件人能装满新2号邮袋的包裹或印刷品，应加拴写有收件人详细名址的大件名址牌后直封投递局所在的市（地）县局。实行贴邮票办法收取包裹资费的分支机构，收寄的包裹一律不得对外直封。

建立临时直封关系并采用“非专号”办法封发邮件时，袋牌上应在接收局名前冠以寄达省名，同时还应在发寄局名前冠以主管市（地）、县名称。路单上的“原寄局”和“接收局”栏均需写相关市（地）、县局名，不得只写支局、所名称。

（三）国内特快专递邮件分拣封发模式与关系

1．特快邮件省际分拣封发模式

（1）特快邮件省际分拣封发局

按照适度集中的原则，依据下列标准，重新设定特快邮件省际分拣封发局。

① 日均特快邮件出口量高于500件或日均省际出口量高于300件。以速递信息系统取数为准。

② 可接发干线火车或处于省际干线邮路上。

③ 具有一定的区域覆盖性。

④ 具有一定的生产处理场地和设备。

综合考虑业务量、交通、场地、设备等条件后，确定北京等168个局为全国特快邮件省际分拣封发局，负责全国省际特快邮件的分拣封发。

（2）特快邮件省际分拣封发关系

① 出口分拣封发。特快专递业务开办局收寄的发往外省（含自治区、直辖市，下同）的特快邮件，全部直封到指定的特快邮件省际分拣封发局，由其集中进行分拣封发作业。全国各特快邮件省际分拣封发局之间建立固定直封关系。

由于部分局特快邮件业务量较大，实行集中分拣目前基础条件尚不具备，江苏昆山等17

个局保留省际出口分拣封发功能，对各特快邮件省际分拣封发局建立出口直封关系。考虑地理位置、交通状况等因素，部分业务量较小但位于铁路干线的局，实施集中分拣影响陆运特快邮件时限，暂保留贵州安顺等 12 个局（如表 8-3 所示）部分陆运路向出口封发功能，对铁路沿线相关局建立出口直封关系。

表 8-3　　我国各省保留陆运路向出口封发功能的封发局

省市名称	出口封发局	封发范围
吉林	白城	齐齐哈尔、通辽、赤峰、张家口、大同、集宁、呼和浩特
云南	昆明	攀枝花
	昭通	成都、宜宾、内江
四川	攀枝花	昆明
宁夏	固原	陕西、河南全省
新疆	哈密	青海、宁夏、甘肃、河南、陕西全省
内蒙古	乌海、临河	银川、大同、张家口、北京、天津
	集宁	大同、张家口、北京、天津、保定、石家庄、邢台、邯郸及河南全省
贵州	安顺、凯里、玉屏	宜春、鹰潭、上饶、金华、衢州、怀化、娄底、株州、衡阳、永州、郴州、重庆、安康、汉中、湛江、柳州、玉林
合计	12	

各特快省际分拣封发局出口封发原则上不再本、转分别封发。确有需要的报中国邮政集团公司审批。

② 进口分拣封发。特快邮件省际分拣封发局对其所在城市：日均进口量在 1 万件以内的，城区范围直接分拣到道段；日均进口量在 1 万件以上的，城区范围可分拣到若干投递中心，由投递中心二次分拣到道段。郊区及所辖行政县（市）分拣到投递局。

特快邮件省际分拣封发局对其负责经转的各市（县），分拣到经转市（县）投递局。

2．特快邮件省内分拣封发模式

各省局在分析省内互寄特快邮件流量流向的基础上，按照出口邮件适度集中处理的原则，结合省际特快邮件分拣封发模式，自行确定省内互寄特快邮件（包括省内“次晨达”、“次日递”及其他特殊速递业务）的分拣封发关系。省内快速网的组织要兼顾“次晨达”、“次日递”业务的时限要求，业务量大的要组开两个运输频次，量小的可综合利用包括报刊、物流专线或普通邮路在内的省内网运输。

第二节　分发工作的综合管理

分发工作综合管理就是要遵循邮件分发工作的客观规律，执行邮政主管部门有关分发工作的规定，认真做好分发场地的布局，以及分发过程的各个生产环节的管理，尤其要做好粗分和细分的安排和管理工作。

一、分拣封发场地的布局

分拣封发场地的布局对于生产的文明化、秩序化和规范化，对于提高邮政通信质量、劳动生产率和邮政职工的健康水平都具有十分重要的意义，应给予足够的重视。

分拣封发场地的布局就是确定分发人员、生产设备和邮件的空间位置，以形成一个井然有序、高效运转的有机整体，这是分拣封发综合管理工作中的一项基础工作。

（一）分发场地布局的原则和方法

1．邮件分发场地布局的概念

邮件分发场地的布局就是对邮件分拣封发生产过程在空间上的布置，包括生产设备和劳动保护设备的安置。这种布局随邮政企业规模的大小和作业性质的不同而不同。

对邮件分发场地进行布局的目的就在于充分利用现有的生产场地，便于企业内外的生产协作配合，保证通信质量和提高劳动生产率。

2．邮件分发场地的布局的基本原则

在邮件流量不大、规模较小的邮政企业里，其布局较为简单，一般只需按照邮件种类，分别安置到不同的作业点去处理。在邮件流量大、规模也大的邮政企业里，其布局要复杂得多，既要考虑邮件种类，又要考虑邮件的流量，通常要遵循以下原则。

（1）各个工序互相衔接，便于彼此协调运作，以缩短邮件的传递时间；

（2）使邮件在企业内部每一个生产环节上都有最合理的处理和运送方法；

（3）合理利用生产场地；

（4）便于与其他相关部门的配合与协调。

3．邮件分发场地的布局的方法

为此，邮件分发场地的布局可按下列方法进行。

（1）按照生产过程的顺序，排列各个工序及其设备；

（2）结合房屋建设条件，利用已有的传递设备；

（3）根据发运路向，安排各个工序的工作席位；

（4）新建分拣枢纽的布局就要通盘考虑，达到设计要求。

（二）分发场地面积的确定

邮件分发部门生产场地面积的大小是由分拣工作席位的数目、采用的劳动组织以及每一个工作席位的标准面积所决定的。其场地面积具体包括各种设备占用的面积、工作人员占用的面积、车间主要通道和中间通道等。

生产设备占用的面积，可根据设备的实际长度与宽度来确定；工作人员在设备前占用的地方，以操作方便不影响其他工作为原则；一个工作席位占用的面积，要根据总面积和左邻右舍的席位以及工作方便而定；过道的宽窄，则要由生产工序的性质和条件、工作席位范围内往来的频繁程度以及邮件运送方法等情况而定。

（三）采光和照明

邮件的分发场地必须有一面或两面的侧面有天然光线，使各个工作点尽可能有同等的光度，并合乎生产过程的要求。特别是生产人员经常活动的地方，应安排在自然采光最好的地方。一般照明可以是直射、反射或半反射的。半反射的照明，最适宜于邮政生产。因为半反射光线是散开的，不耀眼，使人舒适。由于采光和照明对于劳动效率和通信质量影响很大，因此邮政部门应予以足够的重视。

（四）取暖和通风

分发部门内部的气温和湿度，对于确保邮件的完好无损、邮政职工的身体健康和提高劳动效率有着密切的联系。因此，分发部门要根据具体情况和条件，充分利用自然通风，酌情安装降温设备和取暖设备。

此外，分发部门还应充分考虑生产现场的噪声与粉尘，要符合国家有关规定，以确保邮政通信质量和职工的身心健康。

二、分拣封发工作的程序

不同种类的邮件（包括函件），其分拣封发工作的程序略有不同。一般来说，要历经接收、开拆、粗分、细分、封发、交运等六个程序，其中粗分、细分为主要环节。邮件的粗分和细分对时限和通信质量影响很大，因此对这两个重要作业要进行合理的安排和科学的管理，以尽可能缩短邮件的处理时限。

（一）邮件的接收

邮件的交接验收是分拣封发工作的开始，为确保分发工作的质量，要认真贯彻交接验收制度，一经履行签收手续，即标志着责任段落的转移。因此，要严格交接手续，业务量比较大的局，交接频次较多，为缩短交接时间，接收邮件时，采用先点数验收，后挑路单核对的办法进行邮件的接收。

（二）邮件的开拆

邮件的开拆是分拣封发工作的第二道程序，对接收的总包邮件，按规定的操作标准拆开内装邮件，同时严格验收内件，并将开拆的邮件准确无误地移交给下一道程序，以保证后续作业顺利进行。

（三）邮件的粗分

邮件的粗分是分拣封发工作中的一个重要环节。当处理的业务量较大时，需要进行两次甚至三次分拣。第一次分拣就是粗分，即根据邮件不同的发运路线、封发车次、粗分座席的组织情况，把已开拆的邮件分入粗拣格口，为后续的细分作业尽可能提供方便。

（四）邮件的细分

邮件的细分是分拣封发工作更为重要的一个环节。一个粗拣格口对应一台细拣座席，在粗分的基础上，按寄达局的分拣格口再进行分拣。

（五）邮件的封发

邮件分拣后就可进行封发，封发就是将分入寄达局格口的邮件，按规定的发运路线、频次和时限要求，逐格进行整理，填登封发邮件清单（平常邮件不登单），封成袋、套，为邮件的交运作业做好准备。

（六）邮件的交运

邮件的交运是分拣封发工作的最后作业，也是邮件在邮政部门内部处理的结束。各类邮件在封妥成袋、套后，按照邮件发寄的路向、车次、趟班，分别填制路单，交汽运、转运部门签收。

在分拣封发过程中，遇到不合格的邮件袋、套或出现差错时，按邮政主管部门的有关规定及时处理。

三、建立分拣系统

根据已经确定的直封和经转关系，按照相应合理的组织方法，建立一个分拣格口系统。在手工分拣的情况下，不同座席的分拣员面对确定的分拣格口，所有的分拣座席以及面对的所有的分拣格口，构成了邮区中心局的分拣系统；实现机械化和自动化分拣后，则由相关人员及其机械化与自动化设备构成邮区中心局的分拣系统。

分拣员进行分拣工作使用的生产设备，在手工作业条件下是分拣架，实行机械化与自动化后是分拣机。分拣格口分布在各个分拣架上或分拣机上，而每个分拣架或分拣机的分拣格口都是有一定限度的。但是，一个大中型的邮区中心局的分拣中心，按照规定的直封标准建立起来的直封格口，一般多达几百个，无论分拣架还是分拣机，都不可能容纳那么多格口。因此，不可能一次分拣就把邮件直接分入直封格口，而必须进行两次分拣，即粗拣和细拣，有的甚至还要进行三次分拣，这就需要对分拣格口系统进行科学的安排，使之能在保证完成作业时限和分拣质量的前提下，用最少的人力、设备、场地，达到分拣流程上简单、技术上合理、经济上合算的系统设计要求。

四、分拣路段的合理划分

根据上述情况和要求，组织分拣系统，首先要合理划分分拣路段，进而设立粗拣格口。所谓划分分拣路段，就是把本局分发邮件确定的所有直封处所，按照一定的原则和方法划分成若干个分拣路段，以便在此基础上设置粗分格口。划分分拣路段通常有以下三种方法。

（一）按照运邮路线划分路段

这种方法就是将所有直封处所都按照运邮路向划分成若干个分拣路段，如图 8-1 所示。

粗拣分拣架中的分拣格口就按照路段设置，如表 8-4 所示。细拣分拣架则以路段为基础，一个细拣分拣架配备一个路段的直封格口，如表 8-5 所示。这样要分拣几百个直封处所就没有困难了。比如粗拣时分成 24 个路段，每段包括 30 个直封处所，经过两次分拣就可达到 24×30 个直封格口。

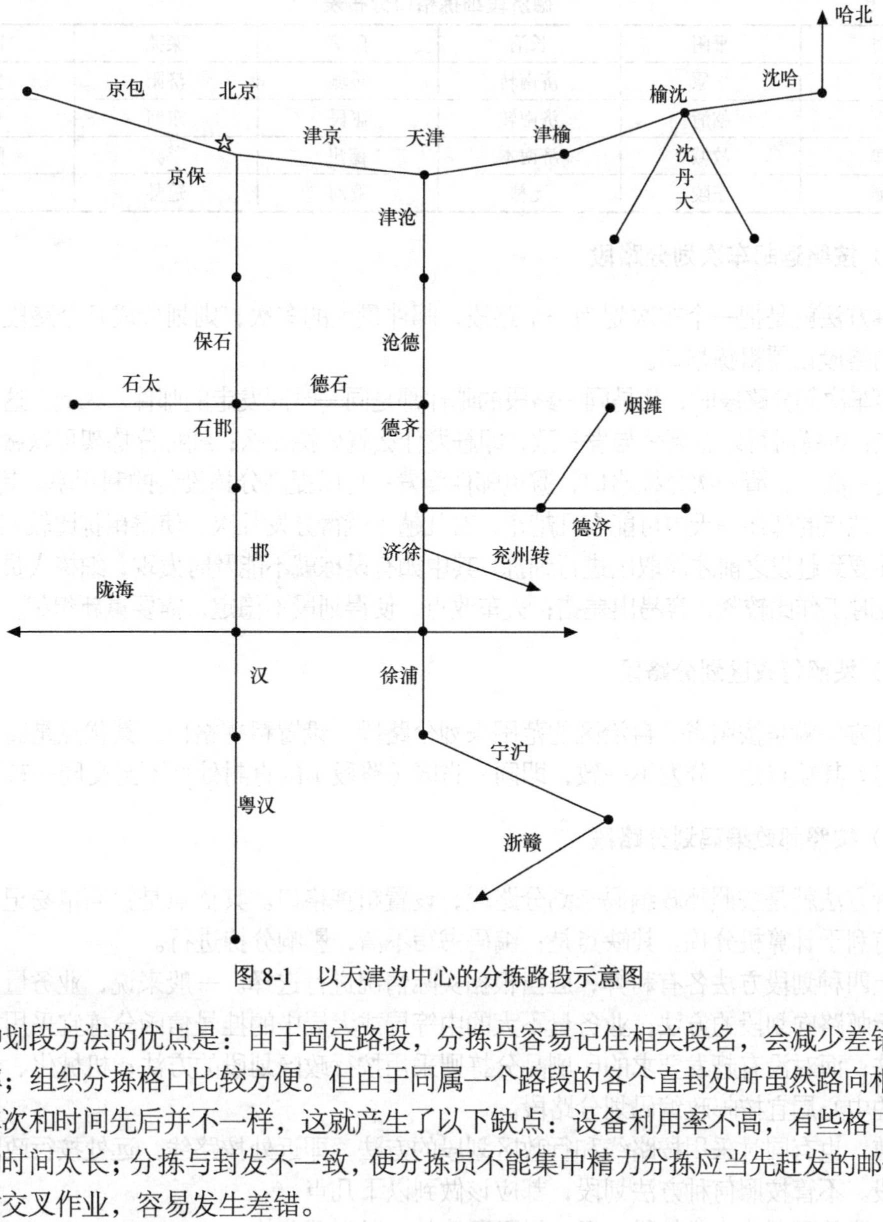

图 8-1　以天津为中心的分拣路段示意图

这种划段方法的优点是：由于固定路段，分拣员容易记住相关段名，会减少差错和提高分拣效率；组织分拣格口比较方便。但由于同属一个路段的各个直封处所虽然路向相同，而封发的车次和时间先后并不一样，这就产生了以下缺点：设备利用率不高，有些格口等待封发交运的时间太长；分拣与封发不一致，使分拣员不能集中精力分拣应当先赶发的邮件上去；先封后封交叉作业，容易发生差错。

表 8-4　　　　　　　　　粗拣格口分布表

西安	本口	航空	汽车船	国际	待批
武汉	京包	津京	津榆	榆沈	浙赣
上海	石邯	京保	津沧	沈哈	宁沪
北京	邯汉	保石	沧德	沈丹大	徐浦
沈阳	陇海	德石	德济	哈北	济徐
哈尔滨	粤汉	石太	兖州转	胶济	烟潍

表 8-5　　德济段细拣格口分布表

齐河	平阴	长清	阳信	莱芜	阳谷
石平	平原	济南转	禹城	济阳	新城
庆石	临清	济南转	惠民	东河	高唐
夏津	故城	济南本	德州	莘县	陵县
武城	东陵	无棣	商河	冠县	宁津

（二）按照运邮车次划分路段

这种方法就是把一个车次划为一个路段，邮件量大的车次，则划分成几个路段，然后按照这样的路段设置粗拣格口。

按照车次划分路段时，凡是同一路段的邮件都是同一时间发走的邮件。因此，这样划段有以下优点：细拣时可以做到分与发一致，即赶发什么就分拣什么；细拣分拣架可以做到一车一清，即发一次车，清一次分拣格口，避免邮件漏发；可以提高分拣设备的利用率。其缺点是：由于同一地点的邮件一天内可能有几趟车，有几趟车就得分发几次，使得粗拣比较困难；分拣架的邮件要到赶发之前才能取出进行细拣，其中如有误拣就不能及时发现；细拣人员预分机会少，赶发时工作比较紧，容易出差错；火车改点，使得划段不稳定，需要重新组织。

（三）按照行政区划分路段

这种方法就是按照省、自治区的范围来划分路段，设置粗拣格口。其优点是简单明确，粗拣容易。其缺点是：分发不一致，即同一省区（路段）的直封处所不封交同一车次发运。

（四）按照邮政编码划分路段

这种方法就是按照邮政编码来划分路段，设置粗拣格口。其优点是：简单易记，分拣效率高；有利于计算机分拣。其缺点是：编码书写不清，影响分拣进行。

以上四种划段方法各有利弊，应当根据实际情况进行选择。一般来说，业务量大的局可采用按运邮路向划段的方法；业务量不大的中等局或大局中的挂号信函分拣宜采用按车次划段的方法；而对没有赶发要求的印刷品分拣则采用按行政区划段的方法；机械化、自动化程度较高的中心局宜按邮政编码划分路段。

目前，也有同时采用按路线和行政区划段的方法，即近处按路线，远处按行政区来划分粗拣路段。不管按照何种方法划段，都应该做到以下几点。

（1）段落要明确，段与段之间的界限要清楚，以利于分拣；

（2）段的大小要大致均衡，即每段的邮件量和直封点数目相差不大，以利于均衡生产；

（3）段的数目的多少，要有利于节省粗拣和细拣的工作总消耗；

（4）尽量减少重复分拣。

五、细拣工作席位的合理设置

（一）细拣工作席位的要求

设置细拣工作席位的方法与设置粗拣工作席位不同。粗拣工作席位不论数目的多少，所用的分拣架和分拣格口都是一样的。但是，细拣工作席位的分拣架，因为它们属于不同的分拣路段，架上的直封格口都是各不相同的，而且由于不同分拣路段的邮件发出的车次不同，其封发时间也不一样，每次封发的邮件量多少又不等，一个细拣工作席位往往要负责几个路段的细拣工作。所以，设置细拣工作席位时，需要做好配段工作，即把所有分拣路段按一定的要求分配到各个细拣工作席位。

（二）合理配段的要求

合理配段，应符合下列要求。

（1）各个细拣席位上的每个班次的工作量要尽可能均衡，避免分拣员间劳逸不均；

（2）在每一班的值班时间里，细拣员的工作负荷要尽量分布均匀，避免过分集中而忙闲不等；

（3）同一时间赶发，或赶发时间很接近的路段，如果邮件量大，应当分配在几个席位上，以便分散工作负荷，缩短处理时间。

为了做好配段工作，必须摸清邮件的流量分布，即摸清每个分拣路段的邮件量。然后经过详细计算，妥为分配。配好之后，除非封发时间和流量分布有重大变化，一般不宜轻易改变，以免细拣员因调整路段而增加分拣困难，影响分拣质量。

根据配段的基本要求和分拣路段的业务量，现以邮件为例，举一个配段的例子，如表 8-4 所示。表 8-6 中把 27 个分拣路段分配到三个细拣工作席位，各班各细拣员一天的工作量大致相等，工作量分布在不同时间，同一时间封发的各段适当分散在各个工作席位上。

表 8-6　　细拣座席配段举例

席位	分拣路段	早班 6：00—14：00		晚班 14：00—22：00		夜班 22：00—6：00	
		邮件量	封发时间	邮件量	封发时间	邮件量	封发时间
第一席位	津榆	2000	8：10	1900	16：30	2100	5：00
	榆沈	1800	8：10	2050	16：30	2120	5：00
	哈北	…	8：10	…	16：30	…	5：00
	德石	…	13：00	…	22：30	…	5：00
	兖州转	…	13：00	…	22：00	…	2：50
	浙赣	…	13：00	…	22：00	…	2：50
	粤汉	…	10：00	…	22：00	…	1：00
	航空	…	14：00	…	19：30	…	5：00
	合计	14000		13200		14500	
第二席位	津沧	2100	13：00	2000	13：00	2300	2：50
	沧德	1500	13：00	1700	13：00	2100	2：50
	济徐	…	13：00	…	13：00	…	2：50
	徐浦	…	13：00	…	13：00	…	2：50
	宁沪	…	13：00	…	13：00	…	2：50
	陇海	…	10：00	…	10：00	…	1：00
	京包	…	10：00	…	10：00	…	1：00
	汽车船	…		…		…	2：50
	德济	…	13：00	…	13：00	…	2：50
	合计	14300		14100		13300	

续表

席位	分拣路段	早班6：00—14：00		晚班14：00—22：00		夜班22：00—6：00	
		邮件量	封发时间	邮件量	封发时间	邮件量	封发时间
第三席位	津京	1700	10：00	1950	13：00	2300	1：00
	京保	2300	10：00	2050	13：00	2100	1：00
	保石	…	10：00	…	13：00	…	1：00
	石邯	…	10：00	…	13：00	…	1：00
	邯汉	…	10：00	…	13：00	…	1：00
	石太	…	10：00	…	10：00	…	1：00
	沈哈	…	8：10	…	10：00	…	5：00
	沈丹大	…	8：10	…	10：00	…	5：00
	胶济	…	13：00	…	13：00	…	2：50
	烟潍	…	15：00	…	15：00	…	2：50
	合计	15200		14200		15700	

第三节　分发作业时间控制

邮件分拣封发的作业时间在整个传递邮件的时限中占有很大比重，分发处理时限的缩短将对加速邮件的传递起重要的作用。因此，要强化对分拣封发作业时间的控制，科学地安排分发过程中每一个生产环节的作业时间。

一、分拣封发作业时间的构成

邮件的分发部门合理地安排作业时间，目的就在于尽可能缩短邮件处理的总时长。

（一）分拣封发作业时间的构成

邮件处理总时长是由处理时间、传递时间、统计时间、检查时间和工作中断时间等作业时间构成，其构成如图 8-2 所示。

处理时间指直接消耗在分拣封发处理工作上的时间，如准备邮袋、袋牌、路单的时间和粗拣、细拣、封发、交运等时间；传递时间是指邮件在各个工作席位之间移动的时间；统计时间是指分拣封发过程中统计业务量的时间；检查时间是指分发过程中按规定进行业务检查所费的时间；中断时间是指被处理的一批邮件处在既不处理又不传送的状态中的一段时间，如邮件等候处理、职工用餐或正当休息、企业安排不合理引起的中断或机器设备发生故障而停止作业的时间。

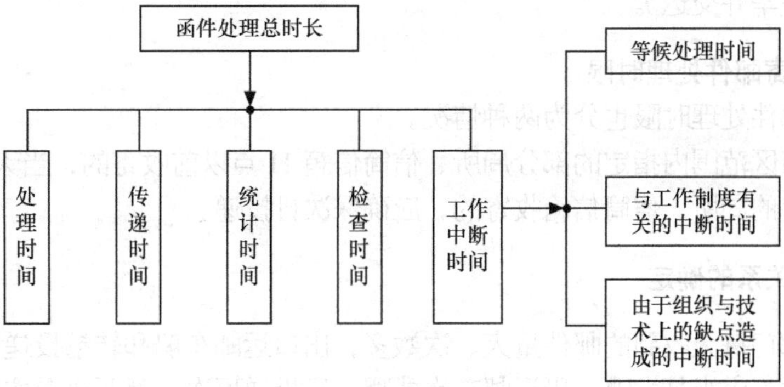

图 8-2　邮件处理总时长的构成

（二）缩短分拣封发作业时间的方法

缩短邮件分拣封发作业时间的方法，主要有以下两种。

（1）通过提高邮件的专业化、机械化和自动化的作业水平来缩短处理时间，这就要求邮件本身要规格化、系列化和标准化，在此基础上选择处理过程中的科学的移动方式和进行优化排序；

（2）改善生产组织和劳动组织，加强调查监督和技术管理，尽可能减少或者避免分发生产过程中非正常中断现象的出现。

分拣封发运行过程中邮件移动方式的选择和邮件处理顺序的安排详见第五章中第四节的内容，在此不作赘述。

二、分拣封发作业时间的控制

分发作业时间的确定和安排是分拣封发作业时间控制的主要内容。在邮件分发部门，确定和安排各工序的作业时间，目的是要在准确处理邮件和保证邮件安全的情况下，完成各项有关的阶段时限（即作业基本时限）。

（一）分拣封发作业时间控制的依据

为了达到并缩短分发作业的基本时限，就邮件分发部门来说，应以邮件分发现场为中心进行严密的组织与管理，确定并安排各环节和各工序的作业时间。普通邮件一般以下列阶段时限为依据。

1. 出口、转口邮件处理时限

出口、转口邮件处理时限为 4 小时。运邮车船开行时刻 4 小时以前到达函件分发部门的必须赶发。

2. 进口函件处理时限

进口函件处理时限分为两种情况。

（1）时限为 3 小时。发交趟班或本局投递时刻 3 小时前到达函件分发部门的必须赶发；

（2）中午 12 点前到达本市的进口邮件，必须赶发开往支局当天投递的趟班（即在该次趟班发车前处理完毕并交运）。

3．本市互寄邮件处理时限

本市互寄邮件处理时限也分为两种情况。

（1）城市市区范围内指定的部分局所、信筒信箱 11 点以前收寄的，当天下午投递；

（2）非指定的局所、信筒信箱收寄的，应确保次日投递。

（二）赶发关系的确定

邮件分发部门每天收到的邮件量大、次数多，出口运邮车船和转趟投递也有不少班次。各批收到的邮件，应当赶发哪一班运邮车次或哪一班投递班次，都要尽量按照上述依据和有关规定，做出具体安排，并把赶发关系确定下来。

赶发关系的确定是安排分拣封发作业时间的基础。下面结合实例来讨论确定赶发关系的方法。

如表 8-7 所示，28 次发来的转口邮件（9：35 到邮件分发科，简称科）和一次趟班发来的出口邮件（10：03 到科）可赶发京沪 21 次（14：03 开行），因为都是在火车开行 4 小时前（即 10：03 前）收到的。同样，京津 301 次发来的进口邮件（10：50 到科），必须赶发 14：14 开行的四次趟班，因为是在 3 小时前（11：14 前）收到的。

赶发关系确定以后，就可以计算出各批邮件在邮件分发部门容许处理的时间，计算公式为

$$在科容许处理时间 = 局内交运时间 - 到科时间$$

例如，在表 8-7 中，丹京 28 次赶发京沪 21 次的邮件在科容许处理时间 $t_{容}$ 为

$$t_{容} = 13：03 - 9：35 = 3h28min$$

其中，13：03 为局内交运时间，14：03 为开行时间，故邮局到车站运输时间和在车站交换时间为 14：03 − 13：03 = 1h。

在邮件分发部门安排作业时间时，一定要使各批邮件的处理总时长，不超过在科容许处理的时间，否则就不能完成规定的时限。为了使各批到达的邮件都能按时处理完毕，以便赶发规定的车次，必须安排好处理各批邮件的作业时间，详细规定出各个工序的作业起讫时间。安排作业起讫时间时，可将每批邮件的到达时刻和赶发班车开行的时刻作为两端，从两端向中间推移，就可把各个工序的开始时刻和结束时刻确定下来。

例如，表 8-7 中所示的二次趟班赶发京丹 27 次的出口邮件，分发部门的作业时间应做以下安排。

（1）开拆工序时间以第二次趟班 11：03 到达为准，延迟到 11：05 开始；开拆时间一般不长，若定为 30 分钟，则开拆结束时间为 11：35；

（2）假定开拆与粗拣、粗拣与细拣的推移时间分别为 10 分钟，则粗拣应从 11：15 开始，细拣从 11：25 开始；

（3）赶发京丹 27 次的时间从火车开行时间 15：15 倒向推算，假定从邮局到车站的运输时间及在站交接时间为 30 分钟，则赶发时间应为 14：45（15：15 − 30′ = 14：45）；

（4）假定封发时间需要 30 分钟，则封发开始时（即细拣结束时间）应为 14：15；

（5）细拣前 10 分钟，即 14：05 粗拣应结束。

表 8-7　　　　　　　　　　　　　**按照处理时限确定赶发关系**

进口			赶发关系	到达车班		赶发关系	出口、转口		
班次	开行时间	3 小时以前		车班	到达时间		车次	开行时间	4 小时以前
三次趟	11：58	8：58		哈济 194/1 次	04：00				
				沪京 22 次	05：10				
				哈京 18 次	07：30				
				京牡 65 次	08：28		津邯 96/7 次	08：02	04：02
				丹京 28 次	09：35		津大 223 次	08：30	04：30
				一次趟	10：03		京牡 65 次	09：01	05：01
				京沪 13 次	10：20		丹京 28 次	09：34	05：34
				一次趟	10：30		京沪 13 次	09：54	05：54
				济哈 192/3 次	10：35		济哈 192/3 次	10：33	06：33
四次趟	14：14	11：14		京津 301 次	10：50		京沪 21 次	14：03	10：03
				二次趟	11：03		青京 40 次	14：42	10：42
				沪京 14 次	12：24		京丹 27 次	15：15	11：15
				胜津汽车	13：00		京哈 17 次	19：30	15：30
				三次趟	13：29		津京 304 次	20：10	16：10
				二次筒	13：40		京沈 133 次	23：01	19：01
				京沈 21 次	14：43		京大 29 次	23：37	19：37
				青京 40 次	15：25		京青 39 次	0：06	20：06
				京丹 27 次	15：30		哈济 194/1 次	03：48	23：48
				四次趟	17：52		沪京 22 次	04：20	0：20
				图路汽车	18：00		津石 305 次	06：40	02：40
一次趟	1：52	22：52		京 津 306 次	19：10		津石 337 次	07：00	03：00
				京哈 17 次	19：42		汽车船	07：00	03：00
				三次筒	20：46				
				五次趟	21：00				
				津邯 95/5 次	21：32				
				石津 338 次	22：42				
				大津 224 次	23：10				
				京青 39 次	00：40				

由此得到各工序作业的起讫时刻如下。

开拆工序：11：05—11：35

粗拣工序：11：15—14：05

细拣工序：11：25—14：15

封发工序：14：15—14：45

上述各工序的作业时间的安排可用图 8-3 来表示。

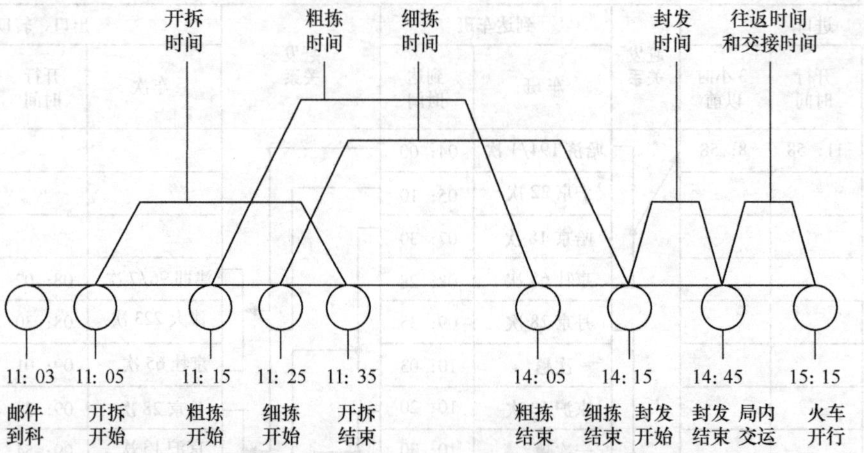

图 8-3　核定作业起讫时间示意图

安排好各个工序的作业起讫时间后，就应用作业时间表的形式固定下来，以便相关人员严格按照作业要求，规范地按时进行作业，同时便于对作业进度进行监督与调度。

由于邮件分发部门一天到达或要赶发的车班有很多班次，因此在编制作业时间表时，有必要根据阶段时限和赶发关系划分时间阶段（即时段），将需要在同一时间内处理的车班划在同一个时段内，以便确定各个时段内应赶发的作业量（即工作负荷），并使时间表的内容简化。

例如，邮件作业时间表的编制如表 8-8 所示。

表 8-8　　出口、转口平常邮件作业时间表

时间阶段	到达车班		作业时间								赶发车次		
	车班	到达时刻	开拆		粗拣		细拣		封发		车次	交运时刻	开行时刻
			起	止	起	止	起	止	起	止			
Ⅰ	车次 1 车次 2 趟班 1	7：00 8：00 10：00	8：00	10：30	8：10	11：50	8：20	12：00	12：00	12：30	车次 11	12：30	13：30
Ⅱ	车次 3 车次 4 趟班 2	10：30 11：30 13：00	10：30	13：30	11：50	15：20	12：00	15：30	15：30	16：00	车次 12	16：00	17：00
Ⅲ	车次 5 车次 6 车次 7 趟班 3	14：00 15：00 17：00 18：00	14：00	18：30	15：20	20：20	15：30	20：30	20：30	21：00	车次 13	21：00	22：00
Ⅳ	车次 8 趟班 4 车次 9	19：00 20：00 21：00	19：00	21：30	20：20	23：20	20：30	23：30	23：30	24：00	车次 14 车次 15	24：00 24：00 （预发）	1：00 3：30

第四节　分拣封发劳动组织

邮件分拣封发的劳动组织就是要根据分发的实际情况，核算分发的相关负荷量，从而确定工作席位和生产人员的配备，达到提高设备利用率和劳动生产率的目的。

一、确定工作负荷

分拣封发工作席位的确定和生产人员的配备，首先需要掌握分发部门的工作负荷。

（一）邮件分发部门工作负荷的概念

邮件分发部门的工作负荷是指在一定时间内从开取信箱、转趟和各到达车船发来需要进行出口、转口或进口处理的邮件量。这些邮件都要经过接收、初步处理、开拆袋套、粗拣、细拣、封发和交运等工序。

（二）制定邮件分发部门工作负荷的意义

为了安排各个工序的作业时间，配备各个时间的生产人员，必须预先掌握各个时期工作负荷的数量和波动情况，按照不同时期的不同负荷，预先计划和配备好生产人员，安排好作业时间，否则就有可能造成由于生产能力与工作负荷不相适应而导致生产能力的浪费或邮件传递的延误。因此，要分析研究并准确掌握各个时期来到各个工作席位的工作负荷。

（三）制定邮件分发部门工作负荷的步骤

必须按照下列顺序进行一系列分析和计算。

（1）了解目前工作负荷的数量和分布情况，即掌握实际负荷及其变化规律；

（2）预计未来一定时期内的工作负荷，得出计划负荷；

（3）根据规定的作业起讫时间，计算出在工序时长的范围内完成计划负荷的负荷量，即时限负荷。

在邮件处理的各个工序中，粗拣和细拣是关键性工序，下面就以此为例来进行讨论。

二、确定实际负荷

实际负荷就是一定时间内实际来到的工作负荷。考察实际负荷，应以日常的统计数字为依据，并进行专门的观察。

如粗拣席位的实际负荷，从各批业务的到达时刻和数量，可以看出负荷在一天内分布及其不均匀情况，如图 8-4 所示。

细拣实际负荷与粗拣实际负荷有所不同。细拣实际负荷是各批到达的邮件经过粗拣后分到各个路段，最后分配到细拣席位的邮件数量。如某次趟班的邮件分配到三个细拣席位的实际负荷，如表 8-9 所示。

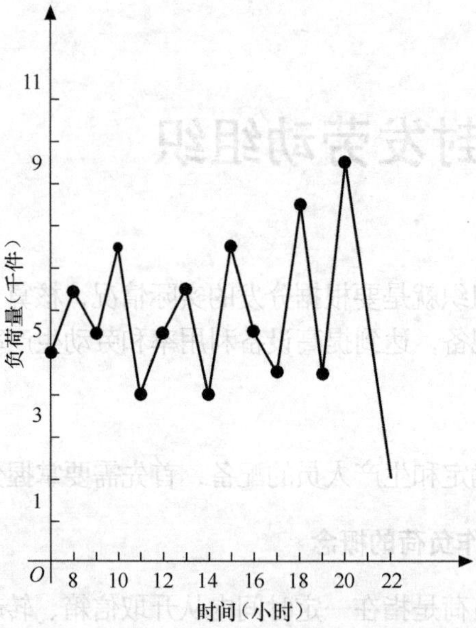

图 8-4　粗拣实际负荷分布示意图

表 8-9　　**某次趟班邮件分配到三个工作席位的负荷**

某次趟班 10121 件								
第一席位			第二席位			第三席位		
路段	件数	%	路段	件数	%	路段	件数	%
津榆	1019	10.0	津沧	302	3.0	津京	297	2.9
榆沈	208	2.0	沧德	99	0.9	京保	304	3.0
哈北	386	3.8	徐济	407	4.0	保石	452	4.5
德石	416	4.1	徐浦	376	3.7	石邯	218	2.1
兖州转	32	0.3	宁沪	178	1.7	邯汉	347	3.4
浙赣	257	2.5	陇海	85	0.8	石太	297	2.9
粤汉	301	3.0	京包	333	3.3	沈哈	302	3.0
航空	236	2.3	汽车船	405	4.0	沈丹大	356	3.5
			德济	564	5.6	胶济	257	2.5
						烟潍	224	2.2
合计	2855	28.0	合计	2749	27.0	合计	3054	30.0
大城市 1463 件，约占 15%								

由表 8-9 可以看出，每批到达的邮件分配到各个路段的比重是不同的，比重的确定和计算需要通过流量调查，掌握邮件流量规律，必要时可对比重进行调整。

由于邮件的流向流量客观存在着的随机性和不均匀性，使得粗拣席位、细拣席位或其他席位的工作负荷都是很不均匀的。但是这种不均匀性在一定时间内和一定的条件下具有一定的规律性，这种规律性经过调查还是可以把握的。

工作负荷的波动情况及不均匀性，表现在其集中程度的比率上。小时集中系数就是每个小时的负荷对一昼夜负荷总量的比率，日不均匀系数就是每天的负荷对一周或一月的日平均负荷的比率。其中了解最繁忙小时集中系数和最繁忙日不均匀系数尤为重要，因为它们说明工作负荷最繁忙情况，而配备生产设备和生产人员都是以最繁忙时的负荷为依据的。

三、确定计划负荷

（一）计划负荷的概念

计划负荷就是在一定时期内（年、季、月、周、昼夜、小时）预计到达的工作负荷。有了计划负荷，才有可能根据需要合理配备生产人员和设备，使生产能力与负荷量相一致。

（二）制定计划负荷的条件

要正确预计计划负荷必须具备以下条件。

（1）有比较可靠的月业务量计划；

（2）掌握实际负荷的不均匀系数和小时集中系数；

（3）通过调查研究，了解不均匀系数和集中系数在计划期内可能发生的变化。

有了这些系数，就可在月计划业务量的基础上，求得每天、各小时的计划负荷，如表 8-10 所示。

表 8-10　　每天各小时计划负荷计算表

日　　小时	系　　数	计 划 负 荷
九月	业务量计划数	1944000
日平均		64800
星期一	不均匀系数 0.99	64152
星期二	不均匀系数 1.25	81000
星期三	不均匀系数 1.12	72576
星期四	不均匀系数 1.07	69336
星期五	不均匀系数 0.78	50554
星期六	不均匀系数 0.95	61560
星期日	不均匀系数 0.85	54432
星期二全天		81000
7：00 车次 1 发来	集中系数 6.8%	5500
8：00 车次 2 发来	集中系数 9.9%	8000
10：00 一次趟发来	集中系数 8.0%	6500
10：30 车次 3 发来	集中系数 10.5%	8500
11：30 车次 4 发来	集中系数 4.9%	4000
13：00 二次趟发来	集中系数 8.0%	6500
14：00 车次 5 发来	集中系数 4.3%	3500
15：00 车次 6 发来	集中系数 8.7%	7000
17：00 车次 7 发来	集中系数 6.8%	5500
18：00 三次趟发来	集中系数 9.9%	8000
19：00 车次 8 发来	集中系数 5.6%	4500
20：00 四次趟发来	集中系数 12.3%	10000
21：00 车次 9 发来	集中系数 4.3%	3500

四、确定时限负荷

工作负荷的大小不仅取决于所到达的邮件数量，也受制于规定的工序时长，其数量与所到达的邮件数量成正比，而与工序时长成反比。时限负荷就是把计划负荷纳入工序时长范围内的工作负荷，即按照规定时限完成计划的小时或分负荷量。其计算公式为

小时时限负荷=计划负荷×60/工序时长（分）

分时限负荷=计划负荷/工序时长（分）

例如，假定有三批计划负荷，其负荷量一样，都为9000，但工序时长不同，时限负荷就不一样。计算结果如表8-11所示。

表8-11　　工序时长不同时限负荷计算表

批别 （1）	计划负荷 （2）	作业时限 （3）	工序时长 （4）	小时时限负荷（2）×60÷（4） （5）	分时限负荷（2）÷（4） （6）
1	9000	7：00—9：00	120'	4500	75
2	9000	11：00—12：30	90'	6000	100
3	9000	17：00—20：00	180'	3000	50

时限负荷与计划负荷的区别还可以用图8-5来表示。

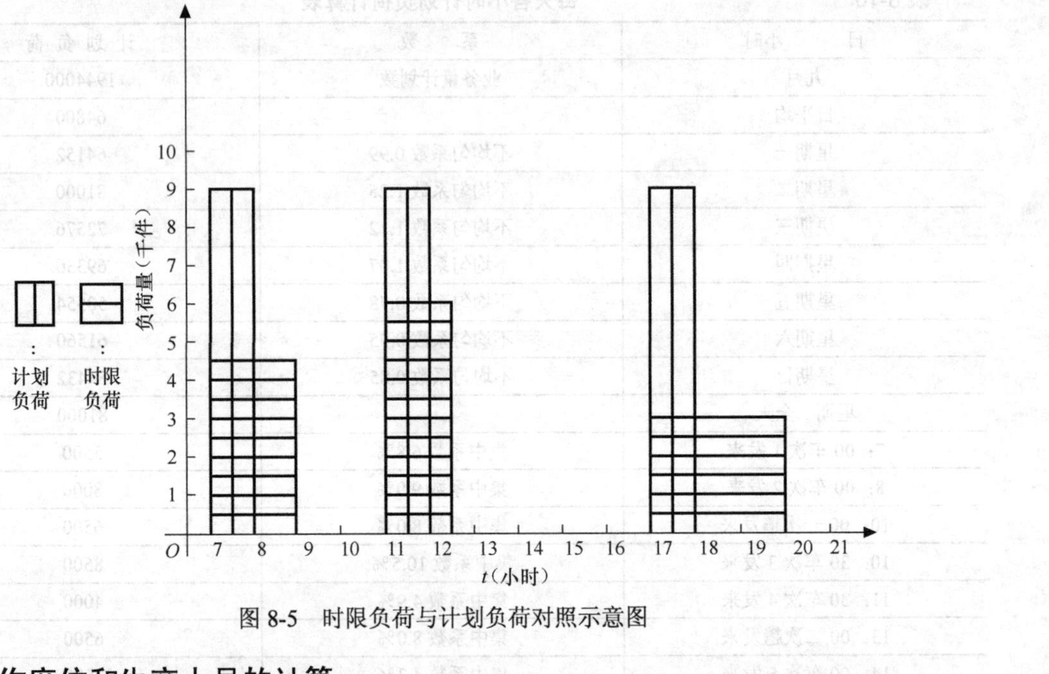

图8-5　时限负荷与计划负荷对照示意图

五、工作席位和生产人员的计算

邮件分发部门的工作席位的数量，可以根据计划负荷来计算，也可以根据时限负荷来计算。计算公式为

工作席位数=计划负荷×60/（小时生产定额×工序时长（分））

或　　工作席位数=小时时限负荷/小时生产定额

=分时限定额×60/小时生产定额

由于工作负荷的不均匀性，工作席位又要保持相对的稳定，这就要求计算工作席位数时要以最大小时负荷或计划期内最大日负荷为依据。

确定生产人员的计算方法与工作席位的计算方法相同，所用的公式也一样，生产人员的需要量也同样受负荷不均匀的影响。但是，由于生产人员的组织调度，较之配置设备有较大的灵活性，应该采取各种措施，尽可能在工作负荷大的时候多分配，小的时候少分配，而不能简单地按最大负荷来分配，以便减少人力浪费，从而提高生产人员的工时利用率。

六、合理配备生产人员的方法和措施

（一）合理兼职

合理兼职就是一个工种的生产人员利用空闲时间兼作另一工种的工作。由于工作负荷的不均匀性，同一工序的工作有时忙，有时闲，在同一时间内不同工序的忙闲情况也不一样。这样就有可能也有必要在不同工种的生产人员之间彼此兼职。实行兼职可以交叉作业，节省生产人员。当然，实行兼职也要研究方式，既要考虑节省生产人员，又要考虑不影响通信质量和降低劳动条件。为此，要采取以下措施。

（1）兼职工作与本职工作相近，如细拣人员兼粗拣；

（2）兼职工作要比本职工作简单易学，如粗拣人员兼开拆；

（3）在相邻或距离不远的工作席位之间实行兼职，如细拣人员兼封发。

（二）合理地组织班组

在大中型邮政企业的邮件分发部门一般都实行多班制（三班制或两班制）的劳动组织形式。为此应通盘考虑做好以下几项工作。

（1）在可能条件下，每班人数相等，全班人员上下班时间一致。这样做有利于各班轮换、班内组织各种会议、业务学习等集体活动；

（2）前后班在工作告一段落时彼此交接，便于分清责任；

（3）排班时要便于改善劳动条件和加强劳动保护；

（4）各个班组的工作条件基本相同。

（三）编制值班指示图和作业指示图

根据对生产人员的核算结果，确定人员并组织班组，对其上下班等作息时间安排后，就可用值班指示图和作业指示图规定下来，以便生产人员遵照执行。

第五节　分拣系统的评价及其效率的提高

分拣系统是由人员、座席、设备、现场和邮件等要素所组成，按照有关指令运行的有机整体。邮件分拣封发效率的提高关键在于分拣系统，由此本节着重研究分拣系统的评价及效率的提高。

一、分拣系统评价指标的确定及其评价方法

（一）分拣系统评价指标的定义

对现行分拣系统进行评价主要用编成率、实动率和分拣效率等指标来衡量。

1．编成率

编成率是反映函件在同一个分拣系统中重复分拣程度的指标，是函件实际分拣的总次数（含重复分拣的数量）与函件总量之比，用η表示。设函件在分拣系统被分拣的总次数为A，进入该分拣系统的函件总量为Q，则编成率的计算公式为

$$\eta=A/Q \tag{8-1}$$

显然，η越小，表示函件被重复分拣的次数愈少，分拣系统的效率愈高，其最小值为1。如$\eta=1$，说明该系统没有重复分拣的现象，所有函件都能一次分入直封格口，这是理想情况，实际生产中是难以达到的。为了减少重复分拣的次数，降低编成率，应该在尽可能少的分拣次数内，完成尽可能多的分拣任务。

2．实动率

实动率是衡量整个分拣系统的处理能力被发挥了多少的指标，是分拣工作量与处理能力之比，用Φ表示。设分拣系统的处理能力为M，在人工分拣的情况下，它是由昼夜24小时内上班的分拣人员的工作时数Y乘上其小时生产定额H得到的。因此，实动率的计算公式为

$$\Phi=A/M=A/(Y\cdot H) \tag{8-2}$$

从上述公式可知，Φ愈大，分拣系统的处理能力利用得愈好。其最大值为1，这是理想值。但是由于函件量来到分发部门是随机的，分拣系统的实动率不可能达到1。一般说来，如能达到80%～90%，即表示该分拣系统各个工序已处于相当饱满的工作状态。

3．分拣效率

分拣效率是衡量分拣系统优劣的一个综合性指标，是该系统的处理函件总量与处理能力之比，用π表示，其计算公式为

$$\pi=Q/M \tag{8-3}$$

将上式变换一下得

$$\pi=Q\cdot\frac{1}{M}=\frac{Q}{A}\cdot\frac{A}{M}=\frac{\Phi}{\eta} \tag{8-4}$$

即分拣效率为实动率Φ与编成率η之比。由此可见，一个分拣系统的实动率愈高，编成率愈低，则分拣效率就愈高。由于编成率来自格口安排，实动率来自劳动组织，尽管它们同是分拣作业管理的内容，目标都是为了提高分拣效率，但是在实际生产中，提高实动率与降低编成率之间往往是矛盾的。这是因为在一定的处理能力情况下，如果来到分拣系统的函件总量愈多，实动率固然愈高，而函件总量增加以后，按照直封标准的规定，必须要增加直封格口，这就有可能使原来可以一次分拣的部分函件量变为二次分拣，甚至不得不进行三次分拣，从而使编成率也随之提高。所以，实际生产中应当恰当地处理好这个矛盾，以提高整个分拣

系统的分拣效率。

（二）分拣系统的评价方法及其步骤

（1）计算分拣系统的处理能力 M。以某市邮政局函件分拣系统为例。该系统负责平函分拣的工作人员配备如下。

11：30—16：00　　6 人
16：00—18：00　　3 人
18：00—19：30　　2 人
19：30—6：00　　6 人

由此求得每天分拣平函的人时数为

$$Y = 6 \times 4.5 + 3 \times 2 + 2 \times 1.5 + 6 \times 10.5 = 99\text{（人时）}$$

经过技术测定，假定平函的分拣定额 H 为 2400 件/小时，故该系统的日处理能力为

$$M=Y \cdot H=99 \times 2400 = 237600\text{（件）}$$

（2）进行流量调查。确定只需一次分拣和需二次分拣的平函占总量的百分比。

设该局为二次分拣系统，根据某年某月连续三日流向流量调查原始记录，经过汇总得出平函日平均量为 85398 件，其中一次分拣的合计为 9861 件，故需二次分拣的平函量为

$$85398 - 9861 = 75537\text{（件）}$$

因此得到，只需一次分拣的平函占总量的百分比为

$$9861/85398 \times 100\% \approx 11.55\%$$

需要二次分拣的平函占总量的百分比为

$$75537/85398 \times 100\% \approx 88.45\%$$

（3）根据计算期的统计资料，计算平函被分拣的总次数 A。

假定该局 2004 年 8 月的平函日平均量为 90564 件，然后计算所得的百分比，计算出函件被分拣的总数。

$$A = 90564 \times（11.55\% \times 1 + 88.45\% \times 2）= 170668\text{（次）}$$

（4）计算编成率、实动率和分拣效率。

$$\text{编成率}\eta =A/Q=170668/90564 \approx 1.88$$

$$\text{实动率}\Phi=A/M=170668/237600 \approx 71.83\%$$

$$\text{分拣效率}\pi= \Phi/\eta =71.83\%/1.88 \approx 38.21\%$$

（5）分析评价。分析以上计算结果可知，该局分拣系统的实动率较高，说明现有的处理能力得到了较充分的发挥。但编成率也较高，其原因是由于该局在业务量不断增加的情况下，根据直封标准，大大增加了直封格口数，从而使重复分拣工作量也随之增加。正因为编成率较高，故分拣效率比较低。综合来看，该分拣系统还不够理想，尚有待进一步改进、完善和提高。

二、从全程全网角度来评价分拣系统

上述的研究只限于同一个分拣系统的评价，而函件的传递通常需要两个或两个以上的分拣系统参与分拣，是涉及全程全网的问题。因此，要用评价若干分拣系统的综合指标（如汇编率γ）来衡量邮件传递整个过程的分拣系统。汇编率的计算公式为

$$\gamma = \beta \cdot \frac{\eta_1 + \eta_2 + \cdots + \eta_n}{n} = \beta \cdot \frac{\sum_{i=1}^{n} \eta_i}{n} \tag{8-5}$$

式中：n 为函件所经企业数；

η_i 为第 i 个企业分拣系统的编成率；

β 为编成系数，定义为函件传递过程所经企业的半数，即 $\beta = n/2$。

函件传递过程中所经过的企业愈多，函件被重复分拣也愈多，β就愈大。所以，β也是表示重复分拣次数的指标。因为函件由发寄局至寄达局，至少要经过两个企业（本埠互寄除外），所以编成系数最小值为 1。在一般情况下，β值愈小愈好。降低编成系数，实质上就是减少经转和重复分拣次数。

由上式可以导出

$$\gamma = \frac{n}{2} \cdot \frac{\sum_{i=1}^{n} \eta_i}{n} = \frac{\sum_{i=1}^{n} \eta_i}{2} \tag{8-6}$$

假定上例中某局发往甲局的平函需由乙局经转，已知甲局的编成率为 1.68，乙局的编成率为 1.73，要求某局与甲局间传递平函的汇编率时，只需将前面求得的某局的编成率 1.88，代入上式，即可得

$$\gamma = (1.88+1.68+1.73)/2 = 2.645$$

可见，汇编率 γ 不仅与每个分拣系统的编成率 η 有关，而且也与所经企业数目 n 有关。因此，降低汇编率的途径，除了要降低每个企业的编成率外，还要减少函件的经转次数。

三、提高分拣系统分拣效率的基本方法

降低编成率，提高实动率，是提高整个分拣系统分拣效率的基本方法和理论依据。实动率的提高，需要使每个分拣员（或分拣机）处于充分饱满的工作状态，尽量减少他们之间工作量的差异，使整个运营过程均衡与畅通。

（一）优化分拣系统的必要性

降低编成率实质上就是减少函件的重复分拣次数。要降低编成率，必须研究与编成率有关的因素。通常，对于一定数量的函件，其编成率与直封口子数 D 和人工分拣架（或分拣机）的格口数 b 有关，它们的关系是 $\eta \propto D/b$。这个式子说明，直封口子（处所）越多，编成率愈高；而分拣架的分拣格口越多，则编成率越低。但是，为了获得较低的编成率而减少直封口子的数量，是受直封标准制约的；而增加分拣架的分拣格口，对于人工分拣来说，也是有一定限度的。但若变人工分拣为机器分拣，一个分拣机的分拣格口就可增加很多。这就是说，用机器分拣，显然要比人工分拣的编成率低。因此，要设计或调整一个编成率低的分拣系统。

（二）优化后的分拣系统应符合的要求

优化后的分拣系统应符合以下基本要求。

（1）要在尽量少的分拣次数内，完成尽量多的直封口子函件的分拣。

（2）在设计分拣系统之前，首先要弄清楚以下几点。

① 直封口子数；

② 分拣架（分拣机）的分拣格口数；

③ 函件在各个直封口子所占的比例。

（3）对于一定的分拣系统，分拣架（分拣机）的数量 S 是由直封口子数 D 和分拣架（分拣机）的分拣格口数 b 决定的。其计算公式为

$$S=[(D-1)+d]/(b-1) \tag{8-7}$$

式中，d 为空格口数（空格口就是没有安排分拣路向的格口）。从上式可知，S 只与 D 和 b 有关，而与函件数量无关。

下面仍通过本节的例子来说明如何用一步一步的推理方法，来求得最少的分拣次数。设本系统的直封口子数 $D=10$，分拣机的分拣格口数 $b=3$，各直封口子（A～J）的函件量分别为 1 件、2 件、……、10 件。

根据式（8-7），可求得分拣机的数目为：$S=[(10-1)+d]/(3-1)=(9+d)/2$

空格口数取使 S 为最小的整数，这里取 d 为 1，则 $S=5$。

根据设计或调整一个编成率低的分拣系统的要求，分拣顺序次数越大（如第三次分拣）的分拣机（或架），应尽量采取分拣函件量较少的直封口子。因此，在设计或调整时应从最后一级分拣开始，逐级画出网络图。在本例中，先挑出三个函件量比例最小的格口为一组，作为最后一级分拣。这三个格口当然为 A、B 格口和空格 O，它们的总件数最少，组成分拣点 S_3；把 S_3 与 C、D 合成一组，组成分拣点 S_{21}，再把 E、F、G 和 H、I、J 分别组成分拣点 S_{22} 和 S_{23}；最后组成分拣点 S_1。至此，编成率最小的分拣系统就组成了，如图 8-6 所示。其编成率为 $\eta=(55+10+18+27+3)/55=2.055$。

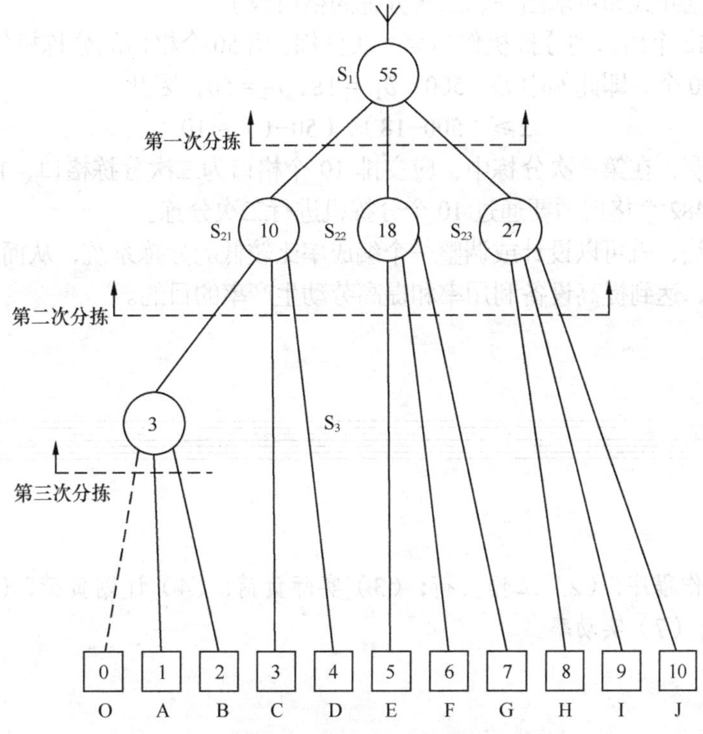

图 8-6　分拣网路示意图

上述方法称为赫尔曼编码法，这种编码法的步骤如下。

① 先找出设计或调整系统的三个前提：D、b 和各直封格口的函件比例；

② 计算分拣机数与空格口数；

③ 按分拣格口数 b 组合，先找出最小组合，分别组成前面各分拣点；

④ 绘制分拣网路图。

下面举一个较完整的设计或调整同一分拣系统的例子。某局分拣系统有 230 个直封口子，打算采用 50 个格口的分拣机，问这个系统应该如何设计或调整？

解：首先根据公式计算出分拣机数

$$S=[(230-1)+d]/(50-1)=(229+d)/49$$

取空格 $d=16$，则 $S=5$。说明该系统需要设置 5 台分拣机。很显然，1 台作为一次分拣，4 台作为二次分拣。

根据设计或调整分拣系统的要求，第一次分拣应选取 50 − 4 = 46 个函件较多的直封口子，其余 230 − 46 = 184 个口子平均分配给 4 台分拣机，作为二次分拣的格口。这样就可以组成一个分拣次数最少的系统了。

如果一次、二次分拣的分拣机（架）的格口数不同，又应如何计算呢？

设粗分机的分拣格口数为 b_1，细分机的格口数为 b_2。若第一次分拣的格口数 b_1 中有 x 个格口送去细拣，那么下式应该成立

$$(b_1-x)+b_2x \geqslant D \quad (8\text{-}8)$$

$$x \geqslant (D-b_1)/(b_2-1) \quad (8\text{-}9)$$

上式说明，第一次分拣的直封口子数加上第二次分拣的直封口子数，应等于或大于总的直封口子数。根据此式即可求出一、二次分拣的格口数了。

例如，若用 18 个格口的分拣机作为第一次分拣，用 50 个格口的分拣机作为第二次分拣，直封口子数是 500 个，即此例中 $D=500$，$b_1=18$，$b_2=50$，因此

$$x \geqslant (500-18)/(50-1) \approx 10$$

这个结果表明，在第一次分拣中，应安排 10 个格口为二次分拣格口，18 个格口可一次分拣到直封点，482 个格口需要通过 10 个分拣机进行二次分拣。

通过上述办法，就可以设计或调整一个编成率比较低的分拣系统，从而节省投入的机器设备和人员数量，达到提高设备利用率和提高劳动生产率的目的。

复习思考题

1. 解释概念

（1）分发工作程序；（2）工作负荷；（3）实际负荷；（4）计划负荷；（5）时限负荷；（6）编成率；（7）实动率。

2. 问答题

（1）什么叫邮件分拣封发？什么叫分拣封发体制？

（2）什么叫直封？确定直封标准的原则是什么？
（3）什么叫经转？确定经转关系的原则是什么？
（4）封发有哪几种方式？经转有哪几种方式？
（5）为什么要把分拣划分为粗分、细分，甚至第三次分拣？
（6）计划封发与封发计划两者有什么区别和联系？
（7）路段划分的四种方法是什么？各有什么优缺点？

第九章

邮政运输工作管理

学习目标：通过本章学习，理解邮政运输工作及其管理；了解邮政运输的特点；掌握邮政运输的方式；掌握铁道邮政运输。

学习重点：掌握铁道邮政运输。

学习难点：邮车的配备和管理。

第一节　邮政运输工作概述

一、邮政运输工作及其重要性

（一）邮政运输工作的概念及其环节

1．邮政运输工作的概念

邮政运输工作是实现实物信息空间转移的基本手段，是以接收邮件装上运输工具开始，然后循着邮路运行，最终以运达目的地将邮件卸交为结束的全过程。

2．邮政运输工作的基本环节

邮政运输工作主要历经以下三个基本环节。

（1）邮件在发运地点的接收和装载；

（2）邮件在规定的邮路上运输，并于沿途进行邮件的交换和处理；

（3）邮件在目的地的卸下和移交。

（二）邮政运输工作的地位和作用

邮政运输贯穿于邮政通信全过程，四通八达、高效畅通的邮政运输网，对整个邮政运行活动产生着决定性的影响，其在邮政通信中的地位和作用主要体现在以下几个方面。

1．将数万个邮政局所联系成一张网络

邮政运输把分布在全国范围内的几万个局所的生产活动联结起来，在一个统一的邮政网路体系中，日以继夜地运送着各地邮政局所收受和处理的邮件。邮政通信之所以能对实物信息作空间转移并创造出有益效用，正是由于邮政运输不停顿地进行活动的结果。

2．使得邮政通信网真正从静态体系变为动态体系

在邮政运行过程中，邮政运输需要利用各种邮路和各种运输工具运送邮件，在沿途还得进行装卸、交接和处理。所以，为运送邮件所要的人力、设备和费用在整个邮政通信工作中都占很大比例，而且随着业务量的增长而越来越大。邮政运输的作用，就在于通过邮路和运输工具的广泛运用，使得邮政通信网真正从静态体系变为动态体系。

3．影响邮政通信的质量

由于邮件在传递过程中，在运输阶段经历的时间很长，邮件传递的速度在很大程度上取决于邮政运输的速度。同时，又由于邮政运输的对象都是整批、整袋、整捆的总包邮件，如果发生差错、延误或丢失，会比邮政运行过程中其他任何环节所造成的后果更严重。因此，邮政运输工作对邮政通信质量影响很大。

二、邮政运输工作的特点和任务

（一）邮政运输工作的特点

为了科学地管理邮政运输工作，就要研究邮政运输的特点。一般来说，邮政运输具有以下基本特点。

1．邮政运输的跨区域性

邮政运输是在全国范围内进行的，而不受地区辖境和局所限制。一条运邮路线往往跨越几个省和若干城市，通过数十个邮政局所，有跨越地区、连通局所的特点。邮政运输的这一特点，使邮政企业相互间联合作业的生产特征，在邮运工作中体现得特别明显，要求邮政企业必须把运输工作建立在全程全网的基础之上，加强对邮政运输工作的跨区域的全程管理。

2．邮政运输的依附性

邮政企业进行邮件运输工作使用的运输工具，除了邮政部门少量自办的之外，大多属于交通运输部门，不论火车、轮船、汽车或飞机，其运行时刻、停靠地点及时间，以及装运邮件的容间，均受制于交通运输部门，使邮政运输工作在时间安排上或运邮数量上都受到很大的约束，从而使邮政运输在一定历史时期内具有较大的依附性。而目前客观存在的依附性必然带来邮运工作的被动性，这就要求邮政部门一方面要协调好与交通运输部门的关系，另一方面要在加速发展自办邮运的同时，加强邮运工作的计划、组织与调度等管理工作。

3．邮政运输的时效性

邮政运输的时效性体现在邮运工具是严格按照规定的班次、时间、时限进行的，这就要求在对邮件的处理、装卸和交换中，在任何情况下，都必须采取一切可能的措施在规定的时间内完成。

4．邮政运输的流动性

邮政运输工作流动性很大，从事邮政运输工作的驾押人员长年累月在外面奔波，“臣在外君命有所不受”，对管理工作造成了极大的困难。这就要求邮政部门对邮运工作要制订严格管理的制度，从严考核；同时，要加强对邮运驾押人员的职业道德教育，绝对遵守党纪国法，坚决服从指挥调度，从制度上和管理上来保证邮政通信的畅通无阻。

5．邮政运输的复杂性

邮政运输的复杂性主要体现在邮件的流向流量错综复杂；交换和处理的邮件种类繁多，要求各异，点多面广，管理分散；不仅受到企业内外有关部门的制约，而且受到季节气候等自然条件的影响。因此，要求邮运部门随时掌握各种情况，严格执行规章制度和劳动纪律，遇有特殊情况，要能根据邮政部门的有关规定，因地制宜地妥善处理。

（二）邮政运输工作的基本任务

邮政运输的基本任务就是要在全国干线、省内、市内和农村的各种邮路上运送各类邮件，保证把来自任何地点和任何方向的邮件运到指定的寄达地点，具体表现在以下几个方面。

（1）各类邮件的运送要达到规定的速度，并保持邮政运输活动的经常性和稳定性，不论地区、季节和气候条件如何，都要准班准时；

（2）所运邮件必须准确无误，完整和保密；

（3）必须完成邮运计划，并尽可能适应邮政通信业务量不断增长的需要；

（4）合理使用各种运输工具和邮运设备，不断提高设备利用率；

（5）提高邮政运输人员的素质，改善劳动条件，从而提高劳动生产率；

（6）在保证邮政通信质量的前提下，降低邮运成本，提高邮政运输的经济效益。

三、邮政运输管理工作的基本原则

根据邮政运输的特点，邮政运输管理工作必须遵循以下基本原则。

（一）集中统一指挥和内外协作配合相结合

邮政运输一般是在两个或两个以上邮政局所之间进行邮件的运送和交换，而且邮政局所遍布全国各地，极其分散，邮件的运送与交换又是在流动中进行的，难免受外界交通运输部门的制约，必须依靠跨地区的联合作业来完成。因此，邮政运输管理工作，要实行高度的集中统一，强化指挥调度，并且要与企业内外的协作配合结合起来。

（二）综合利用各种运输工具

为使邮运工作进行得经济合理，确保邮件迅速、准确、安全地传递，邮政运输在全国各地区运送各类邮件时，必须综合利用各种运输工具，实行多渠道运输，更好地完成全国各地的邮件运输任务。

（三）按计划进行邮运

在邮政运输中，要按计划进行邮运，就是要在全国范围内组织各条邮运路线及各个邮政企业对邮件实行计划发送，合理地利用各地邮运工具的运输能力，保证邮件的运输准时、准点、节省、准确无误地到达目的地，杜绝由于邮运计划的问题而导致的邮件积压和延误事故的发生。

（四）提高邮运效率

邮政运输工作直接关系到邮政通信任务的完成,也影响到各个邮政企业自身的经济效益。因为邮政运输过程中，必然要使用各种运输工具，由此而要支付巨额的邮运费用。所以，邮政运输管理工作要以提高邮运效率为原则,用尽可能少的邮运费用来全面完成邮政运输任务。

四、邮政运输线路的基本结构

邮政运输线路的结构取决于邮路的现状及其布局。一般说来，邮政运输线路的结构有以下三种。

（一）辐射型

辐射型结构就是运输工具从起点出发，行走直线或折线的邮路。这种结构的特点是运输工具从起点到达终点后，仍由原路返回出发点，如图 9-1 所示。由图 9-1 可见，运输工具周转一次，必须在同一条路线上往返走两个行程。

辐射型结构可以缩短运递时间，加快邮运速度。但这种结构联系点少，需用的运输工具多，所耗运输费用也较大。

（二）环型

环型结构就是运输工具行走环状线路的邮路。这种结构的特点就是运输工具从起点出发，单向行驶，绕行一周，经过沿途各站，回到原出发地点，如图 9-2 所示。由图 9-2 可见，运输工具不需走重复路线。

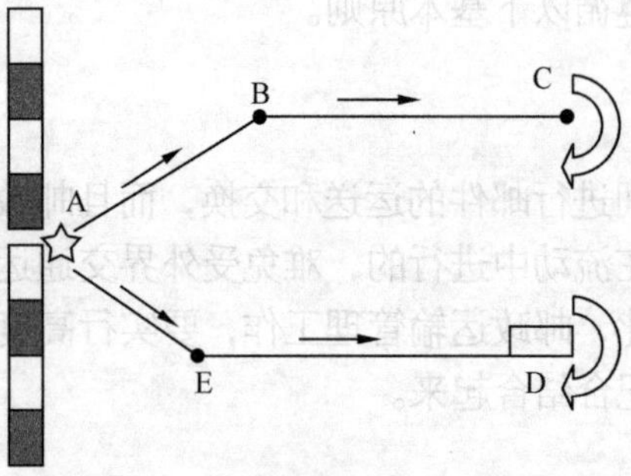

图 9-1　辐射型结构示意图

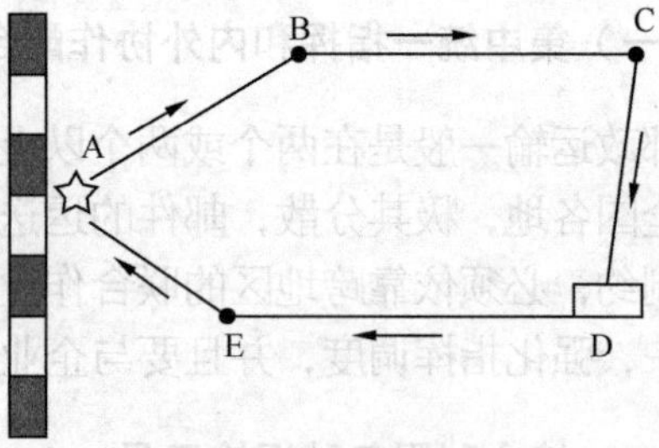

图 9-2　环型结构示意图

环型结构的联系点较多，运输工具利用率高，运输费用也较省。但这种结构邮件运行到最后几个地点的时间较迟，邮件时限要受影响。

（三）混合型

混合型就是含有辐射型和环型两种形式的一种混合结构。这种结构的特点包含了辐射型和环型的特点，集中了两种结构的优点，避免了两种结构的一些缺点。但邮运的管理工作要复杂得多。

混合型结构又包含辐射型和环型两种具体形式，如图 9-3 所示。

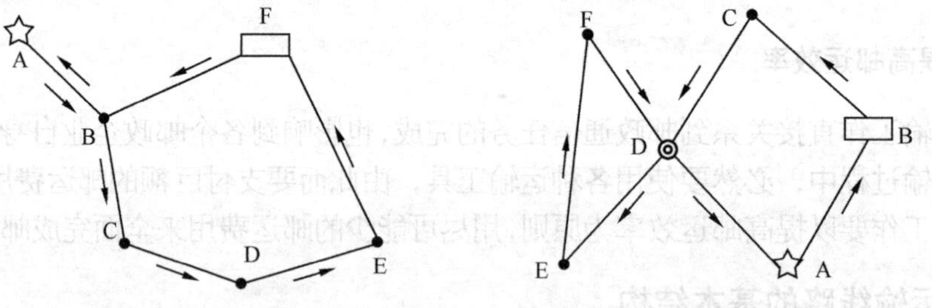

（a）环型　　（b）辐射型

图 9-3　混合型结构示意图

选择邮运线路的结构形式，要在各个具体场合，根据邮路情况、路线长短、邮件量大小、时限要求、运邮工具种类和性能等各种条件来综合考虑。在一般情况下，对于长途邮运、时限要求高和运量大的市内转趟，应考虑选择辐射型结构；凡路程不长、运量不大的市内或农村邮运，在不影响时限要求的情况下，可选择环型结构；而在地形道路特殊的场合，需要采用辐射型和环型两种结构的长处的，则适宜于选择混合型结构。

五、邮政运输工具的行驶方式

邮政运输工具在邮路上运行，通常有以下三种方式。

（一）直驶

直驶是运输工具从邮路起点直达终点的行驶方式。这种方式普遍适用于铁路、水道、航空和多数汽车及非机动车邮路上，因为这种方式可以消除不必要的中途停留，可加速邮件的行进，并促使邮运中的邮件押运人员加强对所运邮件在邮路全程上的完整和安全的责任心。

（二）迎驶

迎驶是邮运工具从邮路的两头迎面对驶，而在中途某地进行交会的方式。这种方式适用于里程较长的汽车邮路和非机动车邮路。由于这种方式在中途某地交换邮件，这就要求运输工具必须严格执行按时到达沿线各站的要求，以保证在交运地点准时进行邮件的交换。

（三）接驶

接驶就是接力行驶，这种方式的特点主要是运输工具分段行驶，每一段运输工具在交换并转载邮件后，仍按时间表规定的时间返回原出发地，一段一段地接力下去，直到邮路终点站。这种方式适用于里程很长的邮路。因为这种方式便于在长距离的邮路上实行分段管理，并缩短运输人员和运输工具的出勤时间，从而有利于主管部门对运输人员的管理和对运输工具的维修保养。

选择确定运输工具的行驶方式，一方面要考虑运量，另一方面也要照顾到当地交通运输条件，同时还要注意邮政运输的效率。

六、邮政运输方式

在我国目前的交通运输条件下，运输工具主要有火车、汽车、飞机、轮船和非机动车等，与之相对应的邮政运输方式有铁道邮运、公路邮运、航空邮运和水道邮运等。不同的邮政运输方式，具有不同的技术经济特性，即具有不同的优缺点，如表 9-1 所示。邮政部门要根据不同的邮运需要和实际与可能，适当选择和有计划地利用各种邮运方式。

表 9-1　各种邮运方式比较表

邮运方式	优　点	缺　点	目前主要使用情况
铁道邮运	速度快，运量大，运费低，准班准时	受线路限制	干线邮路 省内邮路
公路邮运	速度相当快，机动灵活，可补充火车、轮船的不足	运量受限制 成本较高	省内邮路 市内邮路 农村邮路 个别地区干线邮路
航空邮运	速度最快	运量小，运价高，中途停落点少，易受气候影响	干线邮路 省内邮路

续表

邮运方式	优　　点	缺　　点	目前主要使用情况
水道邮运	运量大，运费低	线路受河道限制	干线邮路 省内邮路、农村邮路
非机动工具的邮运	使用范围广，可达机动工具不能到达的地方	运量小，速度慢，成本高，劳动强度大	个别省内邮路 农村邮路

下面着重对铁道邮运、公路邮运、航空邮运和水道邮运等主要邮运方式及其相应的管理工作分别进行讨论。

第二节　铁道邮政运输管理

铁道运输是我国交通运输的主渠道，也是各种运输方式中非常重要的一种。同样，在邮政运输中，铁道邮运也占有非常重要的地位，以长途干线的邮运为例，约80%的邮件量依靠铁道运输。因此，邮政运输特别是长途邮运主要依靠铁道运输来完成。我国邮政运输体系就是以铁路为主干建立起来的，这种情况在短时期内不会有太大变化。

一、铁道邮政运输的方式

铁道邮运可以利用一切现有的和新辟的铁路线来进行，具体的邮运方式较多，主要的有以下几种。

（一）自备邮车

在固定的客运列车上编挂邮政部门自备的专用火车厢。

（二）租用容间

租用铁道部门车厢的固定容间。

（三）托运

委托铁道部门代运。

（四）加挂车

在客车或货车上加挂邮运车辆。

（五）集装箱

邮政自备集装箱或向铁道部门租用集装箱，交货车运输。

近几年来，由于铁道部门本身运输紧张，挂用自备邮车和租用容间两种基本方式已受到很大限制，而邮政通信业务量又不断增长。在这种情况下，铁道邮运的上述各种方式，不仅要结合起来使用，而且要在此基础上与汽车、水运、航空等邮运方式综合在一起，形成多层次的疏运邮件的多渠道运输。

二、自备邮车的配备和管理

（一）自备邮车的配备

1. 自备邮车的配备过程

自备邮车运送邮件是一种传统的主要的邮运手段。全国的自备邮车都由国家邮政局统一筹划制造，统一分配给位于铁道交通枢纽的中心局负责掌握使用。这些指定使用自备车的中心局称为邮车配属局。

利用自备邮车运邮，先要由邮车配属局选定车次，再按路线、车次核算邮车的需要量，然后设置和组织押运班押运邮件，并管理好自备邮车。

2. 自备邮车的核算方法

在同一条路线的同一次列车上编挂自备邮车的数量需要多少，需要进行核算。通常，核算方法主要有时间分析法和指示图法两种。

（1）时间分析法。自备邮车的需要量，主要取决于列车的周转时间和行驶间隔时间，因此可用时间分析法进行核算，其计算公式为

$$N=（T_1+T_2+T_3）/T_0 \qquad （9\text{-}1）$$

式中：N 表示同一条路线上某次列车所需邮车行驶的辆数；

T_1 表示该次列车去程和返程所需时间；

T_2 表示该次列车在终点站停留时间；

T_3 表示该次列车在起点站等候时间；

T_0 表示该次列车行驶间隔时间。

例 9-1：京福 45/46 次车往返于北京与福州之间，每日开行一次，其行驶间隔时间为 24 小时。去程需时 43 小时 27 分，返程需时 43 小时 51 分，列车在福州终点站停留 21 小时 05 分，在北京起点站等候时间为 11 小时 37 分，则该次列车所需邮车行驶辆数为

$$\begin{aligned} N &=（T_1+T_2+T_3）/T_0 \\ &=（43°\,27'+43°\,51'+21°\,05'+11°\,37'）/24° \\ &\approx 5（辆） \end{aligned}$$

（2）指示图法。各线每次车辆编挂邮车的需要数，也可以通过编绘指示图来确定。用此法时，每一次列车应按列车运行时刻表绘制一张周转指示图。例如，京福 45/46 次的指示图如图 9-4 所示。

由图 9-4 可见，京福 45/46 次列车周转一次为 5 个昼夜。第六天又可以出发走另一次行程。因此，在列车每天开行一次的条件下，该次车需要 5 辆邮车，与时间分析法的计算结果是一样的。

为了准备替代正班车计划检修或发生列车晚点、抢运积压邮件等意外情况，必须考虑增加备用邮车。按国家邮政局有关规定，备用邮车应按正常行驶车辆的 18%计算，据此可以求得相关配属局所需配备的邮车总需要量。

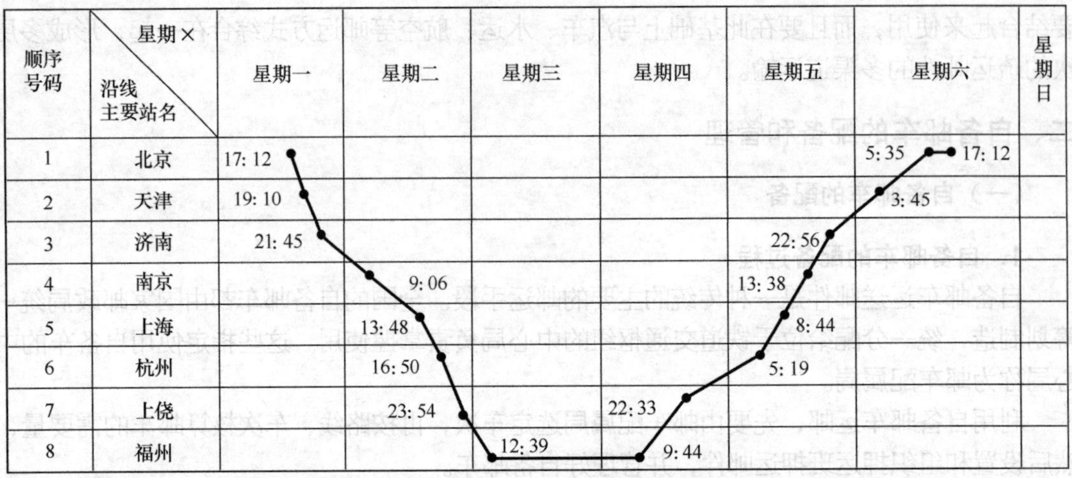
顺序号码
星期×
沿线主要站名
星期一
星期二
星期三
星期四
星期五
星期六
星期日
1 北京
2 天津
3 济南
4 南京
5 上海
6 杭州
7 上饶
8 福州
17: 12
19: 10
21: 45
9: 06
13: 48
16: 50
23: 54
12: 39
22: 33
9: 44
5: 19
8: 44
13: 38
22: 56
3: 45
5: 35
17: 12

图 9-4 北京—福州邮车周转示意图

（二）自备邮车的管理

自备邮车的掌握使用由邮车配属局负责，而负责检查修理是由相关铁道部门（邮车代管局）代办的。所以，加强对自备邮车的管理，必须要做好以下几个方面的工作。

（1）邮车押运班应该负责保管并爱护值押邮车上的一切设施与物品；

（2）配属局要指派专人对邮车进行经常性的管理和监督检查，负责督促铁道车辆段做好对邮车的日常性维修和季节性维修，并保证按计划进行厂修和段修。

总之，要加强对自备邮件的管理，延长使用寿命，保证运邮车辆的正常运转。

三、邮车押运工作的管理

在铁道运输中使用自备邮车、租用固定容间和加挂车，均应派员押运邮件。邮件押运工作就是在邮车上看管、护送邮件和与地面局所办理邮件交换手续的工作。确保邮件准确、安全地运达指定地点，就有赖于对邮车押运工作进行有效而又科学的管理。押运工作的管理主要包括邮车派押局的确定、邮车押运班数的核算、押运人员的配备及其相应的邮运组织工作等。

（一）邮车派押局的确定

邮车派押局的确定依据以下原则。

（1）按照邮件的流向，选择主要发运局派押；

（2）两端局流量相当时，由铁道部门列车编组局所在地的邮局派押；

（3）派押局必须位于列车的起点或终点所在局，中途局不宜派押。

根据上述原则，干线派押局由国家邮政局核定，省内干线由相关邮运分局或省局商定，加挂车则由租用局负责派押。

（二）邮车押运班数的核算和押运人员的配备

邮车押运班数的核算公式为

$$N_Y=C \cdot T_W/H \tag{9-2}$$

式中：N_Y表示一条路线某次列车上应配备的押运班数；

C表示该次列车一年内行驶次数；

T_W表示每次押运往返所需的工作时间；

H表示押运员的年工时定额。

某次列车所配备的押运员人数的核算公式为

$$R=NY \times P \tag{9-3}$$

式中：R表示押运员人数；

P表示每个押运班的定员数额。

例 9-2：沪昆 79/80 次车所挂自备邮车，去程行驶 79° 43′，返程行驶 79° 20′，在上海和昆明准备及装卸邮件所需时间为 3° 20′，全年往返 365 次，试求该次车所需押运班数及押运员人数。

根据国家邮政局有关规定，容间在 80 立方米以上，单程行车时间在 16 小时以上每班定为 3 人，且工时定额 $H=(365-52-7)\times 8=2448$（小时），行程中的工作时间 T_W等于列车在途运行总时间的 2/5（普快）或 3/5（快车），此时得到

$$N_Y=C\cdot T_W/H=[365\times(79°43'+79°20')\times 3/5+3°20']/2448$$

$$\approx 14.8 \approx 15（班）$$

$$R=N_Y \times P=15\times 3=45（人）$$

（三）邮车押运工作的管理

邮车押运工作的管理，主要做好以下几个方面的工作。

（1）健全押运班的组织，押运员相对固定，并保持与铁道运输工作同步；

（2）建立邮车的生产秩序，严格工作制度；

（3）严格执行邮件处理规则和操作规程；

（4）注意全网的协调配合，搞好押接关系；

（5）加强业务监督检查，采取有效措施，不断改进工作。

四、邮件转运工作的管理

（一）邮件转运工作的概念

邮件的转运工作就是将分拣封发部门封妥的邮件袋、套、捆卷发交到邮车（轮船、汽车或飞机）上，以及将邮车卸下的邮件袋、套、捆卷送往分拣封发部门或转发其他邮件的工作。这一工作是由中心局或各个邮政企业的邮件转运部门来进行的。

（二）邮件转运工作的具体要求

邮件转运工作管理的具体要求主要表现以下几个方面。

（1）有计划有组织地进行邮件的发运、交换和经转，做到不漏发、不漏接、不丢失、不损毁、不积压、不混乱和不发生工伤事故；

（2）认真执行邮件发运计划，恰当地配发邮件，做到特快专递件、信函、报纸、机要邮

件优先发运，并尽可能利用空余容间；

（3）准确处理和妥善保管待发邮件，预防火警、水湿、鼠咬及丢失，确保邮件的安全；

（4）合理安排劳动力，充分利用机械设备和工具，保证在规定时限内完成邮件的接发、交换和装卸、搬运任务，并提高劳动生产率；

（5）保证交运的邮件封装妥当，路单完备，并按照需要汇封总袋，为后续工序创造便利条件。

（三）邮件转运管理工作的基本步骤

邮件转运管理工作的基本步骤如下。

（1）按照各次车开行的先后，确定装发邮件的类别和数量、装卸所需的时间、按车次规定发运各类邮件的装发程序；

（2）根据规定的各种定额，确定接收、装车、卸车及拖车运行等主要作业时限；

（3）根据各次车的流量规律，确定使用工具、设备的数量；

（4）按照业务量、设备和作业时长等来适当配备人手，明确分工，并安排其工作进度；

（5）制定不同情况下的生产调度措施，并加以执行。

（四）邮件转运管理工作的基本内容

为了搞好邮件转运管理，需要做好以下三个方面的工作。

1. 各主要环节的基本工作内容

在做好邮件转运工作的过程中，要做好发车前的计划配置、邮件接发交换以及装卸搬运、仓库邮件的贮转等主要环节的工作。

（1）发车前的计划配置工作。发车前的计划配置工作，就是根据发运计划的规定以及各次车编挂邮车的容积和载重，同时掌握邮件流量的变化规律，了解现场待发邮件的体积和重量，然后计算出各车次邮车的装车能力或容间的总重量，恰当地给各车次配发邮件。遇有转口邮件突然增减、报纸的脱班、邮车临时调动等异常情况，应及时调整计划配发量，防止装车混乱或虚耗容间的事情发生。

（2）邮件的接发交换和装卸搬运工作。邮件的接发交换和装卸搬运工作必须严格贯彻国家邮政局制订的邮件处理规则中的有关规定和操作规程，严格验收交接，把好质量关，并确保人身安全，对不合格邮件，必须按照规定认真处理。

（3）邮件的仓库贮转工作。邮件的仓库贮转工作，是与接发、交换和装卸搬运工作紧密联系在一起的生产环节。由于外界交通运输工具衔接时间有时不够紧密、运邮能力有时不能满足发运邮件的需要、邮件分发部门和支局交来直封重件而未到车次开行时间、交通运输部门偶然发生不正常情况或雨季邮路发生阻断等现象的客观存在，就有部分邮件需要在转运部门的仓库暂存待发。为此，必须按照规定认真做好仓库贮转工作的收发、核对、交接班和安全保卫工作。

2. 加强协作

加强配合协作，把密切局内协作作为邮件转运管理工作的重要内容。

为了保证转运工作的顺利进行，邮件转运部门不仅需要加强与邮件押运班的协作，同时还要加强与企业内外有关部门的联系，密切相互间的配合与协作。

3．规划实现装卸搬运机械化

在邮件的装卸搬运中，由于要消耗大量的体力劳动，因此在邮件转运工作管理的过程中，应当根据需要与可能，规划邮件转运部门的装卸搬运机械化，并促其实现，借以减轻搬运人员的劳动强度，改善劳动条件，提高搬运工作效率。

五、铁道邮政运输的计划发运

（一）铁道邮政运输计划发运的意义

铁道邮政运输计划发运就是在充分调查研究干线沿线各局邮件流向流量基础上，由国家邮政局会同各中心局和承担铁道邮运任务的邮政企业共同研究，合理确定沿线各局使用不同车次发运邮件量的配量计划，目的在于保证各局轻件（信函、报纸等）都能选择适当车次迅速运递，重件（包裹、刊刷等）合理发运。按计划进行发运，对保证邮政运输任务的完成、规划发展邮路、增强邮运能力有着极其重要的意义。

（二）铁道邮政运输计划发运的原则

1．铁道邮政运输计划发运的总原则

在全国范围内以铁道邮运为中心，按计划发运邮件，涉及各个方面，受主观因素的影响很大，是一项十分细致复杂的工作，必须确定并遵守统一的原则。计划发运的总的原则是：在全国一盘棋方针指导下，全面规划，统筹安排，分层负责，统一调度。

2．铁道邮政运输计划发运的具体原则

为了在邮件计划发运中贯彻执行总原则，各线、各地、各中心局和各个企业都要认真贯彻执行起点局照顾中转局，中转局照顾沿途局的具体原则。

（三）铁道邮政运输计划发运的步骤

1．选择运邮车次

选择运邮车次是计划发运的第一步，必须从四通八达的运邮网中的车次着眼，全面考虑，通盘筹划，使所选车次能够满足各线、各地区、各中心局发运各类邮件的需要，保证全程全网通信的畅通，并达到经济合理、方便工作的要求。

2．规划运邮容间

规划运邮容间就是计划配备全国铁道运邮能力，确定选用各次需要的运邮容间。合理规划运邮容间的基本要求是：确定各车次的运邮容间，既保证运邮需要，又要力求节约，并尽可能留有余地，还要注意铁道运邮能力与之衔接的航空、水道和公路邮运能力相配备。

3．确定各局的接发车次和频次

确定各局的接发车次和频次就是规定沿线局所每天与通过的邮车交换邮件的车次和次数。其目的在于统一沿线局所在邮件发运和交换方面的步调，充分合理地发挥选定车次发运

邮件的作用。

4．规定邮件发运次序和发运原则

（1）规定邮件发运次序。铁道沿线各局根据接发车次和频次，利用邮车的容间，可以发运各种不同的邮件。为了使各类邮件的发运安排合理而实行计划发运，就要根据各类邮件的性质和不同要求，规定各类邮件的发运次序。

国家邮政局对各类邮件的发运次序作了统一规定，发运顺序依次为：特快专递、信函、主要报纸、重要刊物、一般报纸刊物、印刷品、包裹（包括国内包裹国际包裹）、公物等。

（2）规定邮件发运的原则。为了正确按照邮件发运的顺序，保证有计划有秩序地把各类邮件发运出去，还应当规定下列几项邮件发运原则。

① 信函应选择最迅速有效的路线、班次和发运方法发运，特快应优先；

② 报纸要按国家邮政局规定的时限来安排发运；

③ 重件应以直运为主，直运不能全部发出时，要选择接转次数较少的路线发运；

④ 凡终点有车到达的邮局邮件，应尽量发终到车，若终到车没有承运能力或承运能力不足时，可发通过车，发通过车的邮件如果量大，则应适当分散发运；

⑤ 同类重件不能同车发运时，先到先发，后到后发，如同时到达，则先发经转的，后发本局封发的；

⑥ 长途车以装运远途邮件为主，短途车以装运短途邮件为主，尽量做到全程满载，减少不必要的装卸，并避免影响运邮时限；

⑦ 积压较久的重件，可适当提高发运次序，但不要影响轻件的清运；

⑧ 各局在计划规定外发运不出去的邮件，应采取下列方式积极疏运，加挂车、行李车托运，临时租用容间，利用临客、自办汽车运输，委办包车，水运加班轮，航空包机和航空托运等。

5．选择确定发运方式

由一个地点往另一个地点发运邮件，当有两条或两条以上的路线可供选择时，根据计划发运的原则，选择其中最快最有效的路线和车次发运，同时也要考虑邮运效益。为了加快邮件的运递，不仅要选择好发运路线，而且要灵活运用各种发运方式。

铁道邮运的发运方式主要有下列四种。

（1）直运，利用直达车运送邮件；

（2）接运，利用两个车次接力运送邮件；

（3）倒运，对于快车不停或停而不接的各站邮件，先用正向车次运到前方车站，详细核算应发邮件的路段局站及其数量，然后再交反向慢车运回到寄达局；

（4）绕运，利用绕道线路来运送邮件的发运方法。

6．编制邮件发运计划

编制邮件发运计划就是把确定的各局发寄的各类邮件的发运方向、发运车次、发运地区以及发运方法用计划表的形式固定下来，作为各局、各车次的邮运人员发运邮件的具体依据，借以保证全线邮政企业的相关工作有可能与邮车及其他运邮工具相互衔接，协调一致，使得邮件得以按计划迅速、准确、安全地运送，并尽可能达到经济合理的目的。

邮件发运计划可分为干线邮件发运计划和省内邮件发运计划，具体编制时要以运邮车次时刻表、全国干线邮路联系图、各次车邮件流量流向表、相关省内邮路图、相关省内邮件经转地名表等资料为依据，并根据实际情况和不同需要通盘考虑，用表格列出发运的数量、去向、经转等内容。计划格式限于篇幅，在此不作介绍。

7. 邮件发运计划的贯彻执行

邮件发运计划编妥后，应由国家邮政局统一核准，各省邮政局分别下达到各相关中心局，然后由各中心局下达相关单位及工作人员，做好准备工作，保证贯彻执行，各派押局和重点局不仅要组织押运员和接发员进行落实，还要将本局接发及派押车次的邮件发运计划进一步具体化，便于有关人员掌握、运用和执行。

第三节　公路邮政运输管理

一、公路邮政运输概述

（一）公路邮政运输工具的种类

邮政通信在公路邮路上使用的运输工具通常主要有汽车和非机动车两类。在人口较稠密、经济较发达、邮件量较多的地区的邮路上一般使用汽车运送邮件；在边远地区、边防哨卡以及广大农村地区的公路邮路上也用非机动车手段运送邮件。

（二）公路邮政运输的特点

汽车邮政运输具有速度快、机动与灵活性强等优点，最适合短途和中程邮运的需要。所以，绝大多数省内邮路和大中城市的市内邮路上，都利用汽车运送邮件。在个别不通铁路和部分邮运紧张的地区，汽车邮运还担负着干线邮运的任务。非机动车邮件运输，则具有其他邮运手段难以拥有的机动、灵活、点多、面广等优势。

（三）公路邮政运输的方式

我国的汽车邮运现有自办和委办两种方式，在对汽车邮运管理的过程中，必须贯彻“自办与委办相结合”的方针，同时加以统筹安排，并采取有效措施分别进行管理。

二、自办汽车邮运的管理

（一）自办汽车邮运的概念

自办汽车邮运就是邮政企业自备邮政专用汽车、指派驾驶和押运人员，按规定的路线、班期、频次和时间往返运输邮件，并自设专门机构，进行专业管理。

邮政企业自办汽车邮运，可以提高自身运邮能力，加快邮运速度，掌握邮政运输的主动权，以适应邮政通信发展的需要。

（二）自办汽车邮运的条件

自办汽车邮运要讲求经济效益，要根据现实与可能、政策与效益等因素来通盘考虑。一般情况下，开辟自办汽车邮路，必须要满足以下条件。

（1）必须通邮，而又无委办邮运工具可利用的；

（2）邮运量大，委办邮运不能全部承运的；

（3）邮运的频次、时限要求高，委办邮运不能保证的；

（4）边疆海防及重点单位有通信特殊要求的；

（5）沟通与国际邮件交换站之间的联系。

（三）自办汽车邮运的管理工作

为了做好自办汽车邮运的管理工作，必须建立汽车邮运的专门机构，合理规划邮路，选择好运邮汽车，配备好车辆及驾驶、押运人员，组织好汽车的运行并做好车辆的维修保护等各项基础工作。

1. 汽车邮运的管理方式

自办汽车邮运是邮政运输的重要组成部分，在汽车邮运中占有主要的地位。自办汽车邮运工作的管理是一项集业务，技术，经济于一身的综合性工作。因此，自办汽车邮运应该根据“专业管理，统一领导”的原则建立专门管理机构，进行专业性的业务管理和技术管理，并实行经济核算。

自办汽车邮运管理机构的形式，取决于汽车运输的管理制度。汽车邮运的管理制度一般有分散制、集中制和混合制。

（1）分散制。分散制是将汽车分拨给各个企业，列入其固定资产项目内，并由其组织运行、维修和管理。分散制的主要缺点是对车辆运行缺乏统一领导和指挥，且不能统一调度，建立修理基地也比较困难。

（2）集中制。集中制是将所有汽车集中由一个邮政企业进行调度和管理。因此，这是一种较好的管理制度，能保证对车辆的合理调度，形成规模邮运效能，有利于合理组织汽车的邮运，有利于进行技术保养和修理，并便于实行经济核算。

（3）混合制。混合制是分散制和集中制的一种混合形式。大部分汽车集中由主管邮政企业管理。小部分汽车拨给距离较远的邮政企业使用与管理。这种制度适宜于地区辽阔，主管企业距所属企业较远的情况下采用。

2. 合理规划邮路

邮路的合理规划，应根据邮政通信网的组织与分布的原则和要求，结合当时当地的具体条件和运输各类邮件的实际需要，特别是快速邮件的时限要求，全面考虑，统一规划。

（1）合理规划邮路所需的资料。规划邮路时，必须事先进行周密调查，充分掌握有用资料，作为考虑规划建立邮路的根据，以便把这一工作落实在科学的基础上。合理规划邮路必须掌握和利用的资料主要有以下方面。

① 各交换点在政治上、经济上的发展情况；

② 邮件的流量及其在各交换点的分布；

③ 负荷重量，主要是报刊和包刷的重量；

④ 地形和道路的特点；

⑤ 沿线交换点的距离及各自的装卸能力；

⑥ 外界各种运输工具的运行时刻表。

综合运用这些有用资料，制定出若干个方案，将按规定时限和频次要求可能达到的邮件行进速度、运输工具利用率、单位运输成本等主要指标，进行讨论比较，选出切实可行的最佳方案，经过试行后确定下来。

（2）合理规划汽车邮路的基本步骤。自办汽车邮运中邮路的合理规划，分为以下几个步骤。

① 确定邮路的通达范围，即确定邮路的起点、沿途交换点和终点。这取决于当时当地的政治、经济地位和交通路线。

② 确定运输路线的结构形式，即考虑选择组织辐射形邮路，还是环形邮路或是混合邮路。

③ 确定邮运工具的行驶方式，即结合邮路的结构形式，考虑选择邮运工具的行驶方式，采取直驶，还是接驶或是迎驶。

④ 确定运输工具，这需要根据邮路的性质和完成运邮的时限要求来选择运输工具，并应考虑投资、燃料、技术条件等可能。

⑤ 确定运邮班期，编订运邮时间表。运邮班期应根据国家邮政局规定的服务水平和运邮的实际需要及效果来确定。因此由主管局站编订运邮时间表，要求在运行时间上与邻接邮路上的其他运邮工具的运行时间表相配合。同时，也要考虑本路沿线各局所运邮的需要。

⑥ 核定有关邮运人员和运输工具的需要量。为了合理配备人员和工具，需要根据运邮的任务、班期及时间表，综合考虑邮路的种类进行核算。

3. 邮运汽车的选择

（1）选择邮运汽车的影响因素。选择邮运汽车主要应考虑以下三个影响因素。

① 邮运的性质，即确定属市内邮运、省内邮运或干线邮运；

② 工作负荷，即各种邮件的种类及其结构、数量、体积、载重量等；

③ 道路条件，即汽车在运邮过程中遇到的道路通畅情况。

（2）选择邮运汽车。一般说来，在市内邮路上，由于邮件运量不太大，停车次数多，交通较拥挤，除运输重件需要用大型汽车以外，应选用轻便的小型汽车；在省内或干线邮路上，由于邮路长，运量大，道路复杂，除路面条件好的邮路上采用速度快的汽车外，应选用越野能力强，稳定性和可靠性比较好的大吨位汽车。

4. 车辆需要量的核算

核算运邮汽车所需总数，一般根据规定的运行时间表，按车辆的总行程或周转时间来确定。只有在特定的情况下，才按邮件的流转量核算。

（1）按总行程核算。按总行程核算车辆需要量，就是根据每条邮路的长度和邮件运行的频率，先求出计划期间（年、月、昼夜）车辆的总行程，再计算该期间一辆汽车的平均计划行程，然后从这两个数的比例中，求得所需的一定类型的汽车辆总数（M）。计算的公式为

$$M=L/(L_a \cdot k)=n \cdot L_M/(v \cdot t \cdot T_W \cdot k) \quad (9\text{-}4)$$

式中：L 表示计划期间车辆总行程；

L_a 表示计划期间一辆汽车的平均计划行程；

k 表示车辆技术完好率（k=可以运转的汽车数/在册汽车总数）；

n 表示计划期间的行程次数；

L_M 表示单位运输工具在邮路上的行程公里数（如系辐射型邮路时，其长度应计往返行程）；

V 表示汽车运转速度（公里/小时）；

t 表示执勤时间；

T_w 表示运输工具在该期间内规定的工作日数。

例 9-3：某省辐射形邮运路线，长度为 375 公里，为逐日班期，所选用的车辆速度为 50 公里/小时，每天执勤时间为 8 小时，技术完好率为 0.8，则该邮路需用汽车数为

$$M=n \cdot L_M/(v \cdot t \cdot T_W \cdot k)=(365\times375\times2)/(50\times8\times365\times0.8)$$

$$=2.34\approx3\text{（辆）}$$

总行程核算法适用于一个企业管辖邮路较多，车辆在各种邮路上运邮的时间前后参差不齐，可以灵活进行调度的情况。

（2）按车辆运行的周转时间核算。这种核算方法和计算铁道邮路上的自备邮车需要量的方法类似，道理也一样。计算的公式为

$$M=T/(T_0 \cdot k)=(L/v+t_0)/(T_0 \cdot k) \quad (9\text{-}5)$$

式中：T 表示单位车辆按规定的周转时间；

T_0 表示邮路运行间隔时间；

L 表示邮路长度；

T_0 表示沿途停车总时间。

这种核算方法适用于长距离的省内或干线汽车邮路，也可以仿照铁道自备邮车需要量核算的方法中绘制指示图法来求得汽车需要量。

（3）按邮件的流转量核算。这种核算方法适用于大转口局的某些邮路的邮件流转量很大并定时定点进行运转的场合。计算公式为

$$M=Q \cdot T/(G \cdot r \cdot t \cdot k) \quad (9\text{-}6)$$

式中：Q 表示邮件的流转量；

T 表示汽车周转一次所需的时间；

G 表示汽车的核定载重量；

r 表示汽车载重量的利用率；

t 表示规定的日工作小时数。

例 9-4：某市市内邮路自市邮局分拣中心至火车站，预计邮件昼夜流转量为 25 吨，选用载重量 3 吨的汽车，载重量利用率为 75%，周转一次需要 1.5 小时，车辆工作时间规定为 12 小时，技术完好率为 0.8，则所需的汽车数为

$$M=Q \cdot T/(G \cdot r \cdot t \cdot k)$$

$$=25\times1.5/(3\times0.75\times12\times0.8)$$

$$\approx2\text{（辆）}$$

在具体配备汽车时，应根据邮件运转情况，对道路和技术条件进行恰当考虑，在完成运邮任务的前提下，力求经济合理。

5．汽车驾驶员和押运员的配备

根据邮运汽车驾驶员流动的工作性质，企业规定了相应的生产制度来对驾驶人员进行管理，汽车驾驶员的生产制度主要有以下两种。

（1）单班生产制。这种制度一人包开一车，人停车也停。这种制度有利于维修保养车辆，但不利于汽车的充分利用。

（2）双班制或多班制。这种生产制度一辆汽车固定由两人或多人轮流负责驾驶，人停车不停。这种制度有利于汽车的充分利用，但不利于车辆的维修与保养。

由于生产制度的不同，驾驶员的配备方法也不一样。在单班生产制条件下，驾驶员的需要量核算公式为

$$N=T_W/H \tag{9-7}$$

式中：N 表示驾驶员人数；

T_W 表示驾驶员全年工作时间总数；

H 表示驾驶员年工时定额。

例 9-5：某邮局有汽车 20 辆，全年工作车日数为 5840 天，每日工作时间为 8 小时，驾驶员全年参加小修 12 次，每次平均费时 6 天，保养 210 次，每次耗时 2 天，每一驾驶员年工时定额规定为 2448 小时，则需配备的驾驶人数为

$$N=T_W/H$$
$$=[（5840\times8+（12\times6\times8）+（210\times2\times8））/2448$$
$$=20.7\approx21（人）$$

在双班制或多班制的条件下，所需的驾驶员人数可以按指示图进行核算，举例从略。

汽车押运员的配备与驾驶员的配备可以同时考虑，但要保证在任何时候，任何情况下，一车一人押运邮件，负责邮件在起始点局和沿途各局的交换、保管、装卸等工作。

6．汽车运行的管理

汽车运行过程中，要在保证行车安全和准班准时的要求下，正确确定运行路线和运行方式，制定运行时刻表和运行指示图，快速而又经济的运送邮件。

在短程邮路上，汽车的运行方式宜以环形和直驶为主；在长途邮路上，则宜以辐射形和接驶为主。这样可以加快速度，节省运费，确保质量，提高车辆的利用率和使用寿命，做到人停车不停，车停邮件不停，使邮件不停地运递。行驶路线和运行方式一经确定，就可编制运行时刻表和相应的运行指示图。运行时刻表一般要表明邮运沿线局所名称、邮班出局时刻、经过各交换点的时刻、邮件交换的时间、各交换点间的距离等。对于干线、省内、市内、县内邮路的不同情况，要区别对待，根据不同需要，应包括不同的具体内容。

有了运行时刻表和运行指示图，就要保证汽车按照时刻表和指示图运行，并及时消除工作中不正常情况和间断现象的出现，这就需要加强对汽车运行的调度和监督。

7．汽车的保养和修理

为了确保汽车邮运不间断地进行，通常实行计划预防技术保养制和计划预防修

理制。

计划预防技术保养制就是在经过一定的行程后，按计划强制性地将汽车加以技术保养。计划预防技术保养实行例行保养、一级保养、二级保养和三级保养等四级。例行保养是汽车出发前后及途中的日常性检查与消除故障的作业；一级、二级和三级保养都在汽车行使规定的里程后进行。

计划预防修理制是在完成规定的行车里程定额后，按计划强制性地让汽车停下来检查，由专职部门负责鉴定，视需要进行处理。

三、委办汽车邮运管理

委办汽车邮运就是委托公路运输部门利用客、货车运送邮件。实施委办汽车邮运的目的，就是为了更好地利用公路交通运输部门的运输能力，补充自办汽车邮运的不足，迅速、准确、安全、节省地完成运邮任务。

为了利用公路交通运输部门的汽车运输邮件，邮政部门与交通部门订有公路汽车运送邮件的原则协议，作为邮政部门管理委办汽车邮运的法律依据。各邮政企业应结合本地区的具体情况，分别与相关交通部门签订运邮协议。协议的主要内容应包括：运量的规定；邮件的交接手续；邮件的安全；邮运费率及结算办法；运送邮件的责任等。

邮政部门在签订协议前，就要对上述内容有充分的了解和考虑。当然，委办汽车邮运，邮政部门应充分运用公关手段，注意协调好协议双方相互之间的关系，以确保运邮任务的圆满完成。

四、非机动车邮政运输的管理

非机动车邮政运输是汽车邮运不可缺少的补充，是利用自行车，兽力车以及人力等非机动工具来进行邮件的运送。这种运输方式落后，而且速度慢，运量小，用人多，劳动条件差。但是，非机动车邮运联系着广大农村、边防哨卡和边远山区，在目前社会生产发展水平不太高、交通运输条件不太好的情况下，能把邮件运到机动车所不能到达的地方。所以，为了保证广大农村、边远山区和边防哨卡的邮政通信，必须在合理规划运邮路线的基础上，加强对非机动车邮运的组织。

要加强对非机动车邮运的管理，应着重抓住下面两个主要环节。

（一）管理好运输工具

要管理好非机动车邮运工具，必须制订合理的管理和使用制度，包括制订车辆使用和技术保养办法，加强日常的保养和定期的维修。同时，要教育职工注意使用、维护与保养，对牲畜则要注意使用、养护，把责任落实到专人。

（二）加强邮运情况的检查

由于非机动车邮运深入农村各个角落，工作分散流动，为了保证非机动车在邮路上的正常运输，必须加强对非机动车邮运的检查。检查的方法，主要由邮路起点的邮政企业根据运邮时间表、排单及路单来查检运邮人员及工具，是否按规定的时刻出发，并按时到达沿途各站，有无遗漏，是否按规定时间回局。如发现非正常情况，应进行分析研究，查明原因，采取有效措施，予以改进。

第四节　航空邮政运输管理

一、航空邮运概述

航空邮运在速度上超过其他任何一种运邮手段，这一巨大优势使得通邮时限比任何一种邮运方式都要短，邮件能在很短时间内寄到距离遥远的地方。由此可见，航空邮运的发展意义十分重大。航空邮运具有巨大的发展前景，但就目前而言，邮政部门主要采用委办航空邮运为主、自办航空邮运为辅的办法利用航空邮运速度快的特点来运送特快专递和信报等邮件。目前，空运邮件在我国主要由邮政部门委托民航总局及其所属空运企业办理。

委办的航空运送邮件属托运性质，除机要邮件外，邮政部门不派员押运。根据国家邮政局与航空总局所订的空运邮件的有关协议规定，邮局交运航空邮件，应先与当地航空公司洽订吨位，并按洽订的时间将封装妥善的标明寄达局的邮袋交给航方，由航方飞行员及其相关人员负责邮件的安全及沿途交换工作。航空邮件需经由两条或两条以上的航线联运时，中途经转手续也由航方负责经办。

航空邮件的交接，一般均由当地邮政部门办理。为了适应航空邮运的发展，在航空中心和航空网的大转口站，有必要设置航空邮件转运机构，专门办理和负责航空邮运业务。

二、中国航空邮政的发展历程

中国是世界上最早开展航空邮政业务的国家之一。1920 年 5 月 7 日是中国航空邮政的起始日，发展到今天已经九十多年了。早期的航空应用集中在航空邮政领域，所以航空邮政历史是世界早期航空史的主要构成。

（一）航空技术及航空邮政进入中国

1903 年美国莱特兄弟成功进行人类首次飞行后，飞机迅速进入实用。早期飞机由于载重量小，安全水平低，最早的应用主要不是载人、载货，早期飞机在军用领域主要用做通信工具，在民用领域主要用做邮政运输，运送信函、报纸。

1900—1901 年八国联军入侵北京期间，驻天津法国军队气球连寄出的信件及寄给驻北京英国军队气球连的信件，用邮件记录了中国境内最早的航空活动。1904 年日俄战争期间，俄国气球连曾在哈尔滨寄出明信片。1910 年 8 月，英国在黑水塘举办第二届航空博览会，有中国人参观，并用展场发售的明信片书写观感后寄回国内，是目前所知的中国最早与飞机有关的邮件。1911 年 9 月 9—16 日，英国为庆贺英王乔治五世加冕，在伦敦—温莎间开通特别航线，组织了英国本土首次航空邮政飞行，若干邮件经飞机运送后再转海运到达中国。1912 年 10 月，齐柏林飞艇在威斯巴登—法兰克福间运送的明信片也有通过水陆路再转寄北京的。这些都是中国航空邮政诞生之前，中国邮政协助外国邮政投寄的航空邮件。1914 年第一次世界大战期间，日军围困驻青岛的德国军队，德军一架飞机于 11 月 6 日携带秘密文件袋及 1 个信封飞离青岛，为中国境内经飞机运送最早的航空信件。

中国人在早期航空领域并不落后。1909 年 9 月 21 日，籍贯广东恩平的旅美华侨冯如在美国西海岸奥克兰试飞了自己研制的第一架飞机，为中国人首次驾机飞行，距莱特兄弟首次飞行不到 6 年。1910 年，清王朝派人员赴欧洲学习飞行，从英国、奥地利购买飞机运回国内，在北京南苑组织试制飞机。美国最早的军用机场修建于 1909 年，日本最早的军用机场修建于 1911 年，而中国北京南苑机场修建于 1910 年。辛亥革命爆发后，革命军组建了飞机队。1910 年，华侨谭根在美国参加飞行竞赛获冠军。1916 年，谭根在菲律宾进行飞行表演，所携邮件为中国人最早的航空邮件。

（二）北京政府时期的国内航空邮政

1911 年辛亥革命推翻清王朝，中华民国成立。北京政府时期，继续从欧洲进口飞机，在南苑机场设立中国第一所航空学校和飞机工厂，装配试制飞机，并将飞机用于军事。而中国航空在民用方面得以应用，重要原因之一是第一次世界大战后西方国家大力推销战争剩余飞机，并迅速扩充国外航线。第一次世界大战刺激了航空技术迅猛发展，飞机的承载能力、航程和安全性有了显著提高，为飞机在民用领域的应用打下了可靠的基础。当时中国北京政府，一方面需要飞机装点门面和壮大实力；另一方面又惧怕国外势力的侵入危及政权，所以决定自办航空。1919 年 2 月，北京政府向英国亨德利•佩治公司购买了 6 架亨德利•佩治型商用飞机和 6 架阿弗洛教练机。这是中国首次成批订购国外飞机。3 月，交通部筹办航空事宜处正式成立，开始筹备开航工作，培训飞行和航空技术人员；在南苑机场修建厂棚，选调南苑航校毕业的飞行学员进行培训；同时拟定了开辟全国京沪、京粤、京蓉、京哈、京库五条航线的计划。1919 年 12 月 21 日在北京进行了首次试飞。1919 年，北京政府陆军部与英国维克斯飞机公司订立 180 万英磅航空借款合同，国务院设立航空办事处掌管全国航空事务。

1920 年 4 月 26 日，北京政府邮政部门与航空部门订立第一个航空邮运合同，并决定于 1920 年 5 月 7 日在北京—天津间进行首次航空邮政往返飞行。当时，《民国新闻》以题为《今日京津间航空》为题报道："中国政府决定用航空邮运加速邮递，首次航空邮路线为京—津线。交通部在几天前曾电令该两市的官员安排试飞着陆事宜。源自政府的消息说，政府已经决定在 5 月 7 日星期五（今日）试航……来自外交界的情报说，5 月 7 日飞行京—津间的首航，中国航空邮政将始于此。"

这次开航使用的是"京汉"号飞机，就是当年 2 月从英国亨德利•佩治公司购进的由 HP 0/400 型轰炸机改装的商用飞机。该机长 19.16 米，翼展 30.48 米，左右机翼上各安装 1 台罗尔斯—罗伊斯公司生产的"鹰"VIII 发动机，时速达 156.9km/h，起飞重量 6.06 吨，载客 15 人，续航时间可达 8 小时。

据当时发行的《民国新闻》、《申报》等报纸报道，担任首航飞行的机师是英国飞行员卡蒲蒂•马堪尼上尉。乘客有交通部及筹办航空事宜处官方代表、英国驻华公使以及新闻记者等共 15 人。上午 9 时 45 分，待预订的邮件、报纸送达装载后，乘客才陆续就座。9 时 49 分（一说 10 时）飞机开始滑行起飞，飞机平稳起飞后向东南方向飞去。不到一小时，飞机进入天津境域，经过北洋大学上空后开始减速降低高度，10 时 49 分（一说 11 时）降落于天津佟楼跑马场设立的临时机场（今天津自然博物馆附近）。由于是第一次民用航线飞行，飞机抵津后引来许多民众到跑马场观看。赛马会长专门为乘客们接风洗尘。下午，这架飞机载着天津游客在城区上空环绕飞行了两次，每次邀客 10 余人。至下午 6 时 40 分，这架开辟中国民用航空历史的飞机，载着由京来津的乘客安全顺利返回北京南苑机场。这条航线的开通，是中国的第一条民用航空线，也是中国第一次航空邮政飞行。

1920—1921 年间，北京政府还购进 40 架维克斯“维梅”（Vickers Vimy）双发飞机，该机是英国从一战时期轰炸机发展的运输机，为当时世界上最大的飞机之一。1921 年 7 月 1 日使用该型机开辟了中国第一条正式的航线：北京—济南—上海航线（实际只飞到济南）。1921 年 7 月 1 日还发行了中国第一套航空邮票，这套邮票以及 1929 年发行的第二套航空邮票画面，都是 1920 年北京政府从英国购买的阿弗罗 504K 飞机在长城上空飞行。1921 年至 1924 年，每年夏天还专门开辟北京—北戴河特别航班，为在北戴河避暑的政府官员及外国驻京使领馆人员服务，邮局也开办特别航班邮政业务。北京至北戴河首次飞行是 1921 年 8 月 12 日。1923 年 5 月 23 日还开通了北京—天津航线。

除由国家邮政部门正式组织的航空邮运飞行外，还出现了邮政部门没有参与的外国飞行员过境飞行，地方政府以军办民航方式开辟航空线或组织试航。地方政府经营航空最积极的是东北军政府，1920 年成立东三省航空筹备处，1924 年 5 月 6 日进行了奉天（沈阳）—牛庄（营口）航线试航，同时办理航空邮件。1925 年 5 月 1 日，由北洋军队驻郑州的航空队发起，开办郑州到洛阳航空邮运，邮件由邮局代为收发，中途因飞机故障而停航，邮件改用火车运往洛阳。

此后，中国进入第一次国内革命战争时期，又称土地革命战争时期，北伐战争与军阀混战交织，北京政府和各地军阀政权都无暇发展航空邮政事业。1925 年到 1928 年是中国航空邮政的停滞时期。

（三）南京政府时期的国内航空邮政

1927 年北伐战争取得成功，在南京建立统一全国的国民政府，民用航空事业开始较快发展。南京政府交通部于 1928 年 6 月开始筹办民用、邮运航空。1929 年 5 月在交通部内设立沪蓉航空线管理处，修建上海、南京、汉口等 5 处机场、从美国购买 4 架小型飞机，中美合资开办“国民政府特设中国航空公司”。以后又陆续成立西南航空公司、欧亚航空公司、中苏航空公司、中央航空公司，逐步形成基本覆盖全国主要地区的航线及航空邮路。

南京政府首先开辟沿长江的东西航线，即沪（上海）蓉（成都）航线。1929 年 7 月 5 日，发行中国第二套航空邮票。1929 年 7 月 8 日，沪蓉航线管理处开辟上海—南京定期航线。1929 年 10 月 21 日，接手管理沪蓉航线的中国航空公司将上海—南京航线延伸到汉口，经停九江。1930 年 11 月 23 日，上海—南京—汉口航线增加经停芜湖，并首次在航空邮件上使用航空签条。1931 年 3 月 31 日，上海—汉口航线延伸至宜昌，经停沙市、汉口、九江、安庆、芜湖、南京。1931 年 10 月 21 日，汉口—宜昌航线延伸至重庆，称汉渝线。1933 年 5 月 29 日试航重庆—成都，1933 年 6 月 1 日正式开航。至此，上海—成都全线通航。其间，于 1932 年 8 月 29 日发行第三套航空邮票。

中国航空公司在开辟经营沪蓉航线的同时，还同步开辟南北航线。1931 年 4 月 15 日，中国航空公司开通南京—北平（北京）航线。1932 年 5 月 10 日，中国航空公司试航沿海的南北航线，即上海—海州（连云港）—青岛—天津—北平航线，次年 1 月 10 日正式开航。1933

年10月24日，中国航空公司用“广州号”水上飞机开航上海—温州—福州—厦门—汕头—广州航线，1936年11月5日该航线延伸至香港，沟通了经香港转口出境的国际航空邮路。至此，中国航空公司构成以上海为中心，西达成都，北达北平（北京），南达广州的丁字形航空线，基本覆盖长江流域和沿海地区主要城市。

1935年3月25日，中国航空公司将上海—重庆航线以沪蓉支线名义延伸至贵阳、昆明。因天气等原因，飞抵贵阳后邮件转陆路运往昆明。直至1935年5月4日，重庆—昆明航线才正式开通。1935年7月12日，中国航空公司首飞重庆—贵阳—昆明。1935年7月12日，开通昆明—重庆—上海航线，沟通了西南边陲与内地的航空联系，但基本不能保持正常飞行。1939年12月1日，转由欧亚航空公司运营昆明—重庆航线。

南京政府时期各地方政府也自行开办航空邮政。广东军政府1928年底筹办军用民航，1928年12月使用“广州号”、“珠江号”飞机从广东出发作全国长途飞行，曾携带邮件。1929年2月18日，“广州号”从广州飞北海，也携带了邮件。1929年11月1日广东军政府航空处下设交通科管理民航事宜，试办两广民航。1930年12月1日，未经南京政府同意，即组织广州—梧州首航。邮票不用邮戳而用“飞机专运”小方戳盖销，另盖有“航空处交通科试办两广民用航空大沙头总站图章”。1931年1月16日，南京政府批准广州—梧州航线正式开航，但到5月即停航。1928年云南军政府也自行筹办航空公司，从美国购买3架飞机。其中的“昆明号”飞机从香港飞返昆明途经北海时携带邮件，回到云南3天后即携带邮件飞往大理、楚雄、蒙自等地。1929年11月，云南地方空军“金马号”作跨省宣传飞行到杭州、宁波、上海、广州等地。11月26日从广州返昆明携带邮件，飞机在梧州坠毁，邮件改由水陆路运入云南。

广东军办民航停顿后，广东、广西、福建、贵州、云南五省地方当局于1933年9月15日成立西南航空公司筹备委员会，从美国购买4架小型飞机。1934年3月7日起，西南航空公司试航广州—柳州—独山—贵阳。1934年4月7日，西南航空公司试航广州—苍梧（梧州）—邕宁（南宁）—龙州航线，10月1日正式开航。广龙线具备通过法属印度支那转运国际邮件的潜力。1934年6月29日试航广州—茂名—琼山（海口）—邕宁（南宁）航线，10月正式飞行。1936年11月5日，西南航空公司将广州—南宁航线延伸至柳州、桂林，试航广州—梧州—南宁—柳州—桂林，11月9日正式开航广州—桂林。

1928年德国汉莎航空公司向中国提议开办经苏联至欧洲的国际航线。1931年2月中国与德国正式成立合资的欧亚航空公司，由德国汉莎航空公司提供飞机和飞行员，经营欧亚航空邮运。使用的飞机上均绘有中文“邮”字。1931年4月19—25日，欧亚航空公司试航上海—南京—天津—林西—北平—满洲里航线，5月31日正式开航。邮件到满洲里后转苏联西伯利亚铁路运送，再转机至德国柏林，还可再转欧美各国。欧亚联运航线（沪满线）是中国自办的首条国际航空邮路线，但并非直航，而是空陆联运。首航后不久即爆发“九·一八”事变，日军侵占东北，该航线只能飞行上海至北平（北京）间，到10月底即停航。

欧亚航空公司在上海—满洲里航线受阻停航后，尝试开辟经新疆到苏联往欧洲的航线。1931年12月14日首次试航上海—北平（北京）—归绥（包头）—百灵庙—弱水河—哈密—迪化（乌鲁木齐）航线。这次试航极其艰险，沿路多是草原荒漠人烟稀少地带，百灵庙—弱水河—哈密—迪化航段基本是戈壁沙漠。当时活塞式单发飞机的通信导航设备极其简陋，没有气象预报，即使现在进行这段飞行也较为困难。弱水河即今内蒙古额济纳旗，位于巴丹吉林沙漠腹地。欧亚航空公司事先用骆驼运进油料和接应人员，开辟简易着陆场。但是飞机在日落前到达额济纳旗后并未找到简易着陆场，只得野外着陆过夜。天亮后用仅存的一点油料起飞寻找简易着陆场，空中发现一位放牧的牧民，着陆询问牧民后再次起飞，才找到简易着陆场和地面先遣人员，飞机加满了油，再次起飞飞往哈密。

1932 年上半年，欧亚航空公司逐步开辟西北地区航线。1932 年 4 月 4 日开通上海—南京—洛阳—长安（西安）航线。5 月 11 日从长安试航兰州，5 月 18 日正式开航上海—兰州。1932 年 11 月 19 日再次试航上海—迪化航线，这次避开环境艰险的北线，改走条件相对好一些的河西走廊南线，形成上海—南京—洛阳—长安—兰州—肃州（酒泉）—哈密—迪化航线。新疆邮局 1932 年 11 月 8 日临时用木戳加盖“航空”邮票售用，即中国航空邮政史及集邮史上最著名的新疆木戳航空邮票。1932 年 12 月 15 日，正式开航上海—新疆定期航班，以后时办时停。1933 年 7 月 20 日还试航了迪化—塔城航线。1934 年 7 月 20 日，欧亚航空公司将沪（上海）兰（兰州）线扩展至宁夏，11 月 1 日再从宁夏扩展至包头。

欧亚航空公司在经营西北地区航线的同时，也经营中部的南北航空线。1933 年 5 月 10 日，试航广州—长沙—汉口航线。1934 年 5 月 1 日正式开航北平—太原—洛阳—汉口—长沙—广州。

1935 年，欧亚航空公司从德国购买的容克 Ju52 三发大型飞机抵达中国，8 月 5 日用于试飞西安—汉中—成都的陕蓉航线，9 月 27 日正式开航。1936 年 2 月 25 日，欧亚航空公司试航上海—南京—西安—成都—昆明航线，4 月 1 日正式开航。

（四）北京政府、南京政府时期的国际航空邮政

中国正式开办国际航空邮件业务始于 1924 年。当年 8 月 21 日邮政总局通告利用美国洲际航空邮务，所收邮件由天津、上海、广州等沿海邮局汇总交轮船运至美国西海岸，转美国国内航空邮路。1926 年开办通欧洲的航空邮件，由铁路运至苏联首都莫斯科，再转机往欧洲各地。外国飞机过境飞行或作友好访问飞行时，有的顺带邮件，再以海陆邮递转运各处，为不定期服务。还有英、法、美、荷等国飞机将邮件运到越南河内，及中国香港、澳门、广东湛江，再经海陆路转运到中国内地。从中国寄往国外的航空邮件也可采取这种办法携运出口。

南京国民政府从 1929 年开始筹备开办国际航空邮路。陆续开通从广西、广东、云南出境到法属印度支那（越南）航线，衔接法国航空公司远东航线，沟通亚洲中西部、中东、非洲、欧洲、美洲；从满洲里出境经苏联西伯利亚铁路衔接苏联航空线到欧洲各国；从香港出境衔接美国跨越太平洋的第 14 号航空线，沟通菲律宾、太平洋主要岛屿、美国及北美、南美各国，以及衔接法国、英国远东航线，沟通中亚、大洋洲、非洲、欧洲等地。

中国与法国 1929 年开始筹商两国间的航空交通。此后，法国开航远东航线，从巴黎经马赛、那不勒斯、雅典、卡拉奇、加尔各答、曼谷等地，1931 年 1 月通达法属印度支那的西贡、河内。1935 年 1 月，西南航空公司提出将广州—龙州航线延伸，向东接续中国航空公司的平粤（北平—广州）线、沪粤（上海—广州）线，向西接续法国东方航空公司的马赛—河内线，以加速寄递国内寄欧洲的航空邮件。但南京政府交通部准备自办广州—河内航线，未批准地方航空公司建议。中国往欧洲航空邮件只能从广西边境陆路运到河内或在广东湛江交法航飞机运送。中国与法国于 1935 年 11 月 10 日签订通航合约，规定从中国广州经湛江到河内的航线由中国航空公司办理，到河内与法国东方航空公司远东航线衔接。中国航空公司于 1936

年 2 月 14 日正式开航该航线，但因天气原因从广州湾折返，2 月 21 日第二次飞行又因天气原因从广州湾折返，2 月 28 日第三次飞行又因地方当局阻挠未能起飞，到 3 月不得不将邮件交香港邮局代转，中国航空公司的广州—河内航线陷于停顿。1936 年 6 月 18 日南京政府交通部批准该航线交西南航空公司办理。西南航空公司 6 月 19 日第一次试航广州—龙州—河内航线，7 月 10 日正式开办广河线，衔接法国东方航空公司远东航线。1937 年 4 月 9 日西南航空公司再开辟广河南线（广州—湛江—北海—河内）。7 月 6 日，法国航空公司试航广州—湛江—香港。中国内地至欧洲形成稳定的国际联运航空线。

1935 年 4 月 17 日，美国泛美航空公司用马丁 M-130 大型水上运输机“中国飞剪号”开辟横跨太平洋的美国旧金山—檀香山—威克岛—中途岛—关岛—菲律宾马尼拉航线，称美国第 14 号国际航线，途中创造了 19 项水上飞机飞行世界纪录。1937 年 4 月 28 日，美国将第 14 号国际航线从马尼拉延伸到澳门、香港。来时以澳门为终点，返程经香港。中国航空公司相应派出飞机由上海经广州到香港九龙海面降落，与“中国飞剪号”交换邮件，该批邮件盖有“中美航空第一次通航纪念”邮戳。1937 年 6 月 29 日，欧亚航空公司将原有的平（北平）粤（广州）线（北平—太原—郑州—汉口—长沙—广州）延伸至香港，成为平港国际航空线，这是抗日战争爆发前以北平（北京）为起点开辟的最后一条国际航空线。1936 年 2 月，英国皇家空军为协助英国航空公司发展远东新航线，派飞机访问香港、厦门、上海等地，往返程均免费限量携带邮件。1937 年 12 月 20 日英国开通伦敦—曼谷—香港航线，为香港开埠以来第一条定期航空邮政服务线。香港成为中国国际航空邮件重要的出境中转渠道。

（五）抗日战争时期的航空邮政

1937 年 7 月 7 日卢沟桥事变标志着抗日战争全面爆发。日本侵略军 7 月 29 日侵占北平（北京），7 月 30 日侵占天津，随后大举进攻华北。欧亚航空公司平港线改为以太原为起点，8 月 3 日临时开设长沙—香港航线，8 月 30 日临时开设西安—香港航线。随着日军扩大侵略，中国航空公司和欧亚航空公司的华北、华东航空线纷纷停航。南京政府迁都重庆，航空公司的经营重点也转向西南，尤其注重开通香港、河内、仰光、加尔各答国际航空线，打破日军封锁。

香港成为抗战爆发后中国内地接通国际航空邮路最重要的枢纽。中国航空公司 1937 年 11 月 6 日开航宜昌—香港，12 月 4 日试航重庆—贵阳—桂林—柳州—梧州—香港，12 月 16 日正式开航，1940 年 10 月 8 日开航南雄—香港。欧亚航空公司 1938 年 6 月 13 日开航昆明—柳州—香港，1939 年 12 月接替中国航空公司飞重庆—贵州—昆明、重庆—香港、重庆汉口航线，1941 年 8 月 29 日开航南雄—香港。美国、英国、法国均在香港接转中国的国际航空邮件，美国还于 1939 年 2 月 23 日用新型波音“飞剪号”客机开通旧金山—檀香山—香港航线，香港的航空邮运枢纽作用更为凸显。日本侵略军 1937 年 11 月 12 日占领上海，1938 年 10 月 20 日占领广州，中国沿海地区基本丧失。飞香港航线的中国飞机屡遭日军飞机攻击，很多航班被迫改为夜间飞行。尚未参战的美国为防止飞机受到攻击，在飞机头部喷涂了很大的美国国旗。1941 年 12 月 7 日，日军偷袭珍珠港，太平洋战争爆发。12 月 8 日，日军轰炸香港启德机场，炸毁 5 架中国航空公司飞机。随后日军先占九龙再占领香港。中国内地飞香港的航空线断绝。

法属印度支那（越南）的河内也成为抗战爆发后中国内地接通国际航空邮路重要的枢纽

之一。欧亚航空公司1937年12月16日试航昆明—河内，12月22日正式开航，衔接法国航空公司远东航线，一度停开后于1938年5月16日重开。中国航空公司1939年3月15日开航重庆—昆明—河内，法国已于3月10日开通巴黎—河内—海防—香港航线，接转中国国际航空邮件更为方便。在1940年6月14日德国军队占领法国首都巴黎之后，日本于6月16日派军队进入法属印度支那，强行断绝中国经法属印度支那的国际交通线，法属印度支那当局6月20日完全封锁边境，中国内地飞河内的航空线断绝。

英属缅甸的仰光也成为抗战爆发后中国内地接通国际航空邮路重要的枢纽之一。1939年1月24日，中国与英国签订中缅通航换文。中国航空公司于1939年2月21日和4月20日试飞重庆—仰光（渝仰线），10月30日正式开航重庆—昆明—缅甸腊戌—仰光，衔接英国航空公司远东航空线，连接印度、中亚、大洋洲、非洲、欧洲，还可绕行到美洲。1942年1月4日，日军从泰国进攻缅甸，占领缅甸大部，5月初攻至中国云南怒江西岸。中国内地到缅甸的航空线以及最后的陆路交通大动脉滇缅公路均断绝。

在中国沿海地区逐步被日军侵占后，开辟从新疆经苏联的国际航线被提上日程。1939年9月9日中苏签订《关于组设哈密、阿拉木图间定期飞航协定》，在迪化成立中苏航空公司，开通哈密—迪化（乌鲁木齐）—伊宁—苏联阿拉木图航空线（哈阿线）。1939年12月5日，中国政府交通部使用欧亚航空公司飞机开通重庆—成都—兰州—肃州（酒泉）—哈密航线，衔接中苏航空公司的哈阿线以及从阿拉木图到莫斯科的阿莫线，首航邮件盖有“交通部渝哈线正式通航纪念”邮戳。但该航空线不论国内新疆段还是国外段均运行不顺。1941年8月，中国与德国断绝外交关系，中国政府交通部接收欧亚航空公司并改为国营，1943年3月1日改组为中央航空公司，拟将业务伸展到苏联边境，因苏联提出异议而中止。1943年4月19日，重庆国民政府决定不准苏联飞机入境。中央航空公司继续每周一班飞迪化，直到1944年4月7日停航。

在中国沿海地区以及法属印度支那、缅甸都被日军侵占，德国1939年挑起第二次世界大战、1941年6月22日侵苏造成西去欧洲的航空交通断绝之后，中国对外航空线唯有通过印度。中国航空公司1940年1月18日首次试航重庆—昆明—印度加尔各答，12月18日再次试航时携带邮件并加盖“渝加线首次通航纪念”邮戳，12月30日正式开通著名的“驼峰航线”，航空邮件在加尔各答衔接英国航空公司飞机，转运欧美各地。这是中国在抗日战争期间开通的最后一条国际航空线。1942年7月18日至8月1日，中国航空公司1架C-53运输机试航重庆—成都—兰州—肃州（酒泉）—迪化（乌鲁木齐）—库车—莎车—印度白沙瓦（现属巴基斯坦）—新德里往返航线，但因喀喇昆仑山脉高达8000米，且路程遥远绕行，实际未能开通。到抗战胜利的1945年9月，中国航空公司飞机在“驼峰航线”飞行约8000架次，美国援华空军运输机也飞行大量架次。由于山高路远以及日本战斗机攻击，在“驼峰航线”坠毁的中美飞机达上百架，为抗日战争的最后胜利做出了重要贡献。

（六）抗日战争胜利后的航空邮政

1945年8月，中国抗日战争取得胜利，世界反法西斯战争取得最后胜利，第二次世界大战结束。中国的国内航空邮政开始恢复，国际航空邮政也开通了中美直达航线，恢复了到欧洲的航空邮路。1946年6月，以国民党军队大举进攻、人民军队奋起反击为标志，解放战争爆发。旧政权的航空邮政业务迅速萎缩，解放区不具备开展航空邮政的条件。

1949 年 10 月 1 日，中华人民共和国成立。中国航空邮政早期阶段宣告结束，进入全面发展的现代阶段。

（七）新中国成立后的航空邮政

中华人民共和国成立后，随着航空事业的发展，空运工具已广泛地用于邮政运输，航空邮运已成为邮政运输的重要渠道。1992 年 9 月 3 日开通了广州—南京—大连之间的我国第一条专用航空邮路。1993 年干线航空通运局已达 139 处，航空邮件已通达全国，1993 年开始筹建邮政航空公司。

1995 年 11 月 25 日，中国邮政航空公司正式成立，1997 年 2 月 27 日投入运营，是国内首家专营特快邮件和货物运输的航空公司。国家邮政局于 2004 年 8 月 18 日开始利用邮航飞机开通了北京、广州、深圳、厦门、沈阳、武汉、成都、潍坊及日本大阪等至上海的 8 条自主航线实行夜间飞行，形成邮政 EMS 的自主航空快速骨干网，再利用邮政车辆向周边地区辐射，使网络覆盖至全国 27 个省（自治区、直辖市）的 200 多个大中城市。实行“全夜航”以后，这些城市的运递时限加快了一天，达到“次日递”。即用户当天交寄的 EMS 邮件，做到绝大部分城市次日 17：00 前、部分城市 18：00 前投递完毕。“全夜航”的开通使邮政 EMS 在中国快递业实现了三个第一：第一个在全国大范围重点城市间推出“次日递”服务的快递企业；第一个在全国建立“全夜航”网络的快递企业；国内第一个为客户提供全国统一服务号码，提供电话查询、手机短信查询、全程信息跟踪网站查询、营业窗口查询等多渠道便捷查询手段的快递企业。

2007 年 7 月 19 日，中国邮政南京航空速递物流集散中心正式开航。南京航空速递物流集散中心的开航，是中国邮政深化改革，不断适应市场需求，提高服务品质，提升品牌形象，进一步促进国家经济发展、服务人民生活的一项重大战略举措，标志着我国民族速递业进入了新的发展阶段。以南京为中心的“全夜航”覆盖了 30 个省（区、市），在 200 多个重点城市之间实现了速递邮件“次日递”和“次晨达”。在此次开航的基础上，集散中心将按规划实行分步建设和运营。2008 年 8 月，建成邮政飞机联络道、滑行道和停机坪，在专用场地进行航空集散作业。处理中心一期工程建设竣工后，南京航空物流集散中心机队的规模达到 20 多架，年货邮吞吐量达 4 万吨，成为一个现代化的速递物流邮件处理中心。

目前，邮政航空公司机队以波音 737 全货机为主，采用“全夜航”集散模式，形成了以南京为枢纽中心，上海、武汉为辅助中心，连接国内外 16 个结点城市，形成覆盖华北、华东、东北、华中、华南、西南、西北 7 个地区的集散式航线网络，在国内 300 多个城市间实现 EMS 邮件“限时递”以及“次日递”和“次晨达”等业务品牌，形成了“人无我有，人有我优，领先一步”的竞争优势，为中国邮政航空快速网提供了可靠的运力支撑。

三、航空邮运的组织

近年来民航事业发展很快，航空运输的线路和班次日益增多，给航空邮运提供了十分便利的条件，这就要求航空邮运的组织工作要跟上。

（一）航空邮运组织的基本原则

根据航空邮运速度快、航程远、运费贵的特点，航空邮运组织的基本原则有以下几个方面。

（1）对于特快和信报等邮件尽可能利用干线飞机运输，保证快速传递；

（2）必须充分考虑空陆联运，保证空运工具与地面运输工具的配合利用；

（3）必须充分利用预订吨位，节省航空运费。

（二）航空邮运组织的基本方法

组织航空邮运，基本上采用以下两种方法。

1．航空的直运和接运

航空的直运就是当发寄局和寄达局两地在同一条航线上时，利用该航线直接把邮件航运到目的地。如果两个通航点不在同一航线上，则邮件需要利用两条或两条以上的航线接运。

2．空陆联运

空陆联运就是用空运工具把邮件运到指定的地点，再用地面运输工具接运；或者先由地面运输工具运到指定地点，再用空运；或者在不逢航空班期之日，如待发空运较陆运为慢时，由空运改为陆运。空陆联运是充分利用现有空运条件，加速邮件运输的好办法。

（三）航空邮运的发运计划

邮政部门要根据已确定的航运线和航空、陆（水）路各种运输工具的班期、运行时间表以及转接地点和时间，正确地编制航空邮件发运计划表，使空陆运输协调配合，紧密衔接，只有做好这一工作，才能使航空邮运发挥更大的作用。

由于航运班期按周安排，各地每天到、开航次疏密不一，飞行区间不尽相同。因此，航空邮件必须根据当地每天班机的到、开时间，与到达各地相互衔接的关系，事先计算邮运日程，选择最迅速的航线，制订发往各地航空邮件的发运计划。在航空邮件发运计算表中，应当详细开列到达各地的航空邮件在一周内每日发往航线的航次，或可利用的火车的车次等项目。

对班期较密、邮件量较大的直接通达航空邮路的航空通运局来说，为了加速航空邮件的传递，还应在保证本局封发、投递频次和班机与车船之间的相互衔接时限的同时，要组织安排汽车往返接送机场航空邮件，并制订航空邮件交接时间表，做好航空邮件的不间断运递。

航空邮运路线的开辟和利用。除了力求迅速之外，还要注意节省空运费用，这就要求邮政部门要改善邮件的封装以减轻皮重，尤其是要正确预计交运航空邮件的重量，充分利用预订吨位。如临时有变，应在班机起飞之前按规定时间通知航方更改，以免造成浪费。

（四）“全夜航”条件下省际封发模式的发展

在分拣场地、设备和信息系统等基础条件具备的前提下，在“全夜航”网络范围内，加大特快集中处理力度，以邮航通达局为散件集散中心进行集中处理，具体实施办法和推进步骤由国家局统一安排确定。从长远来看，随着“全夜航”网络规模的不断扩大，特快散件的集散处理模式将与自主航空运输网的网络结构密切配合，逐步加强邮航通达局的集中处理程度，最终将过渡到特快散件进出口邮件全部集中处理的规模化、集约化生产方式。

第五节　水道邮政运输管理

一、我国水道邮运的概况

我国濒临太平洋，海岸线长达 1.8 万余千米，良港众多，且不少港口都有铁路、公路和机场通往腹地。沿海和内地又有许多江河和湖泊通航，内河航道长达 11 余万千米。这种优良的水道交通条件，为邮政运输的充分利用提供了方便和可能。所以，尽管轮船运输在速度上不如火车、汽车和飞机，但由于具有运量大、运费低的优势。因此，水道邮运发展潜力很大，是邮政运输中一条重要的潜在渠道。

目前，我国邮政通信运输中利用水道来运输邮件的基本情况如下。

（1）在干线、省内水道邮路上，运输大量印刷品和包裹，补充火车和汽车邮运的不足；

（2）在没有铁路和公路运输可以利用，或不宜利用的情况下，利用水道运输各类邮件；

（3）在有定期班轮来往的地市、县内邮路上利用水运代替非机动车邮运。

水道运邮的形式，既可以利用航运部门的运输工具，也可以自办运输工具。目前，水道邮政运输主要以委办为主，自办为辅。

二、委办水道邮运的组织

委办水道邮运是根据邮政部门与交通部门所订运送邮件的有关协议的规定而进行的。按规定，邮政部门利用内河船只运邮，一般可以按货运办法托运。其管理工作是与当地航运部门订立具体合约，并采取有效措施监督和保证合约的切实执行。如果利用干线水道运输工具运送邮件，邮政部门可以在轮船上包用专间来运送邮件，并派员押运。若邮件量大，专间不能容纳时，则要于船只开行前一天洽订吨位载运。对未租用专间的邮件的运送，则可以申请托运。

由于水道邮运尤其是干线水道邮运的运量逐年增大，在整个邮政运输中显得愈来愈重要，对全国的邮运也有相当的影响，因此要管理好委办水道邮运，使其发挥更大的作用，具体应做好以下几个方面的工作。

（一）明确和强化管理工作

为了使水道邮运充分发挥其补充铁道和公路邮运的作用，要组建对水道邮运的管理机构。水道邮运的管理部门要在国家邮政局的统一领导下，正确预计和掌握邮件流量，通盘规划水道邮运能力，在此基础上组织水道干线沿线重点局编制水道邮运干线邮件发运计划，并与相关省、市邮政局加强联系，共同地经常督促、检查所属各相关局贯彻邮件发运计划和邮局发布的各项规定与通知的执行情况，制订并执行雨季和枯水期间及其他特殊情况下的运邮办法，做好各自区域内的水道邮运工作。

（二）组织好轮船押运班负责处理和交换邮件

轮船押运人员的核算和管理工作，可根据轮船航行速度较慢、中途停靠点较少和停留时间较长的特点，比照铁道邮车押运班的核算办法和管理方法进行，每班一般配备两名。在轮船押运班出乘期间，也应制订和执行随船管理制度，争取船方和到达局的协助和监督。押运过程中，要严格按照有关规定，切实做好起始点局和沿途各局的邮件交换、保管、装卸等工作。

（三）组织沿线各局做好邮件的装卸和交换工作

为了确保水道邮运过程中邮件的安全，邮政相关管理部门必须制订水道邮运技术安全与规定，由沿线各局严格遵守。各局在装卸和交接邮件时，应与船方及港口轮埠的搬运工人密切协作，保证邮件在搬运时不受损失，并确保人身安全。

三、自办水道邮运的组织

为了适应水道邮运量不断增长的需要，邮政部门应充分利用航运部门的运输工具运送邮件，当委办邮运不能保证必要的班期、频次、运量及运递时限时，还必须大力发展邮政部门自办的水道邮政运输。

由于自办水道邮运，需要大量的投资，所以在规划发展自办水道邮运之前，应深入进行调查研究，对客观需要的迫切程度和自办的实际可能条件进行详尽的分析。通过分析，如发现全国铁道邮运、公路邮运以及委办水道邮运都难以满足当时当地运邮的实际需要，国家又有可能拨给投资，本身还有筹集资金的可能，而且将来实现后的投资效益较好，经过通盘的充分考虑，进行可行性研究，最后做出自办水道邮运的决策之后，才能按以下基本步骤和方法进行。

（1）选择水道；

（2）选择船只类型；

（3）建设专用码头及其相应的机械化装卸设施；

（4）确定运邮班期、船只需要量和订出行驶时间；

（5）核算配备船长、轮机长、机务员和押运员等船上人员；

（6）制订邮件发运计算表以及组织好沿途邮件的装卸和交换工作；

（7）组织燃料供应以及船只的维护和修理；

（8）规定合理载运的制度和方法，解决回空和充分利用运输能力的问题；

（9）进行经济核算。

总而言之，随着自办水道邮运的发展，需要改革目前水道邮运的管理体制，实行专业化经营，强化水道邮运的管理机制，调动各级邮政局的积极性，各司其职，以更好地发挥自办水道邮运的作用。

第六节　邮件转运最佳方案的选择

邮政运输过程中邮件的转运，同其他生产活动一样，需要费力、费时、费钱，这种活劳动和物化劳动的消耗可不可以节省一点呢？回答是肯定的。本节作为一个案例教学内容，试图引入一种定量的方法，来选择效益最佳的邮件转运方案。

一、邮件转运数学模型的建立

邮件转运问题中，若假定有 m 个邮件出口局和 n 个邮件进口局，令其满足下列条件。

当 $1\leqslant S\leqslant m$ 和 $1\leqslant t\leqslant m$ 时，则从一出口局到另一出口局；

当 $1\leqslant S\leqslant m$ 和 $m+1\leqslant t\leqslant m+n$ 时，则从一出口局到一进口局；

当 $m+1\leqslant S\leqslant m+n$ 和 $1\leqslant t\leqslant m$ 时，则从一进口局到一出口局；

当 $m+1\leqslant S\leqslant m+n$ 和 $m+1\leqslant t\leqslant m+n$ 时，则从一进口局到另一进口局；

其中 S 局和 t 局的任一局都可以是出口局，也可以是进口局。

由此可知，任何一个出口局，不仅可能向外发送邮件，同时也可以接受外来转运的邮件。同样，任何一个进口局，不仅可以接受从外地进口的邮件，同时也可以向外地转运邮件。因此，邮件转运问题就包括了 $m+n$ 个出口局和 $m+n$ 个进口局。

我们假设：X_{st} 表示从 s 局到 t 局的邮运量，C_{st} 表示从 s 局到 t 局的单位运费。

现在来建立邮件转运问题的结构限制方程式，分析过程如下。

第一步，自 i 出口局所运出的邮件量减去 i 局从其他各局转运来的邮件总量，应当等于自 i 出口局实际所运出的邮件量，也就是 i 出口局的限制量为 a_i。

设：X_{ik} 表示从 i 局到 k 局的邮运量；

X_{ki} 表示从 k 局到 i 局的邮运量。

则

$$\sum_{\substack{k=1\\k\neq i}}^{m+n} X_{ki} = A_i \tag{9-8}$$

其中：A_i 表示所有经过 i 局的邮件转运量。

所以

$$\sum_{\substack{k=1\\k\neq i}}^{m+n} X_{ki} - A_i = a_i \qquad (i=1,2,\cdots,m) \tag{9-9}$$

第二步，j 进口局所收到的邮运总量减去自 j 局所转运出的邮运总量，应当等于 j 进口局实际所收到的邮运量，也就是进口局的限制量为 b_j。

设：$$b_j = b_{m+ji}$$

$X_{k,\,m+j}$ 表示 j 局所收到的 k 局邮运总量；

$X_{m+j,\,k}$ 表示 k 局经 j 局所收到的邮件转运总量。

则

$$\sum_{\substack{k=1\\k\neq m+j}}^{m+n} X_{m+j,k} = A_j \tag{9-10}$$

其中：A_j 表示 j 局所转运出的邮件总量。

所以

$$\sum_{\substack{k=1\\k\neq m+j}}^{m+n} X_{k,m+j} - A_j = b_{m+j} \tag{9-11}$$

第三步，由本局运到本局的转运量为零，所以

$$X_{ij}=0, \qquad X_{m+i,m+j}=0$$

由此，式（9-9）和式（9-11）可以写成

$$\sum_{k=1}^{m+n} X_{ik}-A_i=a_i \tag{9-12}$$

$$\sum_{k=1}^{m+n} X_{k,m+j}-A_j=b_{m+j} \tag{9-13}$$

再将式（9-8）和式（9-10）右端移到左端而得到

$$\sum_{k=1}^{m+n} X_{ki}-A_i=0 \tag{9-14}$$

$$\sum_{k=1}^{m+n} X_{m+j,k}-A_j=0 \tag{9-15}$$

最后将式（9-12）、式（9-14）、式（9-13）和式（9-15）用 s、t 代入重写，得到邮件转运问题的结构限制方程式为

$$\sum_{t=1}^{m+n} X_{st}-A_s=a_s \qquad (s=1,\ 2,\ \cdots,\ m) \tag{9-16}$$

$$\sum_{t=1}^{m+n} X_{st}-A_s=0 \qquad (s=m+1,\ m+2,\ \cdots,\ m+n) \tag{9-17}$$

$$\sum_{s=1}^{m+n} X_{st}-A_t=b_t \qquad (t=m+1,\ m+2,\ \cdots,\ m+n) \tag{9-18}$$

$$\sum_{s=1}^{m+n} X_{st}-A_t=0 \qquad (t=1,\ 2,\ \cdots,\ n) \tag{9-19}$$

目标方程式是

$$\min Z=\sum_{t=1}^{m+n}\sum_{s=1}^{m+n} C_{st}X_{st} \tag{9-20}$$

其中：$C_{ii}=0$（$i=1,\ 2,\ \cdots,\ m$）；

$C_{m+j,\ m+j}=0$（$j=1,\ 2,\ \cdots,\ m$）；

$X_{st}\geqslant 0$（$i=1,\ 2,\ \cdots,\ m+n$；$j=1,\ 2,\ \cdots,\ m+n$）。

根据以上邮件转运问题的数学模式，可以制成一般邮运问题表，如表 9-2 所示。

然后用求解线性规划各种方法中最简便的方法来求解邮运表，逐步找到最佳邮运方案。

表 9-2　　一般邮运问题表

运费 进口 / 出口	F_1	…	F_m	T_{m+1}	…	T_{m+n}	发送量 a_i
F_1	C_{11} / X_{11}	…	C_{1m} / X_{1m}	$C_{1,\ m+1}$ / $X_{1,\ m+1}$	…	$C_{1,\ m+n}$ / $X_{1,\ m+n}$	a_1
⋮	⋮	⋮	⋮	⋮	⋮	⋮	⋮
F_m	C_{m1} / X_{m1}	…	C_{mm} / X_{mm}	$C_{m,\ m+1}$ / $X_{m,\ m+1}$	…	$C_{m,\ m+n}$ / $X_{m,\ m+n}$	a_m

续表

运费 进口 / 出口	F_1	…	F_m	T_{m+1}	…	T_{m+n}	发送量 a_i
T_{m+1}	$C_{m+1,1}$ / $X_{m+1,1}$	…	$C_{m+1,m}$ / $X_{m+1,m}$	$C_{m+1,m+1}$ / $X_{m+1,m+1}$	…	$C_{m+1,m+n}$ / $X_{m+1,m+n}$	0
⋮	⋮	⋮	⋮	⋮	⋮	⋮	⋮
T_{m+n}	$C_{m+n,1}$ / $X_{m+n,1}$	…	$C_{m+n,m}$ / $X_{m+n,m}$	$C_{m+n,m+1}$ / $X_{m+n,m+1}$	…	$C_{m+n,m+n}$ / $X_{m+n,m+n}$	0
寄达量 b_j	0	…	0	b_i	…	b_n	$\sum a_i = \sum b_j$

二、邮件转运问题举例

为讨论问题简便起见，假定仅有（F_1，F_2）两个出口局，分别共有（70，55）单位邮件量（每单位为一百袋邮件总包）要运到（T_1，T_2，T_3）三个进口局，分别寄达（T_1，T_2，T_3）三个进口局的邮件量为（35，40，50）。

F_1，F_2两个出口局和T_1，T_2，T_3三个进口局相互间的运费（假定以千元为单位）列于表9-3至表9-5中。

表 9-3　　运费表（一）　　单位：千元

运费 进口局 / 出口局	T_1	T_2	T_3	发送量
F_1	10	14	12	70
F_2	15	12	18	55
寄达量	35	40	50	125

表 9-4　　运费表（二）　　单位：千元

运费 进口局 / 出口局	T_1	T_2	T_3
T_1	0	14	11
T_2	10	0	4
T_3	8	12	0

表 9-5　　运费表（三）　　单位：千元

运费 进口局 / 出口局	F_1	F_2
F_1	0	12
F_2	10	0

表 9-6　　　　　　　　　　**最佳直接邮运费用表**

运费 \ 进口局 / 出口局	T_1	T_2	T_3	发送量
F_1	10 / 20	14 / 0	12 / 50	70
F_2	15 / 15	12 / 40	18 / 0	55
寄达量	35	40	50	125

根据邮件转运问题的数学模式，建立该问题的邮运表，分析步骤如下。

第一步，先从表 9-3 中求出最佳直接邮运费用表，如表 9-6 所示。

此时的最佳直接邮运费用为

$$10 \times 20 + 14 \times 0 + 12 \times 50 + 15 \times 15 + 12 \times 40 + 18 \times 0$$
$$= 1505（千元）$$

第二步，再将表 9-6 与前面出口局和进口局之间的互相转运运费表合起来，制成一个邮运互运基表，如表 9-7 所示。

表 9-7　　　　　　　　　　**邮运互运基表**

C_{ij} \ X_{ij}	F_1	F_2	T_1	T_2	T_3	
F_1	0 / 125	12 / 0	10 / 20	14 / 0	12 / 50	125 +70
F_2	10 / 0	0 / 125	15 / 15	12 / 40	18 / 0	125 +55
T_1	10 / 0	15 / 0	0 / 125	14 / 0	11 / 0	125
T_2	14 / 0	12 / 0	10 / 0	0 / 125	4 / 0	125
T_3	12 / 0	18 / 0	8 / 0	12 / 0	0 / 125	125
	125	125	125 +35	125 +40	125 +50	750

制成邮运互运基表后，选择一种解答运邮基表方法，逐步改善邮运结构，减少邮运费用，直至邮运费用最少，从而得到最佳邮运方案。本例采用改良调配法（Modified Dist ribution Method，简称 MODI 法）来改善邮运基表，逐步寻求该邮运问题的最优解。

MODI 法是从已建立的邮运基表开始，然后评核落选 X_{ij} 的值，看有无改善邮运基表的可能。评核落选 X_{ij} 值的方法如下。

首先使已入选的 X_{ij} 的费用等于 C_{ij} 这个入选的行（K_j）与列（R_i）的和值，依此列出方程式并求出 K_j 和 R_i 的值。

入选	列		行		费用
X_{ij}	R_i	+	K_j	=	C_{ij}
X_{11}	R_1	+	K_1	=	C_{11}
X_{13}	R_1	+	K_3	=	C_{13}

X_{15}	R_1	+	K_5	=	C_{15}
X_{22}	R_2	+	K_2	=	C_{22}
X_{23}	R_2	+	K_3	=	C_{23}
X_{24}	R_2	+	K_4	=	C_{24}
X_{33}	R_3	+	K_3	=	C_{33}
X_{44}	R_4	+	K_4	=	C_{44}
X_{55}	R_5	+	K_5	=	C_{55}

表 9-7 中有 9 个 X_{ij} 入选，故可列出 9 个方程式，但是共有 10 个变数：$R_1 \sim R_5$，$K_1 \sim K_5$。先任意假定一个 R 或 K 的值，即可求出所有的 R 和 K 的值。

假定 $R_1 = 0$

则 $K_1 = C_{11} - R_1 = 0 - 0 = 0$

$K_3 = C_{13} - R_1 = 10$

$K_5 = C_{15} - R_1 = 12$

$R_2 = C_{23} - K_3 = 15 - 10 = 5$

$K_2 = C_{22} - R_2 = 0 - 5 = -5$

$K_3 = C_{23} - R_2 = 15 - 5 = 10$

$K_4 = C_{24} - R_2 = 12 - 5 = 7$

$R_3 = C_{33} - K_3 = 0 - 10 = -10$

$R_4 = C_{44} - K_4 = 0 - 7 = -7$

$R_5 = C_{55} - K_5 = 0 - 12 = -12$

再将所得 R_i 和 K_j 的值，分别注于表 9-7 中各相符合的行列上，如表 9-8 所示。

表 9-8　　　　调整表（一）

		K_1=0	K_2=−5	K_3=10	K_4=7	K_5=12	
	C_{ij} \ X_{ij}	F_1	F_2	T_1	T_2	T_3	
R_1=0	F_1	0 / 125	12 / 0	10 / +20	14 / 0	12 / −50	125 +70
R_2=5	F_2	10 / 0	0 / 125	15 / −15	12 / +40	18 / 0	125 +55
R_3=−10	T_1	10 / 0	15 / 0	0 / 125	14 / 0	11 / 0	125
R_4=−7	T_2	14 / 0	12 / 0	10 / 0	0 / −125	4 / 0	125
R_5=−12	T_3	12 / 0	18 / 0	8 / 0	12 / 0	0 / 125	125
		125	125	125 +35	125 +40	125 +50	750

然后根据表 9-8 中 R_i 和 K_j 的值与落选的 X_{ij} 的费用 C_{ij} 相比较。如果 R_i 和 K_j 的和值大于这个 C_{ij} 的值，则说明落选的 X_{ij} 的费用 C_{ij} 比已入选的费用便宜，因为 R_i 和 K_j 的和值是与已入选的 X_{ij} 的费用 C_{ij} 相等的，所以邮运基表尚可进一步改善。下面计算这些落选的 X_{ij} 的值，

寻找有无可改善的 X_{ij}。

落选（X_{ij}）	R_i	+	K_j	−	C_{ij}	=	0	尚可改善否
X_{12}	0	+	（−5）	−	12	=	−17	×
X_{14}	0	+	4	−	14	=	−10	×
X_{21}	5	+	0	−	10	=	−5	×
X_{25}	5	+	12	−	18	=	−1	×
X_{31}	−10	+	0	−	10	=	−20	×
X_{32}	−10	+	（−5）	−	15	=	−30	×
X_{34}	−10	+	7	−	14	=	−17	×
X_{35}	−10	+	12	−	11	=	−9	×
X_{41}	−7	+	0	−	14	=	−21	×
X_{42}	−7	+	（−5）	−	12	=	−24	×
X_{43}	−7	+	10	−	10	=	−7	×
X_{45}	−7	+	12	−	4	=	1	（可改善）
X_{51}	−12	+	0	−	12	=	−24	×
X_{52}	−12	+	（−5）	−	18	=	−35	×
X_{53}	−12	+	10	−	8	=	−10	×
X_{54}	−12	+	7	−	12	=	−17	×

在所在落选的 X_{ij} 中，X_{45} 的运费 4 低于 $R_4+K_5=-7+12=5$ 的值。因此，X_{45} 尚可改善，应尽量利用这条邮运线，将邮件由 T_2 运到 T_3。用平衡闭路法重新调整邮运基表，调整轨迹见表 9-8 中箭头所示。表 9-8 中，在落选 X_{45} 上需要增加邮运量，故在此方格中注上一个"+"号，以此为出发点在闭合平衡圈上分别注上"+"、"−"相间的符号，也就是说，在某处加一单位邮件，同时也要在另处减去一单位邮件，以形成新的平衡。

X_{45} 应当等于 min（125，15，50）= 15，故取 $X_{45}=15$，调整表 9-8 得表 9-9。

表 9-9　　调整表（二）

		K_1=0	K_2=−5	K_3=10	K_4=7	K_5=12	
	C_{ij} \ X_{ij}	F_1	F_2	T_1	T_2	T_3	
R_1=0	F_1	0 / 125	12 / 0	10 / 20+15 =35	14 / 0	12 / 50-15 =35	125 +70
R_2=5	F_2	10 / 0	0 / 125	15 / 15-15 =0	12 / 40+15 =55	18 / 0	125 +55
R_3=−10	T_1	10 / 0	15 / 0	0 / 125	14 / 0	11 / 0	125
R_4=−7	T_2	14 / 0	12 / 0	10 / 0	0 / 125-15 =110	4 / 0+15 =15	125
R_5=−12	T_3	12 / 0	18 / 0	8 / 0	12 / 0	0 / 125	125
		125	125	125 +35	125 +40	125 +50	750

每一次调整邮运基表后，用上述同样的方法，重新求 R_i 和 K_j 的值，经过评核发现已没有任何落选 X_{ij} 可进一步改善，所以证实第一次改善邮运基表后即为最佳邮运表。

此时，得到最佳邮运路线，如表 9-10 所示。

表 9-10　　最佳邮运路线

邮运过程	T_1	T_2	T_3	发送量
F_1 出口局 70 百袋邮件分运到	35	0	35	70
F_2 出口局 55 百袋邮件运到	0	55	0	55
再由 T_2 进口局 55 百袋邮件中提出 15 百袋运到 T_3 进口局	0	-15	15	0
寄达局	35	40	50	125 / 125

与最佳邮运路线相一致的最少的总费用为

$F_1 \rightarrow T_1$　　$35 \times 10 = 350$

$F_1 \rightarrow T_3$　　$35 \times 12 = 420$

$F_2 \rightarrow T_2$　　$55 \times 12 = 660$

$T_2 \rightarrow T_3$　　$15 \times 4 = 60$

$$\sum\sum C_{ij}X_{ij} = 350 + 420 + 660 + 60 = 1490\text{（千元）}$$

比最初 1505 千元邮运费用要节省 1.5 万元。

复习思考题

1. 解释概念

（1）邮政运输工作；（2）直驶；（3）迎驶；（4）接驶；（5）邮车押运工作；（6）邮件转运工作。

2. 问答题

（1）邮政运输工作的内容是什么？什么叫邮政运输工作管理？

（2）邮政运输有什么特点？邮政运输方式主要有哪几种？

（3）铁道运邮有哪几种方式？邮件发运顺序是什么？

（4）我国汽车邮运现有哪两种方式？邮政企业如何办好汽车邮运？

（5）航空邮运组织有哪两种基本方法？如何发展我国的航空邮运事业？

（6）邮政运输部门如何充分发挥我国水道邮运的优势？

第十章

邮政投递工作管理

学习目标：通过本章学习，理解邮政投递及投递方式；掌握邮政的投递制式；了解城市投递工作管理；了解农村投递工作管理。

学习重点：邮政投递方式。

学习难点：邮政的投递制式。

Management

第一节　邮政投递工作概述

邮政投递是邮政通信生产过程中的最后一个环节，也是直接接触公众最广泛并检验邮政通信信誉好坏的关键岗位。

一、邮政投递工作及其重要性

（一）邮政投递的概念

所谓邮政投递就是将邮件按规定的方式和手续投交给寄件人指定的合法收件人。因此，邮政投递的任务就是将各地寄来的各类进口邮件，以及本埠互寄的各类邮件，按照规定的时限、频次和手续，准确而又完整的投交给寄件人指定的收件人。

（二）邮政投递的重要性

邮政投递在整个邮政通信生产过程中占有重要的地位，主要体现在以下几个方面。

1．投递工作是获取社会效益的关键

邮件一经投出，传递过程即告结束。在此之前，收寄、处理和运输各个生产环节，为质量优良地完成传递任务所做出的种种努力，都要通过投递工作集中体现出来。投递工作中如果发生错投、漏投、丢失、泄密等问题，都足以使投递以前的各阶段所做的努力付诸东流，甚至会使国家和人民遭受无法弥补的损失，对社会效益会产生很大的影响。因此，优质的投递工作为邮政通信的顺利结束划上了圆满的句号。

2．投递工作是邮政企业服务水平的反映

投递工作直接向收件人投交邮件，直接面对广大用户，是邮政企业为用户提供优质服务的重要工作，对企业的服务质量和服务水平的高低会产生很大影响，是邮政企业服务水平的反映。

3．投递工作对邮政通信事业的可持续发展具有重大意义

投递工作是邮政通信生产过程中的基本工种，投递人员多，占全国邮政人员的三分之一左右。因此，对邮政投递工作进行科学的管理，充分发挥投递人员的作用，努力提高投递质量，更好地为用户服务，对邮政通信事业的可持续发展，具有非常重要的意义。

二、邮政投递制式的选择

由于我国地域辽阔，经济发展水平很不平衡，使得投递工作差异很大。例如城市和农村，其投递范围的大小、投递业务量的多少就相差很大。因此，在邮政投递组织上就应该采取不同的制式。邮政投递的组织形式主要有集中投递制和分散投递制两种。

（一）集中投递制

集中投递制就是一个企业在一个城市范围内组建一个专业投递局，由专人专车集中进行投递。其投递过程如图 10-1 所示。

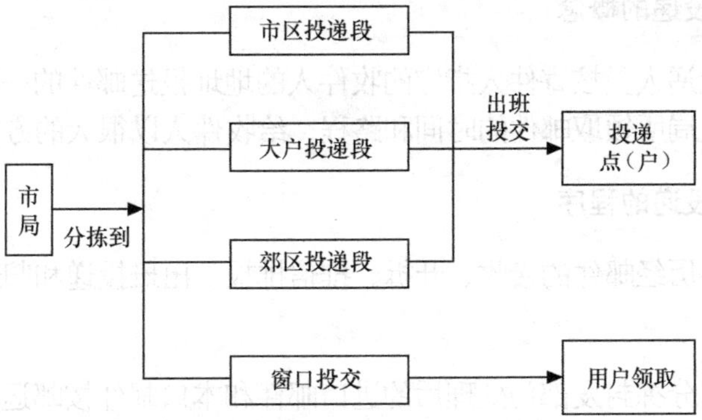

图 10-1　集中投递制示意图

采用集中投递制的优点就是可以一次直分到段，避免重复分拣，如有误分可随时更正，同时避免在各投递段之间往返费时，从而提高投递效率。

很多中小城市，城区范围不算太大，居民居住比较集中，由一个投递局进行集中投递能够完成规定的投递时限和不产生过多的空白行程时，宜采用集中投递制。

（二）分散投递制

分散投递制就是将投递范围划分为若干个投递区，并在每一个投递区内选定一个投递局，由市局将全市的邮件先通过市内转趟分运到各投递局，再由各投递局按投递段进行投递。其投递过程如图 10-2 所示。

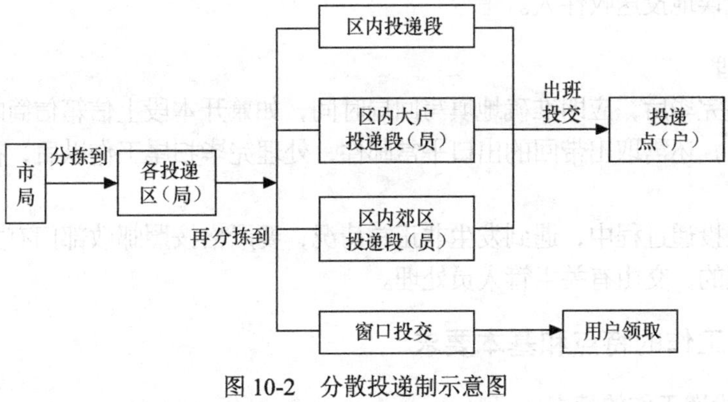

图 10-2　分散投递制示意图

采用分散投递制的优点是投递员可以就近上段投交，减少了上段的空白行程，加快投递速度。

城区范围较大，居民广为分布的大中城市宜采用分散投递制。

三、邮件按址投递的程序

邮政投递方式有按址投递和窗口投递两种。窗口投递要求收件人亲自到邮政营业部门领取邮件，这种方式在本书第七章中已有讨论，本章不再赘述。下面主要讨论按址投递。

（一）邮件按址投递的概念

按址投递就是投递人员按寄件人指定的收件人的地址投送邮件的一种方式。这种方式可以节省收件人到邮政局所领取邮件的时间和路程，给收件人以很大的方便。

（二）邮件按址投递的程序

按址投递工作要历经邮件的接收、开拆、排信排报、出班投递和归班处理等程序。

1. 邮件的接收

邮政转运部门将分拣封发部门处理后的进口邮件和本口邮件按邮运频次经市内转趟发来投递局，投递局按规定的手续在接收时进行交接验收。

2. 邮件的开拆

投递局接收邮件后，在局内开拆邮件袋套，处理给据邮件和平常邮件。处理工作具体包括逐件加盖投递日戳，报刊由指定人员按段分拣，平常邮件由投递人员集体分拣以缩短分拣时间，给据邮件由指定人员处理分段后，交各段投递员核验盖章领取。

3. 排信排报

投递员按照投递路线，依次将信函和报刊排列整齐，按顺序排列给据邮件并抄登投递清单，捆扎装袋，以便投递。

4. 出班投递

投递人员在各自投递段道的区域内，循着最佳投递路线，按寄件人指定的收件人地址逐件将邮件准确无误地投送收件人。

5. 归班处理

投递员投递完毕后，应即准确地填写回局时间，如兼开本段上信箱信筒邮件或兼收出口邮件的投递人员，还需取出带回的出口平常邮件，处理完毕扫尾工作以后，在原始记录簿上登记结束时间。

投递人员在投递过程中，遇到发生非正常情况，要严格按照邮政部门有关规定处理，投递人员不能处理的，交由有关主管人员处理。

四、邮政投递工作的特点和基本要求

（一）邮政投递工作的特点

（1）邮政投递以室外单独作业为主，工作条件差，工作强度大。

（2）投递质量要求高，因为如果投递工作出现差错或延误，将使得前面的所有工作前功尽弃。

（3）投递人员多，服务面积大。

（4）投递范围广，投递环境差别大。

（二）邮政投递工作的基本要求

为了确保邮政投递工作优质高效，邮政投递工作必须达到以下基本要求。

（1）确保邮件投递的准确安全，避免误投、漏投、丢失、毁损、延误、泄密等差错的发生；

（2）不断提高工效，缩短处理和投递时间；

（3）合理规定投递班次，加快邮件的投递速度；

（4）强化投递人员的责任心，确保投递工作万无一失；

（5）不断改善服务，力求方便用户。

为了达到上述各项要求，邮政投递过程中必须在管理、技术和方法上采取一系列措施，加以保证。具体要做好划分投递区和投递段、配备投递员和组织投递班组、规划确定投递路线、安排投递时间等各项工作。

由于城乡投递条件差别很大，邮政投递管理工作有必要对城市投递工作和农村投递工作分别进行讨论。

第二节　城市投递工作管理

城市投递工作集中且量大，要科学地划分好投递区域，选择最佳投递路线，安排好投递时间，把握好投递深度，不断提高邮件的投递效率，确保投递质量。

一、划分投递区和投递段

组织好城市投递工作，首先要合理划分投递区和投递段。

（一）划分投递区

投递区就是一个投递局负责投递的区域范围。一个城市划分多少个投递区，其范围应该有多大，要根据市区面积、地形、交通、行政区划、邮政局所的分布、居民情况、人口密度以及邮件投递量的多少而定。其中市区面积、投递业务量和局所分布情况为主要考虑因素。

市行政区内可以划分为若干个投递区，投递区的划分一般不受市内行政区划的限制。但为了便于邮政分拣，划界要清楚，尤其是市内设有区级邮政局的，为了有利于统一领导和业务监督检查，严密管理，一般不应跨越两个或两个以上的行政区。

划分投递区应以方便投递工作，加速邮件的投递为原则。因此，投递区不宜划得过大，过大影响投递速度；但也不宜划得过小，过小会造成人力浪费和管理分散，并将增加汽车市内转趟的工作量。

（二）划分投递段

每个投递区，应划分一定数目的投递段。投递段是投递员投递邮件的投递范围。划分投递段应满足下列基本要求。

（1）每段各班应以配备一个投递员为限。这样可以明确每个投递员的责任范围，便于每个投递员熟悉所管投递段内有关邮件投递的各种情况，以利于提高邮件的投递速度和投递质量；

（2）每个投递段的划分，必须保证投递员能在规定的投递时限内，把应当投出的邮件及时投交收件人，不致延误；

（3）保证每个投递员的工作日程得以充分利用；

（4）所划分的各段工作量基本平衡，劳动强度尽可能均匀。

由于投递段一般采用一段一人制，投递段的大小，应以投递员一天的工作总时间相当于日工时定额为限。所以，确定投递段数的方法，就是把全投递区的各项投递工作量的时间之和，除以投递员日工时定额。因此，确定投递段数的计算公式为

$$N=(T_a+T_b+T_c)/T_n$$

式中：N 表示投递段数；

T_a 表示内部处理所需的总时间；

T_b 表示局外投递所需的总时间；

T_c 表示绕行各段所需总时间（含空跑里程时间）；

T_n 表示投递员的日工时定额（8 小时）。

为使市内投递的邮件在投递前的分拣过程中不致发生错误，同时又要便于投递，划分投递段和确定投递段间界线时，应注意下列几点。

（1）每条街道和胡同应尽可能划入同一个投递段，以便于按段分拣和内部作业。如果限于条件，不能划入一个投递段时，可将街道的一边连同相关的胡同划入一个段，街道的另一边连同相关胡同划入另一个段。街道延伸较长，应以交叉路口适当地点为界，将同一街道划成若干投递段；

（2）段与段之间，尽量避免划分成犬牙交错形状和互相跨越形状，界线要明确；

（3）每个投递段的划分，应尽可能将街道和里、弄、胡同结合起来，统筹考虑。

二、投递路线的确定

随着投递段的划分，就要规划和确定投递路线。投递路线是投递员投送邮件时所行走的路线。确定投递路线总的原则是：在保证邮件妥投给收件人的前提下，总的行程最短，所费时间最少，在提高劳动生产率和确保投递质量的同时，改善投递员的劳动条件。

确定投递路线的基本方法有传统组织法和运筹选择法两种。前一种方法不作讨论，后一种方法将在本章第四节中专门讨论。

三、分析投递外部作业时长

为了合理划分投递路段和确定投递路线，对于现行的各个投递段道，有必要研究其外部作业时间。投递外部作业时间就是各个投递段道的投递员在局外作业过程中，总行程和投递

邮件所需要的时间。

（一）投递外部作业时长的动态分析

投递人员从邮局出发，邮件全部投完返回邮局这一系列过程，为投递外部作业活动。这一过程中的每一项操作与邮件的处理都需要时间，因为持续的操作处理就发生持续需时。而在不同的投递路线中，受里程、邮件量和投递点三者之间变量关系的影响，因而产生不同的时长。对这种变量之间影响时长所作的分析就是动态分析，分析研究的目的就是为了缩短投递外部作业的总时长。

投递邮件过程中，邮件量、投递点和里程，即“量、点、线”对投递外部时长产生影响，主要表现在以下几个方面。

（1）投递路线里程长短、地形和道路特点；

（2）投递所达的房屋建筑层次、高层楼房的数量和分布情况；

（3）邮件的负荷量；

（4）需签收的给据邮件及期刊数量；

（5）居民区、商业区及其疏密程度；

（6）天气情况；

（7）投递点的多少，其中散户和单位大户的比重；

（8）投递人员的工作责任心和服务质量；

（9）投递人员的工龄长短、文化技术水平以及性别和健康条件等。

量的大小、点的多少、线的长短相互制约，相互联系，“量、点、线”的这种动态关系对投递外部总时长构成影响。

（二）时长的测算和分析

（1）调查测实，逐一记录。计算总时长时，先要测算分段时长。根据投递外部作业，将各作业因素划分段落，确定要测算的项目范围和作业内容，通过调查测实，逐一记录其起时和终时。

（2）根据记录，整理资料。将已初步规划的投递路线，逐条进行调查测算，然后对测实记载资料进行审查甄别，剔除异常因素后获得准确的数据及其资料。这样取得的数据，经整理统计，即可据以编制投递路线时长表。

（3）综合平衡后，编订投递路线时长表。对投递路线的组织方案，自上而下，自下而上，讨论修订，最后定案执行。执行过程中一般不作轻易变动。

（三）时长分析的作用

通过时长分析，可以把“量、点、线”综合起来考虑，以期达到优化投递路线的目的。

投递路线的优化，就是要达到其可行性和有效性的目标。投递路线的可行性就是要能衔接邮件的进出口作业和市内转趟的到开时刻、符合投递的频次和时限规定、保证段道内重点用户的特殊需要等；投递路线的有效性就是行走路线最短，联结投递点最多，花费人力最少，投递员的负荷均衡等。

四、投递员的配备及其投递时间表的制订

实际上，划分好投递段后，投递员的配备也就清楚了，投递员的人数就等于投递段数。此外，要按邮政部门有关规定，适当增派轮休替班投递人员。

为使投递工作与整个邮政企业的邮件进口生产过程密切联系起来，并保证投递频次和时限的具体贯彻，邮件投递局必须根据确定了的投递频次和时限制订投递时间表。

投递时间表的内容包括各班投递所需的分拣、排信、排报、登单时间及出局、返局时间。投递局的投递时间表的格式如表 10-1 所示。

表 10-1　××局投递时间表

投递段名	班次及投递时间（　时　分）							
	第一次				第二次			
	分拣及排信、报		投递		分拣及排信、报		投递	
	起	止	起	止	起	止	起	止

五、邮件投递的深度和方式

邮件投递深度的确定和投递方式的选择，要根据邮政主管部门的规定，结合投递局的客观条件与用户的实际需求来通盘考虑。城市用邮户通常可以分为机关单位、平房住户、楼房住户和郊区住户等四种类型，其邮件的投递深度和方式有所不同。

（一）机关单位

寄送机关单位的公私邮件及其报刊，不分市区、郊区，一律投递到单位的传达室、收发室或指定的接收邮件的人员；同在一幢楼或一个院内多单位的应由所在单位在地面层总入口处或院门口指定统一的收发室接收邮件。

（二）平房住户

寄交城区、郊区的平房用户的邮件及其订阅的报纸，应直接投交收件人、订户或其家属，如其家属也不在家，可商请其同住宅的邻居代收；对经常不在家的收件人、订户或其家属，可另行商妥改投地点；对装有信报箱的收件人可直接将信报投入箱内。投交各类给据邮件，必须交给收件人或其家属，对方收到后要在投递清单上签字；投交刊物，原则上应由订户本人或其家属签收。

（三）楼房住户

对城区、郊区楼房住户信报的投递方式，应采取在底层安装信报箱进行投递的方式，实行插箱投递，如同一楼群设有传达室的则投交传达室；给据邮件和刊物的投交在有投递能力的情况下应投交到收件人手中，如确有困难时应通知收件人到邮局窗口领取。

（四）郊区住户

寄交城市郊区的乡或镇所属的林场、牧场、乡镇企业、学校、商店、卫生院等单位的公私邮件及其报刊，一律投交单位的传达室、收发室或指定的接收人员；收件人（或订户）的地址写明自然村或正式门牌号码的邮件，要投交给指定的收件人；如遇自然条件变化等情况暂时无法投交邮件时，平常邮件和报纸可投交核定的接收点，但给据邮件应采取妥善方式投交收件人；凡未经核定接转点的地段，均应按规定深度投递。

第三节　农村投递工作的管理

农村邮政投递是县内邮政通信的主体，也是我国整个邮政投递工作的重要组成部分，应予以足够的重视。

一、农村邮政投递管理工作的一般原则

我国农村地域广大，农民居住分散，交通和自然条件差异很大，政治、经济和文化状况也不一样。这就决定了农村投递具有点稀、线长、面广、业务量少且不均匀等特点。为了适应这些特点，并考虑邮政通信发展的现状，农村邮政投递管理工作遵循以下几个一般原则。

（1）以自编力量为主，自编力量与委办力量相结合；

（2）合理组织投递网路，挖掘潜在力量；

（3）加强现场管理，充分发挥自办机构和自编力量；

（4）大力发展委办投递，最大限度地利用委办力量来补充自编力量的不足。

我国自编力量的乡邮员，一般采用运投合一、投取合一和投营合一的工作方式，使每一条邮路尽可能既担负局所之间的邮件运输任务，又负责沿线邮件的投递任务，此外还兼营投递路线上的开箱取信和交换邮件的工作，并根据可能条件，办理出售邮票、收寄平常函件、代寄代送汇款、代办包裹、代订报刊等业务。在确保准时投送邮件的同时，尽可能为用户用邮提供方便。

二、农村投递区和投递段的划分

（一）农村投递区的划分

农村投递区就是一个邮政投递局、支局、所负责投递的区域范围，其划分应根据用户的需要与邮局的可能，从实际出发，合理规划，既要适应农村对邮政投递的需要，又要力求经济合理。一般采取以下几种方法。

（1）凡是依行政区划设置邮政支局所，并以此支局所为中心进行投递确已具备条件的，可把投递区与行政区统一起来；

（2）支局所的设置虽与行政区划一致，但因受交通和地形条件的限制，为避免浪费

或延误邮件传递，可以局部打破行政区划，按照经济合理的要求统一规划，规定投递区范围；

（3）个别集镇或机关单位因隔山跨河不便直接进行投递，或者直接进行投递会造成邮件严重倒流，而由邻县组织投递既节省人力又可加快传递速度的，也可通过洽商并经过省局同意，组织局部地方的跨县投递。

（二）农村投递段的划分

农村投递段道的划分，无论采用何种投递方式，原则上都是以投递点、投递里程和投递时间作为划分依据的。但投递到户与投递到乡或到村有明显的区别，主要体现在以下两个方面。

（1）投递到乡或到村的投递点稳定，具有固定性，而直接到户则具有分散性，投递难度增加很多；

（2）投递到乡或到村是一个层次的投递，而投递到户则为两个层次的投递。

三、农村投递路线的组织形式

（一）农村投递路线的概念

农村投递路线就是邮政自编投递人员、委办投递人员在农村地区投递邮件及其报刊时所走的路线，以及农村邮政支局所在其所在地（镇、街圩）范围内投递邮件及其报刊所走的路线。由于农村地区地理条件复杂，各投递点在要求上也有所不同，应当根据具体条件，不同需要，组织不同的农村投递路线，以便尽量节省人力，充分发挥不同投递路线的潜力。

（二）农村投递路线的形式

投递路线的形式是多种多样的，一般有下列三种主要形式。

（1）直线型路线，如图 10-3 所示。

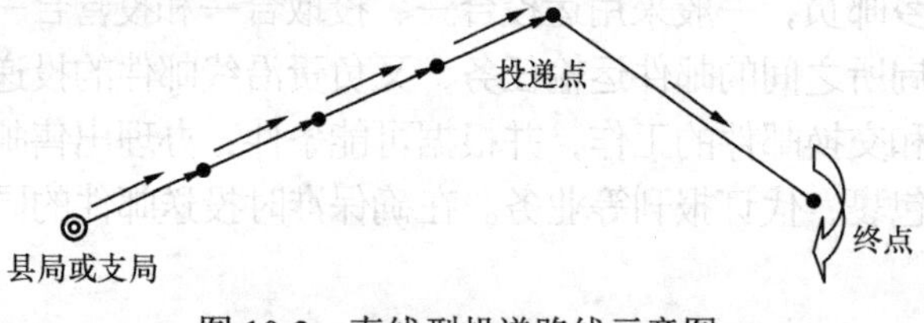

图 10-3　直线型投递路线示意图

（2）环型路线，如图 10-4 所示。

（3）直、环混合型路线，如图 10-5 所示。

在有条件组织环型或直、环混合型路线的地方，应尽量组织这些形式的投递路线，以减少空白行程，节省人力。但在偏僻的山区、峡谷深沟及一些特殊的地方，则须组织直线型投递路线，以适应特殊投递环境的需要。

农村投递路线选定以后，要与规划的农村邮路相结合，实行“五定”和排单管理制度。“五定”即定点、定线、定时、定工具和定人员。实行排单制度是为了建立农村邮件运递的正常秩序，便利群众，加强服务，提高邮政通信质量。

四、农村邮件投递的方式和深度

农村邮件投递的方式，原则上与城市邮件投递的方式相同。要根据寄件人或订阅人指定的地点将平常邮件及其报纸，分门别类地投交给村民小组指定的接收人，给据邮件、刊物则要直接投交到用户，由用户签收。具体来说，农村邮件投递深度的确定，要根据邮政主管部门的规定，结合农村投递局的客观条件与用户的实际需要来通盘考虑。具体有以下规定。

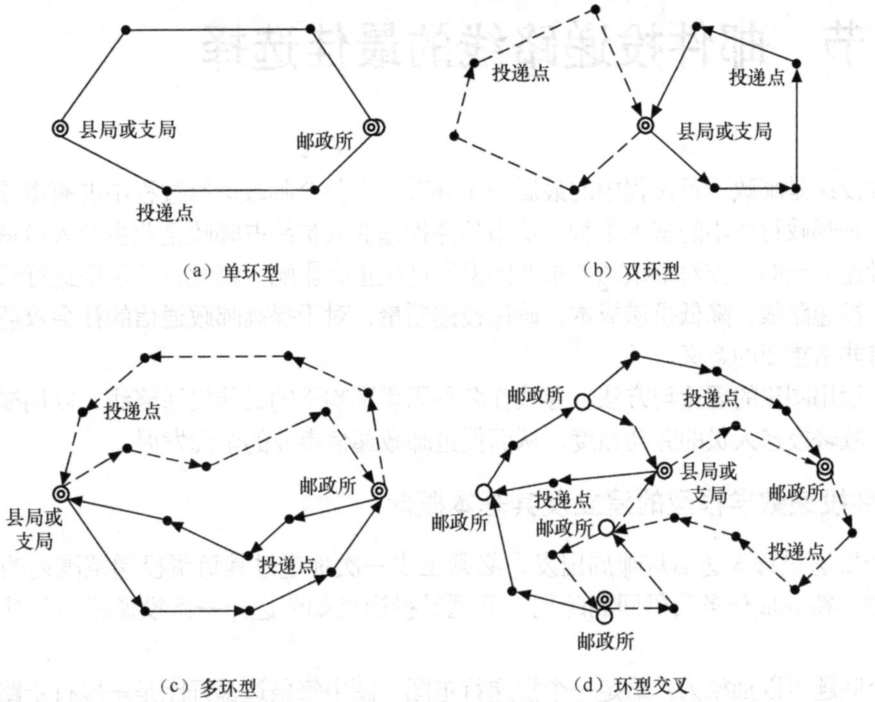

图 10-4　环型投递路线示意图

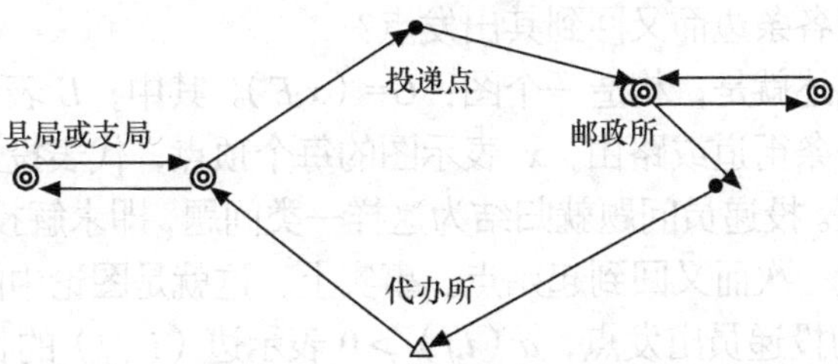

图 10-5　直、环混合型投递路线示意图

（1）经济比较发达，文化水平较高，交通条件较好，投递工作量比较大（在规定的邮路里程内，半数以上的班期负重，自行车在 15 公斤以上，步班在 10 公斤以上）的地区，可投到村民小组、自然村；

（2）经济、文化不够发达，交通条件较差，投递工作量又不大（在规定的邮路里程内，半数以上的班期负重，自行车在 10 公斤以上，步班在 5 公斤以上）的地区，可投到村民委员会；

（3）经济、文化比较落后，交通不方便，投递工作量又很小（在规定的邮路里程内，半数以上的班期负重，自行车在 10 公斤以下，步班在 5 公斤以下）的少数边远地区，可投到乡政府所在地；

（4）挂号邮件和按给据邮件手续投递的领取邮件通知单，有条件的地方要投递到户，条件不具备的地方要创造条件，确实不能投递到户时要按国家邮政局有关规定处理。

第四节　邮件投递路线的最佳选择

邮政投递是邮政运行过程中的最后一个环节，在整个邮政运行过程中占有重要的地位。投递工种是邮政行业中的基本工种，从事邮件投递的人员约占邮政企业生产人员总数的三分之一，投递人员的工作对邮政通信事业的发展产生重大影响。因此，科学地进行邮政投递，优化邮件投递路线，降低投递成本，确保投递质量，对于提高邮政通信的社会效益和企业效益都具有非常重要的意义。

我们运用图论的理论与方法，寻找在各种因素影响下的最佳投递路线，以期提高邮政投递效率，减轻投递人员的劳动强度，从而促进邮政通信事业的全面发展。

一、邮件投递数学模型的建立及其基本概念

一个投递员每次送信从邮局出发，必须至少一次地走过其负责投递范围内的每一条街道或路由，待完成任务后仍回到邮局。问题是投递员如何选择一条投递路线使其所走的路线最短？

这个问题可以抽象为：给定一个投递行走图，图中每条边都好比是一段行走路程，试求这个投递行走图每边至少经过一次，并使投递行走图中的总路程最小，即投递员如何尽可能少地行走遍历邮路所有各条边而又回到其出发点？

用图论中的图来描述就是，构造一个图：$G=(x,E)$。其中，E 表示图的每条边，代表投递员投递路线中的每一条街道或路由，x 表示图的每个顶点，代表投递员投递路线中两条街道或路由之间的交叉点。投递员问题就归结为这样一类问题，即求解投递员的最短投递路线，使得其至少经过每条边一次而又回到起始点。事实上，这就是图论中的一笔画问题。

例 10-1：假设 s 为投递员出发点，$a(i,j)>0$ 表示边 (i,j) 的长度，如图 10-6 所示。

由图 10-6 可见，投递员要遍历图中每条边至少一次而又回到出发点 s 的路线，不外乎以下四种。

路线 1，s → a → b → c → d → b → s；

路线 2，s → a → b → d → c → b → s；

路线 3，s → b → c → d → b → a → s；

路线 4，s → b → d → c → b → a → s。

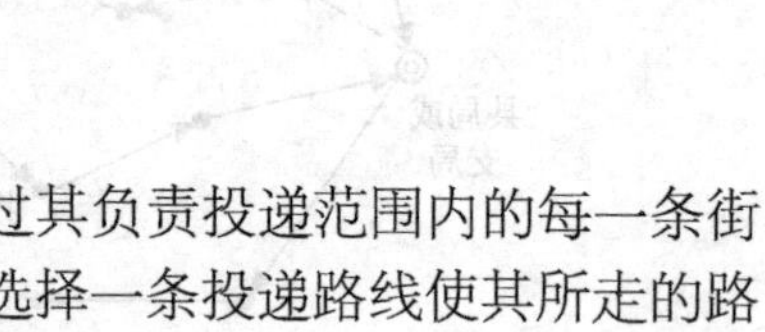

图 10-6　投递行走图

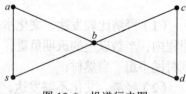

以上四条路线中任何一条路线经过每条边恰好都是一次。因此，每条路线的总长度都是一样的，投递员不可能找到更短的路线。对于经过图中各条边仅仅只有一次的路线称之为欧拉旅程。

若 Q 为连通无向图 G 的一条链，G 的每条边在 Q 中恰好出现一次，称 Q 为欧拉链，闭的欧拉链称为欧拉旅程；若无向图 G 含有一条欧拉旅程，则称图 G 为欧拉图，显然一个图能一笔画出，这个图必然就是欧拉图或含有欧拉链。

（一）连通无向图 G 为欧拉图的充要条件为 G 中无奇阶顶点

若连通无向图 G 为欧拉图，则 G 中无奇阶顶点；反之，若连通无向图 G 中无奇阶顶点，则 G 必为欧拉图。也就是说，投递员到达某一顶点的次数一定等于其离开这一顶点的次数。用 $d(x_i)$ 来表示图 G 中顶点的次（次就是与顶点的关联边数）。因此，投递员如果不重复与某一顶点关联的任何一条边，那么与这个顶点关联的边的数目就一定是偶数，此时，就称这个图为偶次图；反之，这个图就是奇次图。任何图中的奇次顶点的数目为偶数。这是因为，图 G 中任何边都连接两个顶点，也就是说，图 G 中每条边有两个次，则图 G 中所有顶点的总次数两倍于图 G 的边数，即

$$\sum_{i=1}^{n} d(x_i) = 2e \tag{10-1}$$

如考虑把图 G 中所有 n 个顶点分为奇次顶点（x_i）与偶次顶点（x_j），则（10-1）式表示为

$$\sum_{i=1}^{n} d(x_i) = \sum d(x_j) + \sum d(x_i) \tag{10-2}$$

由于（10-2）式中左边为偶数，（10-2）式中右边的第一项为偶数，则（10-2）式右边第二项必为偶数。也就是说，图 G 中的奇次顶点的个数是偶数。这个结论对后面的讨论非常有用。

（二）连通无向图 G 含有欧拉开链的充要条件为 G 中奇阶顶点的个数为 2

连通无向图 G 含有欧拉开链，则图 G 中奇阶顶点的个数为 2；反之，若连通无向图 G 中奇阶顶点的个数为 2，则图 G 必含有欧拉开链。也就是说，一个能一笔画成的图，必须有一个作为起点的顶点和一个作为终点的顶点。如果连通无向图 G 无奇阶顶点，则该图能一笔画成，第一个点和最后一个点相同；如果连通无向图 G 中有二个奇阶顶点，则该图也能一笔画成，但第一个点和最后一个点不同。若图中无奇点，按欧拉旅程行走的总权数必须是最小的。如果图中有奇点，显然每条边行走一次又回到原地是不可能的；如果一定要回到原地就得走重复路，添加一些边便把有奇点的图转换成无奇点的图，由于要求总行程最小，因此必须寻求使新添加边的总权数最小。

二、单因素影响下的最佳邮件投递路线的选定

首先，我们只考虑投递路程（即单因素）影响下的最佳邮件投递路线的选定。

若把投递员投递邮件的街道、区域视为非负赋权无向图 G，表示街道的边 e 的权为 $W(e)$，即为街道路程的长度，则问题就在于在无向图 G 中寻找一条闭链 Q^*，有

$$W(Q^*)=\text{Min}\{W(Q)|Q \text{为} G \text{中一条包含} G \text{全部边的闭链}\}$$

若无向图 G 为欧拉图，则根据求欧拉旅程算法可求出 G 中的欧拉旅程，它即为最短投递路线 Q^*。但是，在实际投递路线中，无向图 G 可能是非欧拉图。若 G 为非欧拉图，则它具

有偶数个奇阶顶点（本节前面已证明过），此时任一条包含 G 全部边的闭链必然要重复走部分路线，这是无法避免的，投递员走的路程的长短，就取决于重复走的路程的长短。

设 Q 为一条包含 G 的全部边的闭链，其中部分边重复出现。作相应的图 G，若边 $e=[u,v]$ 在 Q 中出现 $k+1$ 次，则在图 G 中添加 k 条$[u,v]$边，称添加边，且令每条添加边的权和原来边的权相等。于是 Q 就是 G_Q 中的欧拉旅程，G_Q 中没有奇阶顶点，也就是把奇次图转化为偶次图了。

若 Q_1 及 Q_2 为两条投递路线，则 $W(Q_1)$与 $W(Q_2)$之差等于各相应添加边总权的差，从而要找最短投递路线 Q^*，就只要找出一组添加边的集合 F，并使它具有以下两个性质。

① 把它添加到图 G 上后，得到的新图 $G_{Q^*}(G_{Q^*}=G\cup F)$ 没有奇阶顶点；

② 添加边的权和最小。

把具有性质①的一组添加边 F 称为一个可行解，具有性质②的可行解称为最优解。

若添加边集合 F 为一个可行解，则 F 为最优解的充要条件为以下两个条件。

① F 中无平行边（平行边指两条不同的边 e 与 e' 具有相同端点）；

② 若 C 为 G 的任一回路，$C_1=\{e|e\in C$，e 有相应的添加边 $e'\in F\}$，则

$$W(C_1)\leqslant(1/2)W(C)$$

下面根据我们在某邮局收集到的资料，以该局某支局一个投递段道的投递路线为例来进行分析，这个投递段的平面图如图 10-7 所示。

为讨论问题简便起见，现把图上所有路程的数据都取为整数，同时再把图 10-7 等效画为图 10-8 的形式。由图 10-8 可见，该图是一个奇次图，如顶点 V_2、V_3 等都为奇次，下面分步骤进行求解。

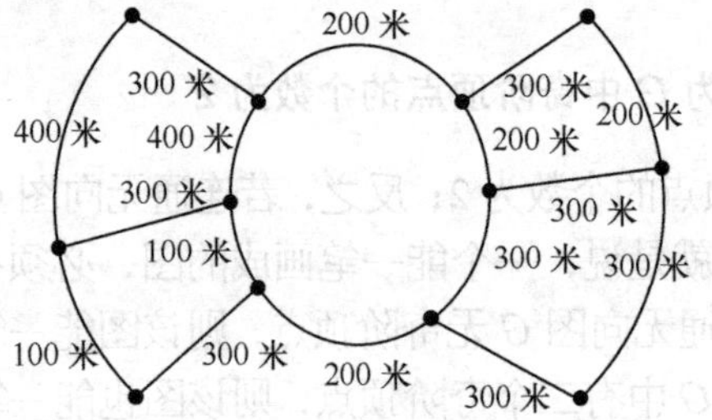

图 10-7　投递段平面图

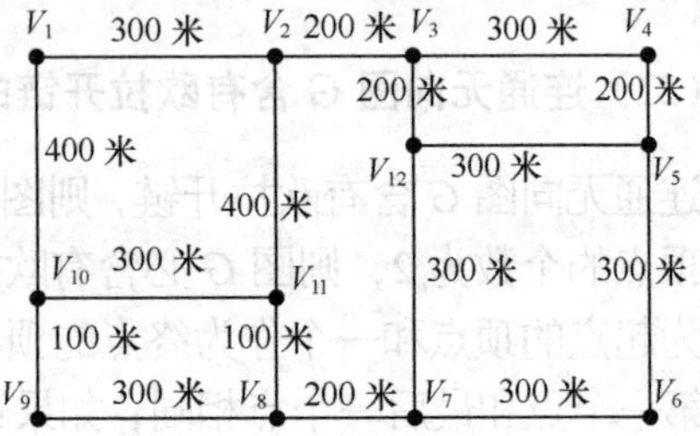

图 10-8　等效图

第一步，寻求初始可行解。

由前面讨论可知，奇次图的奇点必定是偶数个。设一个无向图 G 的奇阶顶点为 $2q$ 个，将 $2q$ 个奇阶顶点进行配对，分成 q 对，又因为图是连通的，所以，每一对奇阶顶点之间必有一条初等链，就把这些初等链中的边作为添加边放置到图 G 中而得新图 G_Q，这组添加边就是一个可行解。对于图 10-8 来说，有 8 个奇阶顶点：V_2、V_3、V_5、V_7、V_8、V_{10}、V_{11} 和 V_{12}，将它们分成 4 对：V_3 与 V_{10}、V_2 与 V_5、V_{11} 与 V_8、V_{12} 与 V_7，对这 4 对奇阶顶点分别取链为 $V_3\to V_2\to V_1\to V_{10}$、$V_2\to V_3\to V_4\to V_5$、$V_{11}\to V_8$、$V_{12}\to V_7$，把它们的边作为添加边集合 F 而得到一个可行解。此时，相应的 G_Q 如图 10-9 所示。

由图 10-9 可见，该图没有奇点，就可以一笔画出来，投递员按一笔画的路线走，此时

$$W(F)=W_{1,2}+2W_{2,3}+W_{3,4}+W_{4,5}+W_{7,12}+W_{8,11}+W_{1,10}=2000\text{（米）}$$

第二步，调整可行解。

（1）检查可行解 F 是否符合 F 为最优解的充要条件中的①。若 F 中的某两个顶点 u 与 v 间有两条或两条以上的平行边，则从 F 及 G_Q 中删去偶数条 u 与 v 间的添加边，图 G_Q 显然仍无奇阶顶点，所以剩下的添加集合 F 还是一个可行解，但 W（F）却下降了。如图 10-9 中顶点 V_2 与 V_3 间有两条添加边，所以可删去它们而得到图 10-10。此时，$W(F)=2000-2W_{2,3}=1600$（米），重复走的总长下降了 400 米。因此，改进调整方案的第一步就是使每对点之间最多有一条添加边。

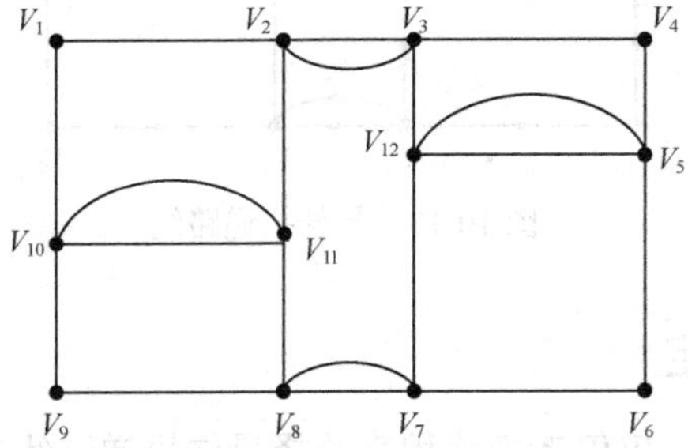

图 10-9　可行解

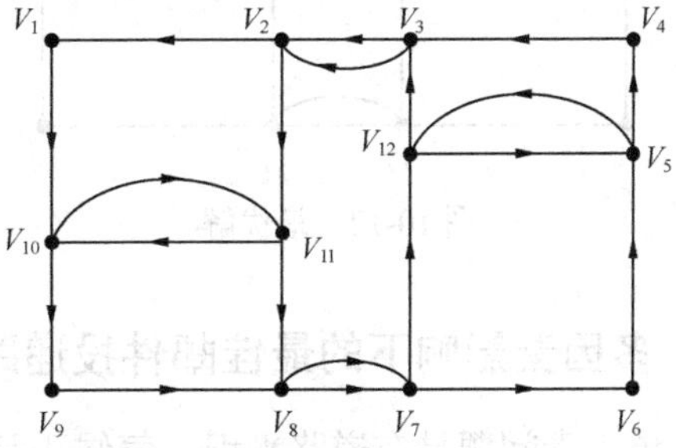

图 10-10　调整可行解（一）

（2）判断可行解 F 是否为最优解。图 10-10 已是没有两条或两条以上的平行边了，那么它是否就是最优解呢？答案是不定的。因为对 G 的任一回路 C 还要检查它是否符合 F 为最优解的充要条件中的②。如符合条件②，它就是最优解；如不符合，那就还要再进行调整。根据条件②可知，如果 G 中某个回路 C，其边集 C_1 在 F 中有相应的添加边，这时图 G_Q 仍无奇阶顶点，F 仍为可行解。所以，若对某个回路 C，$W(C_1)>(1/2)W(C)$，如上述所作的一次调整，$W(F)$就必然下降了。若对 G 的任一回路即所有圈 F 为最优解的充要条件②都成立，则 F 为最优解，此时对 G_Q 求欧拉旅程，即得到最短的邮递路线。也就是说，图中某个圈上，如有重复边的总长度大于没有重复边的总长度的话，那么，在这个圈上，把原来的重复边去掉，而在原来没有重复的边上各添加一条重复边，这样做的结果，得到的图中仍没有奇点，而总路线显然减小，如图 10-10 中，有一个回路即一个圈：$V_1 \to V_2 \to V_3 \to V_{12} \to V_7 \to V_8 \to V_{11} \to V_{10} \to V_1$ 的权为 2000 米，而相应添加边的权即重复边为 1100 米，大于回路权的一半。因此，把这些添加边去掉再作一次调整而得到图 10-11。此时，$W(F)=W_{2,3}+W_{3,4}+W_{4,5}+W_{3,12}+W_{8,7}+W_{10,11}=1400$（米），这样重复走的总长又下降了 200 米。

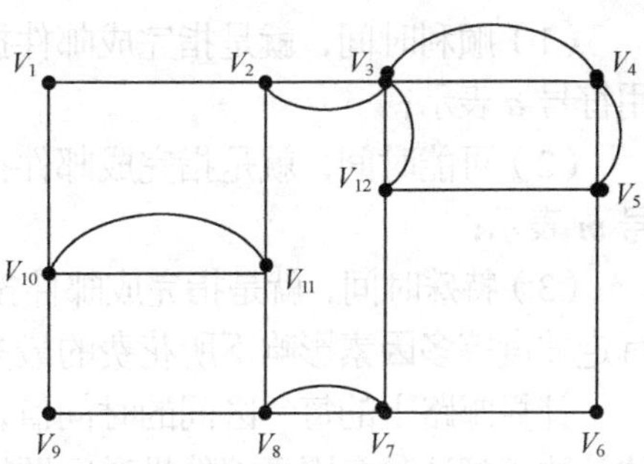

图 10-11　调整可行解（二）

在图 10-11 中，有一个回路 $V_3 \to V_4 \to V_5 \to V_{12} \to V_3$ 的权为 1000 米，而相应添加边的权为 700 米，大于回路权的一半，这样还要再进行调整，调整后而得到图 10-12。此时

$$W(F)=W_{2,3}+W_{12,5}+W_{10,11}+W_{8,7}=1000\text{（米）}$$

重复走的路线总长又下降了 400 米。

在图 10-12 中，F 为最优解的充要条件②都成立，也就是说，条件②适合于图 10-12 中任一回路即任何圈。由此可知 F 为最优解。求出图 10-12 中欧拉旅程，最短的投递路线如

图 10-13 所示，其路程为 5200 米，这一结果比图 10-7 所有边长大 1000 米，这 1000 米是投递员遍历图 10-7 时不得不重复走的最短路程。至此，就求解出了最佳的投递路线，如图 10-13 所示。

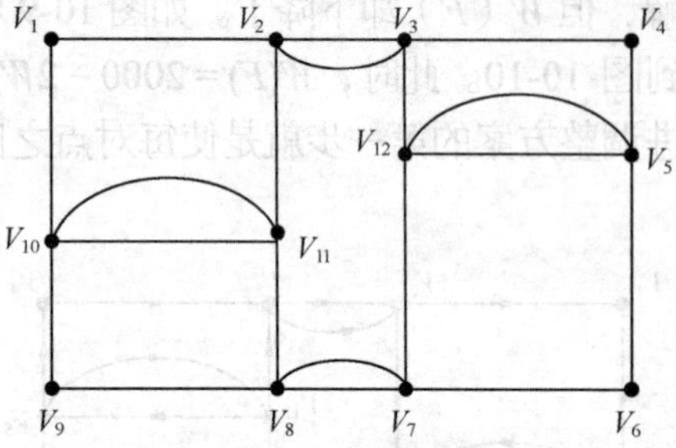

图 10-12　最优解

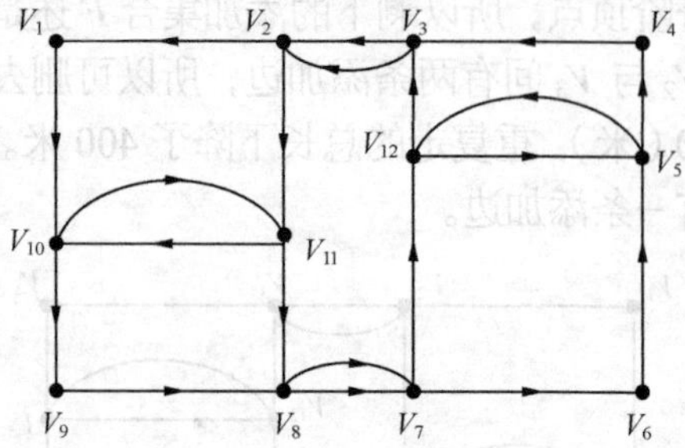

图 10-13　最佳投递路线

三、多因素影响下的最佳邮件投递路线的选定

单因素问题是在道路平坦，气候正常的情况下，仅仅考虑路程来选择最佳投递路线的问题。然而，实际上投递员投递邮件往往都是受气候变化（有时在投递途中，天气有了变化）、邮件的负重量以及道路的行走坡度等多种客观因素的影响。那么，在多因素影响的情况下，如何选择一个最佳投递路线呢？

显然，影响邮件投递的诸多因素都与时间有关，而且还成正比变化关系。也就是说，路程的短长、气候的好坏、邮件负荷的轻重、行走坡度的平陡，都会导致邮件投递时间的或短或长。因此，我们可以考虑用给诸多因素打分或赋权的办法来对多因素进行时间上的归一量化。这样，就可把多因素问题转化为求时间最短的邮件投递的单因素问题，从而找出所需时间最短的邮路，也就是找到的最佳邮件的投递路线。

首先选择确定邮件投递时间值的方法，可采用经验统计法和估计法两种。因估计法简单易行，故通常采用估计法。估计法又包括单一时间法和三种时间估计法。由于考虑多因素对邮件投递时间的影响，因此，采用三种时间估计法更为准确。在估计时间值时，先预计三种时间的值，然后据此计算出完成每一区间投递任务的时间平均值。这三种时间如下。

（1）顺利时间，就是指完成邮件投递任务，在正常顺利的条件下，所花费的最少时间，用符号 a 表示；

（2）可能时间，就是指完成邮件投递任务，在正常情况下，所花费的最可能时间，用符号 m 表示；

（3）特殊时间，就是指完成邮件投递任务，在不正常的情况下，如气候变化、邮件负重、行走坡度等多因素影响下所花费的最多时间，用符号 b 表示。

计算邮路上的每一区间的时间值，必须将三种时间值转化为单一时间值，借助三种时间估计法来把这种多因素邮件投递问题转化为单因素邮件投递问题，也就是对多因素问题进行时间上的归一量化。

问题在于，上述时间的估计是否准确可靠？三种时间值究竟哪一种更接近于实际呢？在条件基本相似的情况下就有个概率问题，概率的分布是经过多次统计数据（时间）而得出的。

由于在多数情况下其分布近似正态分布，计算 a、m、b 三个时间值的平均值就可以按公

式求出，其公式为

$$T_E=(a+4m+b)/6$$

这个计算公式，实际上是一种加权平均。这种加权平均取值的方法有效地提高了对时间估计的准确性。

下面以某邮政局某支局的一个投递路段的邮路来加以分析研究。这个路段的平面图如图10-14所示。

为了便于讨论和说明问题起见，把图10-14改画为图10-15，图10-14与图10-15是等效的（在图论中称为“同构”）。顺利时间a和可能时间m的确定，根据走访投递员，实地调查得出。因此，顺利时间和可能时间的估计比较能接近于实际。对于特殊时间的确定，就要考虑到多因素影响情况下的时间。

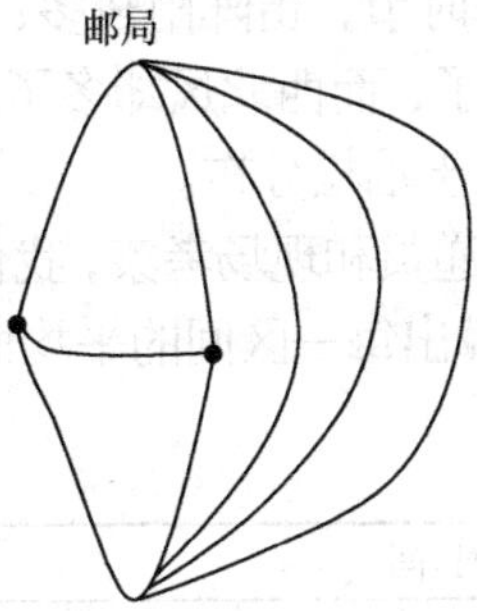

图10-14 邮路平面图

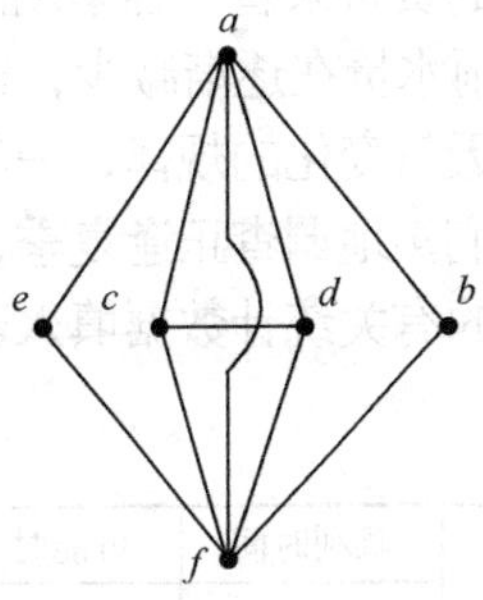

图10-15 等效图

根据实地考察，访问有实践经验的投递员，我们把可能影响邮件投递的每一因素按各因素影响时间程度的大小，划分为十个计分段，即按0～1打分。根据当时当地的实际情况把各因素打分的分值加起来乘以可能时间，这样得出的时间值就是特殊时间，这时的特殊时间就把多因素影响考虑进去了。

例如$a \to b$区间，如果对气候变化打分为0.1分，乘以可能时间，这样得出的时间值就是考虑了气候变化因素的特殊时间；如果道路坡度陡平打分为0.2分，乘以可能时间，这样得出的时间就是考虑了坡度陡平因素的又一个特殊时间；如果此时负荷量打分为1分，乘以可能时间，这样得出的时间就是考虑了负荷量因素的又一特殊时间。把这几个因素的特殊时间加起来就是这一区间在多因素影响下的总的特殊时间。依此类推。

我们把气候变化和坡度陡平情况按十个计分段计分，具体分值列于表10-2中，以便查找、计分。

表10-2 计分段

分 值	气候变化	坡度陡平
0	晴朗、无风	平坦、直
0.1	小风、晴	平坦、小弯
0.2	小风、阴	平坦、较弯
0.3	小雨	小坡
0.4	风、中雨	小坡、路弯
0.5	大雨	中等坡

续表

分　值	气候变化	坡度陡平
0.6	大雨、风	大坡
0.8	大风、暴雨	地面不平、大坡
0.9	狂风	地面很不平
1.0	狂风暴雨	地面很不平、大坡

此外，我们还考虑了负荷量因素，把刚出局投递邮件的负荷量打分为 1 分，随着邮件的不断投递，负荷量在逐渐减少，分值也应不断降低，直到全部邮件投完，这时打分为 0.2（考虑邮包等投递工具的重量）。

一年四季气候的变化，虽然是随时的，但是也是有规律可循的。根据历年来对四季气候变化所掌握的资料来看，春季期间，春雨、春风较多；夏季时节，雷阵雨较多；秋季期间，秋风较多，雨水量在逐渐减少；到了冬季，雨水量就更加少了，而西北风却多了起来。总之，根据历年来天气变化的规律，一年四季雨天的概率分布近似于泊松分布。

由于我们实地调查正逢夏季，根据走访该邮政支局的投递员和现场考察，我们把图 10-15 中每一区间的有关统计数据填入表 10-3 的相应栏内，且计算出每一区间的平均值 T_E。

表 10-3　　各区间平均值计算表　　单位：分钟

投递区间	顺利时间	可能时间	特殊时间				平均值
	a	m	气候	坡度	负荷	b	T_E
$a \to b$	3	3.5	0.1	0.2	1	4.55	3.6
$b \to f$	6	6.3	0.1	0.3	0.9	8.19	6.6
$f \to e$	11.3	12	0.2	0.2	0.8	16.81	12.7
$e \to a$	20	22.3	0.2	0.4	0.7	28.99	23.1
$a \to c$	10.7	11.3	0.3	0.2	0.6	12.43	11.4
$c \to f$	11	11.6	0.5	0.3	0.5	15.08	12.1
$f \to d$	5.7	6	0.6	0.4	0.4	8.4	6.4
$a \to f$	5.5	5.8	0.6	0.6	0.4	9.28	6.3
$d \to a$	3.3	3.4	0.6	0.3	0.4	4.2	3.5
$d \to c$	3.5	4	0.6	0.6	0.3	6	4.3
合计	80.0	86.2				113.93	90.0

然后，把表 10-3 中各区间平均值填入图 10-15，如图 10-16 所示。此时，寻找投递所需时间最短的路线，也就成了求解单因素影响下的最佳投递路线。

求解任意一个无向图 $G=(X,E)$ 中的投递路线时，无外乎有两种情况，一是图 G 是偶次图，二是图 G 是奇次图。由图 10-16 可见该图是奇次图，构造一个包含图 10-16 中的所有奇次顶点的新图，如图 10-17 所示。图 10-17 中的顶点都是图 10-16 中奇次顶点图 a、c、d 与 f。

由于投递员进入任何一个顶点的次数一定等于其离开这个顶点的次数。因此，对于奇次图，一定至少有一条与顶点关联的边要被重复。问题在于，重复哪条边使所需总时间为最短呢？由于图 10-17 中的顶点数不多，我们采用枚举法，求出图 10-17 中所有各边的最小权匹配。图 10-17 中可以有以下三种可能的匹配。

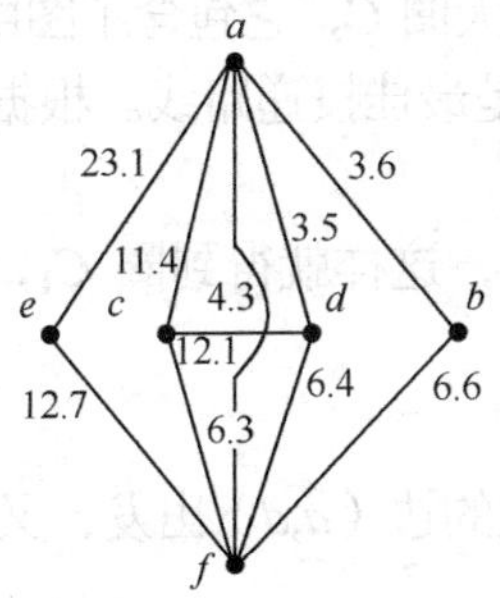

图 10-16 填入各区间平均值

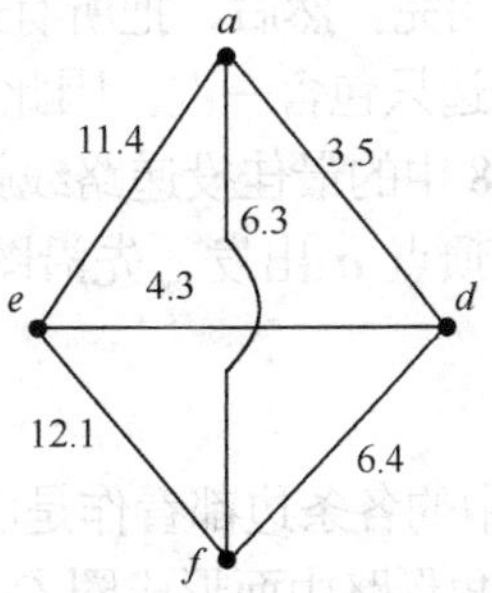

图 10-17 奇次图

匹配	权
（a,c）配（d,f）	$11.4 + 6.4 = 17.8$
（a,d）配（c,f）	$3.5 + 12.1 = 15.6$
（a,f）配（c,d）	$6.3 + 4.3 = 10.6$

由此得到最小权匹配为

$$\min\{17.8,15.6,10.6\} = 10.6$$

即最小权匹配就是（a,f）、（c,d）。

在一般情况下，求最小重复边多用最大权匹配算法，在图 10-17 中，每条边的权将被赋予一个大数(设大数为M)，减去图 10-17 中相应两个终点之间最少的时间值，这样匹配（a,c）、（d,f）将具有等于（$M-11.4$）+（$M-6.4$）$=2M-17.8$ 的总权；匹配（a,d）、（c,f）将具有等于（$M-3.5$）+（$M-12.1$）$=2M-15.6$ 的总权；匹配（a,f）、（c,d）将具有等于（$M-6.3$）+（$M-4.3$）$=2M-10.6$ 的总权。由此得到最大权匹配为

$$\text{Max}\{2M-17.28,\ 2M-15.6,\ 2M-10.6\} = 2M-10.6$$

显然应匹配（a,f）、（c,d）。这样，投递员就应该重复从 a 到 f 和从 c 到 d 的路由。此时就可以保证投递员遍历图 10-16 而所需时间又最短。

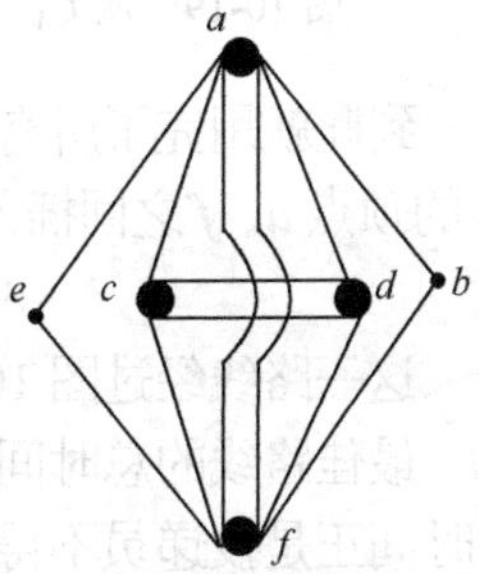

图 10-18 偶次图

重复（a,f）、（c,d）两条边以后，图 10-17 就由奇次图转化为偶次图了，如图 10-18 所示。此时，问题就简化为求偶次图的投递员的最优投递路线了。运用欧拉旅程方法就能找出图 10-18 中的最优投递路线。

那么，如何找到从起点 a 出发，图 10-18 中的欧拉旅程呢？

对一般的偶次图，先通过任意一条与顶点关联的边（s,x），然后迂回通过与顶点 S 关联的其他未用过的边，不断重复这个过程，每次都是通过还未用过的边，最后又回到顶点 S。这里需要强调的是，这个过程必须是又回到顶点 S，因为每个顶点的次数都是偶次，而每次遇到的一个顶点都是要通过与这个顶点关联的偶数边。因此，每当进入一次顶点总是存在有一条供离开这个顶点的未用过的边，所有途径的边就构成了一个圈 C_1。如果在圈 C_1 中把图中的所有边都用到了，那么圈 C_1 就是图的欧拉旅程，否则，就可以从任何一条未用过的边出发，再由未用过的边来构成另一个圈 C_2。如此不断地构成 C_3,C_4，…，直到把图中所有未用

过的边全部用完。然后，把所有这些圈 C_1,C_2……结成一个大圈 C，它包含了图中所有的边，圈 C 对各条边只包含一次。因此，它就是欧拉旅程，也就是最佳投递路线。根据上述方法，求解图 10-18 中的最佳投递路线就简便多了。

首先从顶点 a 出发，先沿图的周界环绕又回到顶点 a，这样就得到圈 C_1，如图 10-19 所示。

$$C_1:a\to b\to f\to e\to a$$

把 C_1 中的各条边都看作是已用过的边，然后从未用过的边（a,d）出发，又历经还未用过的两个三角形路由而形成圈 C_2，如图 10-20 所示。

$$C_2: a\to d\to f\to c\to d\to c\to a$$

再把 C_2 的各边看作是用过的，最后从未用过的边（a,f）出发，历经一个重复路线形成圈 C_3，如图 10-21 所示。

$$C_3: a\to f\to a$$

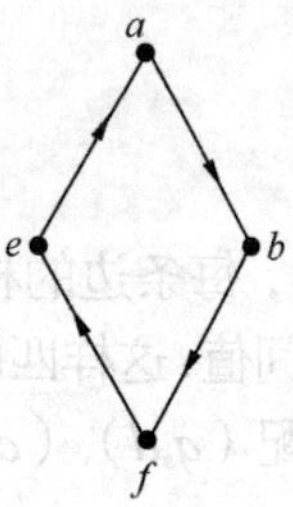

图 10-19 圈 C_1

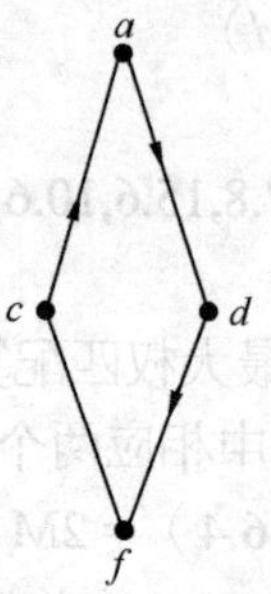

图 10-20 圈 C_2

图 10-21 圈 C_3

到此就用完了所有的边，依次把这些圈连接在一起，在 C_1 的顶点 a、f 之间插入 C_2，在 C_2 的顶点 a、f 之间插入 C_3，最佳投递路线就是最后的圈 C。

$$C: a\to b\to f\to e\to a\to d\to f\to c\to d\to c\to a\to f\to a$$

这一路线经过图 10-18 中的每条边至少一次，重复边是（a,f）与（c,d）。

最佳路线的总时间是 100.6 分钟，比图 10-16 中所有边的时间总和多 10.6 分钟，这多出的时间正是投递员不得不重复走所花的最短时间。

根据理论分析和投递实践表明，优化邮件投递路线，对于确定邮件投递路段、投递人员的充分利用和合理安排，劳动强度的减轻和投递质量的提高都具有非常重要的意义，将为邮政通信带来巨大的社会效益和企业效益，应引起邮政通信各级管理者的高度重视。

复习思考题

1. 解释概念

（1）邮件投递方式；（2）集中投递制式；（3）分散投递制式；（4）按址投递程序；（5）投递深度；（6）分散投递制式。

2. 问答题

（1）什么叫邮政投递？邮政投递有哪两种方式？

（2）我国现有哪两种邮政的投递制式？其优缺点是什么？

（3）城市的投递区与投递段的关系是什么？如何划分好城市的投递区和投递段？

（4）农村投递工作具有什么特点？乡邮员如何合理兼职？

（5）农村乡邮员如何做好投递工作？

（6）提出并论证多因素影响下的选定最佳邮件投递路线的更好方法。

第十一章

邮政通信设备管理

学习目标： 通过本章学习，理解邮政通信设备管理及其方式；掌握邮政通信设备维修的组织方式；了解邮政设备改造的基本过程；了解邮政通信设备的维修决策过程。

学习重点： 邮政设备选购时的经济评价。

学习难点： 邮政设备更新的决策方法。

第一节　邮政通信设备管理概述

邮政通信设备是邮政企业固定资产的重要组成部分，是邮政通信的物质和技术基础。加强邮政设备管理，对提高邮政企业的生产能力，保证产品质量，降低成本以及保证安全生产，都将起到重要的作用。

一、邮政通信设备的含义及种类

（一）邮政通信设备的含义

邮政通信中所使用的设备，有围绕邮件四大生产环节的营业收寄、分拣封发处理、运输、投递作业所需要的各类技术设备，也有围绕邮政信息处理的综合计算机网络系统。

（二）邮政通信设备的种类

邮政通信设备主要有两大类：一类是通用设备，如运输车辆、传送装卸设备、计算机等；另一类是邮政专用设备，如邮票盖销机、邮件分拣机、信函分类理信机、邮资机等。

另外，根据邮政通信生产过程可将邮政设备分为四类：邮政营业服务设备、信函自动处理设备、包裹分拣设备和邮政运输设备。

1. 邮政营业服务设备

根据设备的研制及使用情况，可把邮政营业服务设备分为以下几类。

（1）邮件收寄设备。

① 邮政营业电子秤：用于收寄邮件能自动称重计费的设备。

② 大宗印刷品收寄机：用于收寄大宗印刷品能自动称重计费过戳计数及打印单据的设备。

③ 包裹收寄机：用于收寄包裹能自动称重计费及填打包裹详情单的设备。

④ 汇票开发机：自动填打汇票收据及结算汇款汇费的设备。

⑤ 国际邮件收寄机：用于收寄国际邮件能自动称重计费提示寄达国邮件收寄规定及打印单据的设备。

⑥ 邮资机：用于收寄邮件能记账结算邮资并在邮件上加盖日戳和邮资凭证戳记的设备。

⑦ 邮政营业窗口综合业务处理设备：在营业窗口能完成多项收寄及投递邮件等业务的设备。

（2）支局所内部处理设备。

① 信函邮票盖销机：在信函贴邮票区域加盖日戳或水波纹销票日戳戳记注销邮票的设备。

② 自动取包机：自动存取传送包裹的设备。

（3）服务设备。

① 邮政流动服务车：带有邮电或邮政徽标和流动服务字样办理邮政业务的车辆。

② 多媒体自动服务台：采用多媒体技术能提供邮电业务咨询服务的设备。

2．邮政内部处理设备

（1）函件处理设备。

① 红框理信机:以信封正面左上角的红框和框内邮政编码为识别标记将信函整理成顺面顺向并自动剔除不能上机处理的信函的设备。

② 信函分拣机:采用光学条码识别装置扫描识别信封上的条码地址信息或收件人邮政编码的分拣设备。

（2）包裹处理设备。

① 包裹分拣机：有直线形包裹分拣机和环形包裹分拣机两种。

② 包裹登单计算机处理系统：制作包裹清单路单的计算机系统。

（3）报刊处理设备。

① 报纸封装流水线：对成叠报纸进行输送捆扎暂存和包装的机械化流水作业生产线。

② 报刊制签机：采用计算机技术制作报刊标签的设备。

（4）汇兑处理设备。

汇兑稽核计算机处理系统：能处理邮政汇兑稽核业务完成开发出口汇票和进口兑票的审核及核销平衡合拢等数据处理的计算机系统。

（5）国内邮件总包处理设备。

① 普通悬挂输送机：利用固定在悬挂链条上的吊具连续输送分拣邮件袋的设备。

② 推式悬挂输送机：利用悬挂链条上的推头推动夹钳小车连续输送分拣贮存邮件袋的设备。

③ 开拆除尘台：开拆邮件袋时能进行负压吸尘的设备。

④ 邮政滑槽：利用邮件自重输送贮存邮件的与水平面成一定角度的槽形承载体。

⑤ 自动导向运输车系统：采用计算机技术实现车辆自动制导调速装卸邮件的多车运输系统。

（6）其他设备。

① 给据邮件登单机:采用光学条码识别装置扫描识别给据邮件上的条码信息自动登录打印邮件清单的设备。

② 国际邮件总包称重系统:对国际邮件总包进行称重并根据所输入的邮件信息和发运路由计划表自动填打路单和袋牌的计算机系统。

3．邮政运输设备

（1）邮政专用汽车：邮电徽标和邮政字样用于邮政通信的专用汽车。

（2）邮件运输汽车：运输邮件的邮政专用汽车。

（3）邮政拖车：用于装载邮件的无动力车辆。

（4）邮政牵引车：牵引邮政拖车的机动车。

（5）火车邮政车厢：编挂在铁路客运列车上用于邮件运输的专用车厢。

（6）邮政运输船：运输邮件并悬挂邮旗的船舶。

（7）邮政飞机：用于运输邮件的专用飞机。

4．邮政投递设备

（1）信函过戳机：对进口信函自动加盖落地日戳戳记的设备。

（2）给据邮件投递计算机处理系统：根据进口给据邮件上的收件人地址信息及要求对其进行分配去向按址排序并填打清单的计算机系统。

（3）邮政摩托车：带有邮电或邮政徽标用于投递邮件的专用摩托车。

二、邮政通信设备管理的含义和管理对象

（一）邮政通信设备管理的含义

邮政通信设备管理是邮政部门为了保证邮政设备的正常运转，保障邮政通信市场的正常、高效地进行，推进技术进步，提高技术装备水平和邮政企业技术素质而开展的一系列活动。其本质就是对邮政设备的物质运动和价值运动全过程的管理。

所谓设备的物质运动，是指设备的选购、验收、安装、调试、使用、维护、修理，以及设备的革新、改造、更新等，对设备的这些管理工作，通常称为设备的技术管理；所谓设备的价值运动，是指设备的最初投资、维修费用、折旧、更新与改造资金的筹措、积累、支出等，对设备的这些管理工作，通常称为设备的经济管理。设备的技术管理和设备的经济管理，是两种不同形态的互相对应的管理。设备的技术管理能使设备保持良好的技术状态，确保邮政通信生产的正常运行；设备的经济管理能使设备生产效率高，费用省，达到经济高效正常运转的要求。因此，对邮政通信设备进行管理，应从技术和经济两个方面通盘考虑，确保邮政设备运行过程中保持良好的技术状态和可观的经济效益。

（二）邮政通信设备管理的对象

邮政通信设备管理的对象就是邮政通信设备，主要包括以下四类。

1．邮政营业服务设备

邮政营业服务设备指在邮局营业窗口直接服务于顾客的设备，包括自动出售设备、收寄设备及其他辅助设备。

2．邮政内部处理设备

邮政内部处理设备指在邮局内部分发邮件所使用的设备，间接地为用户服务，如分拣设备、传送设备及其辅助设备等。

3．邮件运输设备

邮件运输设备指用来实现邮件空间和场所变更所使用的设备，包括运输设备及装卸设备。

4．邮件投递设备

邮件投递设备指专为用户投递邮件所使用的设备，包括局内窗口投交设备及局外投递设备。

三、邮政通信设备管理的任务和主要内容

（一）邮政通信设备管理的任务

邮政通信设备管理的任务就是要保证邮政通信设备运行的过程中，自始至终保持良好的

技术状态。也就是通过计划、组织以及相关的管理制度和措施，得到合理、经济地选购设备，有效地使用邮政通信设备，充分发挥设备的效能，精心维护设备，使之处于最佳状态，提高邮政企业的技术装备水平，保证邮政企业的正常运转。

（二）邮政通信设备管理的主要内容

对邮政设备的管理就是对设备运动的全过程实行管理，也就是从设备的选型购置开始，直到报废退出生产领域的全过程。在这个过程中，邮政通信设备是以设备的物质运动形态和设备的价值运行形态等两种形态而存在的。按照这两种形态，邮政通信设备管理可分为设备的技术管理和设备的经济管理。

1．邮政通信设备的技术管理

设备的技术管理就是对设备物质运动形态的管理，其工作内容主要包括邮政设备的选购；设备的验收、登记和建档；设备的保管、养护；设备的维修；设备的迁移、调拨；设备的改造和更新等。

2．邮政通信设备的经济管理

设备的技术管理就是对设备价值运动形态的管理，对设备运动过程中所发生的费用进行计划、控制等。其工作内容主要包括设备的投资；设备的封存、租借；设备的维护费用；设备的折旧和更新改造资金的筹措、积累和支出等内容。

第二节　设备的选购

一、设备选购的要求

设备的选购是设备管理的首要环节。合理地选购设备，不仅可以保证设备技术的先进性，提高劳动生产率，而且还可以使企业所支付的设备购买费用达到最低点，从而使企业有限的资金得到充分利用。

在选购设备时，应选择技术上先进、经济上合理、生产上可行、符合我国邮政技术政策规定、适合全程全网作业、符合进网要求的设备，以保证企业生产迅速发展，并实现技术进步。因此，选购设备时，邮政企业应具体从以下几方面加以考虑。

（一）生产性

生产性主要指设备的生产率。通常它以设备在单位时间内的邮件处理量来表示。

（二）可靠性

可靠性是指设备对产品质量的保证程度。例如，在选购信函分拣机时，需要考虑卡塞率、拒识率、误识率、毁信率等。

（三）安全性

安全性是指在选购设备时，应对设备的生产安全保障性能予以考虑。例如，OVCS 信函分拣机的保护面板装置要合乎安全要求。

（四）节能性

节能性是指能源利用的性能。节能性一般以机器设备单位开动时间的能源消耗量来表示。

（五）耐用性

耐用性是指设备在使用过程中所经历的自然寿命期。设备的使用寿命期愈长，每年分摊折旧费愈少。

（六）维修性

维修性是指设备维修的难易程度。在设备的功能、效率和购置费用相同的情况下，应选择维修性好的设备。

（七）成套性

成套性是指设备配套成龙的程度。如购买信函分拣机时，应考虑到理信机的情况。

（八）灵活性

灵活性是指设备适用范围较广，具有处理不同邮件的能力。

（九）经济性

经济性就是选购设备时，既要考虑设备的购置费，又要考虑设备在使用过程中所支付的使用费。

（十）环保性

环保性是指设备对周围环境的影响程度。邮政设备主要应考虑噪声和灰尘的影响。

在选购设备时，考虑这些因素要统筹兼顾，综合考虑。

二、设备选购时的经济性评价

设备的经济性评价就是通过对各选购方案（或被选购的设备）进行分析，选出经济上最合算的设备。常用的方法有投资回收期法、现值法等。

（一）投资回收期法

投资回收期法指的是以设备的投资回收期为评价依据，并选择投资回收期最短者所对应的设备为最佳设备的经济评价法。所谓投资回收期是指企业全部收回设备投资费用时所需要的时间。而设备投资回收期常用的计算方法是静态分析法和动态分析法。

1．静态分析法

用静态分析法计算投资回收期时，不考虑资金的时间价值。其相应的计算公式为

$$T=\frac{P}{A} \tag{11-1}$$

式中：T 表示投资回收期；

P 表示投资费用；

A 表示年平均净利润额。

2．动态分析法

用动态分析法计算投资回收期时，需考虑资金的时间价值，即须将年利率这个因素予以考虑。其计算公式为

$$T=\frac{\lg\left[\frac{A}{A-iP}\right]}{\lg(1+i)} \tag{11-2}$$

式中：P 表示投资费（元）；

i 表示年利率；

A 表示年平均净利润额（元/年）。

一般来讲，用静态分析法计算方法简单，易掌握，但结果较粗糙；而动态法和实际情况较相符。选用何种方法应根据具体情况而定。当计算结果 T 小于行业标准投资回收期时，此方案在经济上可行；反之，当计算结果大于标准投资回收期时，此方案在经济上不可行。

（二）现值法

所谓现值是指按现有的时间换算了的资金价值。现值法是通过复利计算把各种不同设备在不同时间内支付的费用（购置费、维持费）折为现值，使之具有可比基准的一种方法，总现值比较小的设备为最优设备。这种方法适用于对使用年限相同、性能相同的设备进行评价。其计算公式为

$$p=k+c\cdot\alpha_{rp}-\alpha_{p}\cdot L \tag{11-3}$$

式中：p 表示设备总费用现值；

k 表示设备的购置费用；

c 表示设备每年的维持费用；

L 表示设备使用 n 年后的残值；

α_{rp} 表示年金现值系数（%）$\left[a_{rp}=\frac{(1+i)^n-1}{i(1+i)^n}\right]$；

α_p 表示现值系数 $\left[a_p=\frac{1}{(1+i)^n}\right]$；

i 表示贷款年利率（%）；

n 表示设备的使用年限；

例 11-1：设备甲的购置费用为 7000 元，设备乙的购置费用为 10000 元。每年维持费用

支出，甲设备为2500元，乙设备为2000元，年利率为6%，估计寿命期为10年，无残值。试对设备甲、乙进行评价。

解：根据上式有

$$
\begin{aligned}
p_{甲} &= k_{甲} + c_{甲} \cdot a_{rp}(i,n) \\
&= 7000元 + 2500 \times \frac{(1+6\%)^{10}-1}{6\%(1+6\%)^{10}}元 \\
&= 7000元 + 2500 \times 7.36元 \\
&= 25400元
\end{aligned}
$$

$$
\begin{aligned}
p_{乙} &= k_{乙} + c_{乙} \cdot a_{rp}(i,n) \\
&= 10000元 + 2000 \times \frac{(1+6\%)^{10}-1}{6\%(1+6\%)^{10}}元 \\
&= 10000元 + 2000 \times 7.36元 \\
&= 24720元
\end{aligned}
$$

故选择设备乙优于设备甲。

第三节　设备的合理使用与维修

一、设备的合理使用

邮政设备的合理使用，是保证设备经常处于良好状态的一项重要措施，也是完成邮政通信生产任务的重要保证。合理使用设备必须注意以下几点。

（1）坚决制止设备使用中的蛮干、滥用。在设备使用过程中，应根据其性能、结构、精度、使用范围等，恰当安排任务，以保证设备的精度，延长设备的使用寿命。

（2）防止设备闲置不用，设备的闲置是不利于提高企业的经济效益的。面对激烈的市场竞争，企业应最大限度地防止闲置设备的出现，尽可能地提高设备的利用率。

（3）制定一套科学的规章制度。包括安全操作规程、定期检查、维护规程等。

（4）要为各类设备配备合格的操作人员，实行凭操作证使用设备的制度。

（5）为各类设备合理安排生产任务。在安排生产任务时，应根据各设备相应的指标来合理安排其生产任务。

（6）为各设备创造良好的使用环境和条件，并给各设备配备良好的监控仪器、仪表。

（7）要经常进行爱护邮政设备的宣传和技术教育。

二、邮政通信设备维修的概念和方式

（一）邮政通信设备维修的概念

邮政设备的维修就是修复由于正常的或是不正常的原因而引起的设备损坏。邮政设备如平时注意维修保养，可以减少磨损，使设备经常保持良好的技术状态，提高设备完好率，减少突发故障，延长使用寿命。

（二）邮政通信设备维修的方式

1．事后维修

事后维修，就是等设备坏了再修的做法。设备经长期运转，配合面磨损到一定程度后，性能精度急剧变坏。事后维修的缺点很多，主要是影响工作的正常进行。

2．事前维修

事前维修即预防维修，就是在设备性能变坏之前就进行修理。要做到预防维修，首先要预测设备主要零部件的使用寿命。预测的方法过去用得较多的是统计和概率的方法。这就是以检修资料为基础，估算修理周期。然后制定修理计划，进行计划检修，但可能过早修理，也可能在修理周期之前，设备突然发生故障。为此，人们就致力于故障预测技术（设备诊断技术）的研究。它是利用各种测试技术和测试装置诊断设备在运转中的工作状况，测定零部件的损坏情况。然后制订检修计划，进行计划检修。采用预防性计划检修，可以事先充分做好修理的准备工作，尽量利用生产间隙时间，用最短的停机时间把设备即将损坏的零部件换掉或修复，减少突发故障和事故。

三、设备维修的原则

要做好设备的维修工作，必须遵循下列原则。

（一）以预防为主，维护保养与计划检修并重

维护保养与计划检修是相辅相成的。设备维护保养得好，能延长修理周期，减少修理工作量；计划检修得好，维护保养也就容易。因此，两者都不应忽视。

（二）以生产为主，维修为生产服务

生产活动是邮政部门的主要活动，维修必须为生产服务。但邮政企业不能因为生产而忽视维修工作，不能片面强调当前的生产任务，拼设备，“驴不死不下磨”，造成损坏。要正确处理好生产与维修的关系。当设备确实需要进行修理时，邮政生产车间要密切与维修部门配合，在安排生产计划的同时，安排好维修计划。而维修部门则须在保证检修质量的条件下，尽量缩短停机时间，不使生产受到太大影响。

（三）专修和群修相结合

要使设备经常处于良好状态，在维修工作中必须贯彻群众路线，调动广大邮政职工的积极性，使人人爱护设备。要经常持久地开展群众性的机台维护保养工作，发动群众严格按操作规程办事，并实行定人、定机、定岗位的方法，规定谁用谁负责保养工作，把管理和保养设备作为劳动竞赛的一个重要内容。在交接班时，凡设备保养不好的，工具、设备配件缺少或损坏的，工作地不整洁，有漏油、漏气、漏水、漏电等现象，以及原始记录资料不全、不准的可以不接，使广大邮政职工习惯于严格的交接班制度。

四、设备维修的组织形式

设备维修的组织形式一般有以下三种。

（一）集中维修

将全局的修理工作，集中由设备管理科负责。这种方式的优点是可以合理地集中使用维修力量，使维修人员专业化，有利于采用先进的修理工艺和配件的制造，提高维修质量。它的缺点是工作繁杂，容易因照顾不周而造成修理不及时。这种方法适用于业务量不大的中小型企业，此外对精、大、稀、关键设备也都采用集中修理。

（二）分散修理

设备管理科只负责制造配备件和某些零件的准备工作，其余各类维修工作（包括大修）以及执行检修计划等均由各生产部门维修组负责。这种方式的优点是把设备的使用和维修统一由生产部门管理，充分发挥各邮政部门对设备管理和维修的积极性，有利于解决生产和维修的矛盾。它的缺点是维修力量不能集中调度，维修人员忙闲不均，造成人力物力的浪费。这种方式只适用于设备数量多的邮件量大的大型企业。

（三）混合维修

设备的大修理和配备件的制造由设备管理科承担，三级保养由邮政各生产部门维修组和生产人员负责。这种方式是将难度和工作量大的大修理，以及其他宜于集中进行的工作由设备管理科承担，有利于提高大修理质量，缩短停机时间。将宜于群众性维护和生产部门维修的三级保养交给生产部门负责，加强了邮政各部门对设备维修的责任感，并可及时解决设备中存在的问题。这种方式国内外已广泛使用。

五、设备维修的方法

邮政通信设备的维修方法主要有 ABC 分类法、设备的点检工作法、设备精度指数的计算法、修理停机时间的缩短法、维修记录分析法、计划保修制法、维修工作区域分工负责制法等。下面将有所侧重地分别进行讨论。

（一）设备 ABC 分类法

对设备进行 ABC 分类，确定重点设备，突出重点设备的维修工作。其中 A 类设备为重点设备，指那些价格昂贵，出了故障对生产和安全会造成重大损失的关键设备，对这类设备往往采用预防维修制来进行修理；C 类设备指那些价格便宜，容易修理，利用率不高，出了故障不影响生产的一般设备，对这类设备一般采用事后维修的方法；介于 A、C 类之间的设备属于 B 类，对这类设备是采用预防维修还是事后维修，由企业根据具体情况而定。

（二）维修记录分析法

为了提高维修工作效率，必须做好各项维修记录。将这些记录整理后，绘制成各种图表，然后进行分析研究，从中找出规律，作为改进工作的指导。图 11-1 表示设备零部件动配合表面的正常磨损规律。

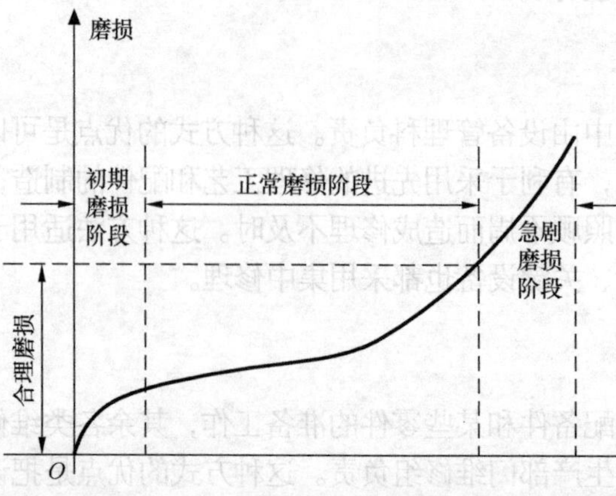

图 11-1 设备零部件动配合表面正常磨损示意图

由图 11-1 中可知，设备磨损大致经历三个阶段。

第一是初期磨损阶段，在这一阶段，主要是将配合表面上高低不平的“峰”以及氧化、脱炭层磨去。

第二是正常磨损阶段，磨损面趋向全面接触，磨损速度大大缓慢下来。

第三是急剧磨损阶段，这时零部件的配合面间隙变大，工作时松动，磨损速度急剧上升，配合精度迅速下降，直至损坏。

研究设备从开始使用到报废的整个时间内发生故障的情况，可得出图 11-2 的曲线。该曲线可分为以下三个时期。

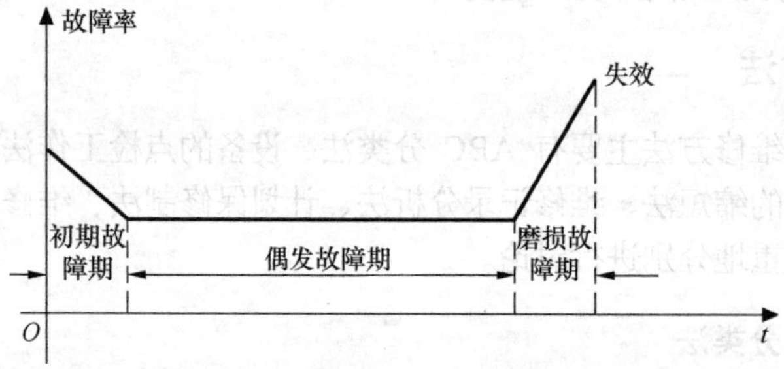

图 11-2 设备使用时间与发生故障关系曲线示意图

1．初期故障期

由图 11-2 的正常磨损曲线可知，新设备如无特殊原因，在这一时期不应发生故障。如发生故障，原因多数是设计、制造和装配中存在问题而产生的；如对电子设备来说，多数是由于元件中混入废次品造成的。处理的办法是将情况反馈到制造厂去，由生产厂家进行保修。

2．偶发故障期

从图 11-2 曲线可知，在正常磨损时期如使用维护恰当，这一时期磨损是不会严重的。

发生故障多数是由于操作人员失误所致。处理的办法是加强操作人员和维修工人的技术培训。

3. 磨损故障期

从图 11-2 曲线可知，设备在这一时期，零部件的动配合面已严重磨损，进入了劣化状态。处理的办法是，值得修理的就修理，否则就更新。同时尚须调查磨损原因，如发现寿命不正常，应加强设备的日常维护、检查和计划保修。

（三）计划保修制法

计划保修制法就是有计划地进行设备的三级保养和大修理等。三级保养就是日常维护保养、一级保养和二级保养。

1. 日常维护保养

日常维护保养按设备的使用要领书和维修保养标准进行。它的内容包括以下方面。

（1）操作工人的定机保养，也就是操作工人每天例行保养。它主要包括班前班后检查，擦拭设备各个部位和注油保养，使设备保持良好的润滑和清洁；注意设备运转情况，发现小故障时，及时排除，及时调整、固定松动机件，更换、补充缺损零件、附件和工具；检查设备中零件有无腐蚀、碰伤和漏油、漏气、漏电等情况，维护和保持设备良好的工作状态，并认真地做好交接班记录。

（2）专业维修人员巡回检查。经常巡回检查操作人员对设备使用是否合理，机器运转情况是否正常，督促操作工人完成保养任务，发现有违章操作的，应立即制止。发现小故障时，应协同操作工人一起调整和处理。

2. 一级保养

根据设备的磨损规律，按预先编订的计划进行。设备累计运转五百小时，一般要进行一次一级保养，停机时间为八小时。

一级保养是以操作工人为主，维修工人为辅，对设备进行局部解体检查。工作内容是：清洗所规定的部位；对箱式润滑系统进行换油，疏通油路，更换油线油毡；调整设备各部位配合间隙；固定松动零件；调整设备所有的操纵机构、挡铁、限位开关等，使之灵敏可靠。

3. 二级保养

以维修工人为主，操作工人参加，对设备进行部分解体检查和修理。工作内容有：更换或修复部分磨损件；局部修刮或填补划痕、擦研伤凹痕，使精度恢复；清洗润滑系统和换油，检查和修理电气系统等。

4. 大修理

由专职维修工人对设备进行全面彻底的检查和修理。其工作内容是：把机器全部解体，进行清洗，修理基准机件，更换和修复磨损的零件和部件（主要更换件达 30%以上），刮研全部刮研面，彻底消除缺陷，恢复设备原有精度、性能和效率，达到出厂标准要求。由于大修理需要较长的停机时间，所以事先要精心计划。

5．项目修理

根据设备的技术状态，对其中丧失精度的某些项目，进行恢复性、甚至提高性的改革修理，使设备合乎工艺要求。由于采用项目修理能节约人力、物力和维修费用，缩短修理停机时间，因此项目修理已经取代中修，在某种程度上可以代替大修。

为确保设备高效地正常运转，邮政部门要始终实行计划保修制。计划保修制法有三种不同做法。

1．检查后修理法

检查后修理法是事先规定设备的检查日期，然后根据检查结果以及过去修理的资料，再来确定修理的日期、内容和工作量，制定出修理计划。这种方法的优点是简单易行，制定出来的计划较合实际，所以已广泛用于很多企业。缺乏检修定额资料和检修经验的企业也都采用此法。它的缺点是修理的日期和内容要等检查后再决定，致使准备工作较仓促。

2．定期修理法

定期修理法主要是根据设备的修理定额资料，以及过去修理资料来确定修理的日期、内容和工作量，编制出修理计划。至于确切的修理日期、内容等，需经修理前检查之后作适当的调整。这种方法的优点是可以事先做好充分的准备工作，有利于采用先进修理工艺，减少停机时间，降低修理费用。它的缺点是修理日期和内容难以估算准确，往往会出现过早或过迟修理的现象。因此采用此法的企业，要充分掌握设备磨损规律，积累丰富的修理定额资料及有关修理资料。此外，尚须具备较高的修理业务组织水平。

3．标准修理法

标准修理法是根据设备零件的使用寿命，来确定修理的日期、内容和工作量，编制出修理计划，也即设备使用到规定期限后，不管性能如何，都须强制修理，强制更换零部件，并且按事先拟定的标准指示卡片进行修理。此法的优点是计划组织工作简单，可事先做好充分的准备工作，修理效率高，停机时间短，有效地保证设备的正常运转。缺点是往往过早更换零部件，造成浪费，提高修理费用。为了不致过早地更换零部件，需对零部件的磨损情况作深入的研究，并做大量的寿命试验。因此，这种方法的应用范围受到一定的限制，它主要应用于特别重要，一旦发生故障就会造成严重后果的关键设备，如处理邮件的动力设备和分拣邮件的自动生产线等。

第四节　设备的改造和更新

一、设备的改造

（一）设备改造的含义

设备的改造，主要是指对设备进行技术改造，以改善设备的性能和提高设备的生产效率。对设备进行改造，实质上是设备的局部更新，这是一种最快、最经济、最有效的提高邮政通信生产能力的方法。对现有设备的改造，是邮政企业“挖潜、革新、改造”工作的重要内容，也是提高邮政企业经济效益的重要途径。因此，邮政部门必须重视对现有生产设备的改造工作。

（二）设备改造的基本内容

设备的技术改造主要是结合邮政设备的大修理，有计划、有步骤地进行。邮件处理设备技术改造的内容如下。

（1）增加设备的功率或最大限度地利用现有设备的功率，如更换电机、动力扩容等。

（2）提高设备的传送速度及处理量，改善润滑和输送系统，如把有级变速改为无级变速等。

（3）提高设备的机械化和自动化水平，减少邮件装卸时间，提高邮件传递效率，如采用机电一体化技术、自动识别装置、自动程序控制装置以及检查工序的自动化等。

（4）提高设备的可靠性，如减少设备零部件的误动率等。

（5）为满足邮件处理新工艺的要求而改变设备结构，包括提高设备专业化程度和扩大使用范围。如把单向推挂输送流水设备改为双向推挂输送流水设备。

（6）为满足技术安全和劳动保护方面的要求而改变设备结构，如装置防护和安装自动保护装置等。

（三）设备改造应注意的问题

邮政部门在进行设备的技术改造时，必须注意以下几个问题。

（1）要采取慎重态度，经过反复试验；

（2）要从生产需要出发，从薄弱环节入手；

（3）要在原有设备的基础上进行技术改造；

（4）要在技术进步的基础上改造设备。

二、设备的更新

（一）设备更新的含义

设备的更新，主要是指用新的、效率更高的设备去更换已经陈旧的、不能继续使用的，或者可以使用，但在技术上不能保证质量，在经济上极不合理的设备。随着科学技术和经济的飞速发展，更新陈旧的设备，将加速经济建设的步伐，也是提高邮政通信生产能力的一个重要手段。

（二）设备更新应注意的问题

在进行设备更新时，邮政部门必须注意以下几个问题。

1．要讲求经济效果，做好经济分析和比较

通过对设备寿命的分析和计算，确定邮政设备的最佳更新周期。设备的寿命有自然寿命、技术寿命和经济寿命等三种。

（1）自然寿命或称使用寿命。这是指设备从投入使用到报废为止所经历的时间。邮政部门要掌握设备的磨损规律，做好设备的合理使用和维护修理工作，这样可以延长设备的自然寿命。此外，设备制造质量的提高，也可使设备的使用寿命延长。

（2）技术寿命。由于科学技术发展，不断出现在技术和经济上更先进合理的同类设备，这使现有设备在自然寿命尚未结束前就被淘汰，即出现了“精神磨损”。这种设备从投入使用到因“精神磨损”而最终被淘汰所经历的时间，叫做设备的技术寿命（或称有效寿命）。这个时间比自然寿命要短。科学技术发展越快，竞争越激烈，技术寿命便越短。

（3）经济寿命。这是指设备的使用后期，由于设备的老化，必须支出较多的维修费用来维持设备的寿命。花费过多的维修费用是不合算的，因而要考虑设备是否更新。这种由于维修费用过于昂贵而决定最终淘汰设备所经历的时间叫做设备的经济寿命。设备经济寿命的确定要经过严格的技术经济分析，通过设备经济寿命的计算，从而确定某种设备的最佳更新周期。

2．提高邮政通信的综合生产能力

提高邮政通信的综合生产能力必须根据可能条件，实事求是地有步骤、有重点地进行，特别要注意克服薄弱环节。要尽可能首先更新薄弱环节的陈旧设备，以保证生产的不断发展。

3．要注意改善邮政职工的劳动条件

要首先更新那些需要笨重体力劳动的设备，以保证不断减轻工人的劳动强度和提高劳动生产率。

4．要注意挖掘尚待更新的设备的现有效能

对于已经决定进行更新的设备，在更新以前，邮政部门应认真做好维护保养工作，合理使用，充分发挥其效能。对于更新下来的旧设备，应妥善保管，妥善处理。

（三）设备更新的基本原则

在进行设备更新时，邮政部门应遵循以下基本原则。

（1）全面规划，量力而行；

（2）讲究经济效益，局部服从全局利益；

（3）贯彻执行生产人员、技术人员、管理人员“三结合”的原则；

（4）邮政设备更新要同整个邮政企业的设备整顿改造相配套；

（5）要把技术上的先进性、生产上的适用性和经济上的合理性结合起来。

三、设备更新的决策

（一）设备更新决策的过程

设备更新的决策过程一般分为以下几个步骤。

（1）调查设备的运行状态；

（2）确定更新目标；

（3）综合分析；

（4）方案选择和比较；
（5）可行性研究；
（6）方案决策，确定最佳技术经济方案。

（二）设备更新决策的主要内容

设备更新的决策内容主要有以下几个方面。

1. 使用原有旧设备与购置新设备的决策

例 11-2：设某邮政设备原始价值为 10000 元，使用期 20 年，现已提取折旧金额 6000 元（为简化计算，设设备的残值和管理费用数值为零或者相等）。如果将这台设备转让给其他部门，可值 2000 元。假如买一台新设备，需支出 13000 元，使用期 10 年，由于新设备能够节省工时和动力，每年节省变动费用 2000 元。在这种情况下，邮政部门应该继续使用旧设备，还是应该购置新设备呢？

解：使用新设备节省变动费用为

$$2000 \times 10=20000\text{（元）}$$

更换旧设备的损失为

$$10000 - 2000 - 6000=2000\text{（元）}$$

使用新设备的利益为

$$20000 - 13000 - 2000=5000\text{（元）}$$

使用新设备每年节约额为

$$5000 \div 10=500\text{（元/年）}$$

根据计算结果，该邮政部门应该做出更换旧设备购置新设备的决策。

2. 设备经济寿命的决策

（1）求设备经济寿命的公式。生产设备在使用过程中会逐渐损耗，以致最后完全失去使用价值而报废。通常将设备可使用的时间称之为设备的寿命。设备在使用过程中会发生两种费用：一是折旧费用；一是维修保养费用。年折旧费用随着使用年限的增加而减少，而年维修保养费用随着使用年限的增加而增加。

设：N 为使用年限；N_0 为经济使用年限，即经济寿命；W 为每年以等值增加的维修保养费用；X 为年折旧费用；Y 为年维修保养费用；T 为设备的原始价值。

在采取简单折旧法时，年设备折旧费等于设备原始价值除以使用年限，即

$$X=\frac{T}{N} \qquad (11\text{-}4)$$

设备使用 N 年后，所需维修保养费用为 $W \times N$，由于启用及使用不久时的维修保养费用较低，而使用年久时的维修保养费较高，故此项费用应以计算平均值为宜，采取平均维修保养费用，即

$$Y=\frac{W \cdot N}{2} \qquad (11\text{-}5)$$

$$Z=X+Y\text{（}Z\text{ 为总费用）}$$

所以 $$Z=\frac{T}{N}+\frac{W\cdot N}{2} \tag{11-6}$$

当折旧费用等于维修保养费用时，总费用最低，即折旧费用曲线与维修保养费用曲线相交时，折旧维修保养总费用最低，如图 11-3 所示。

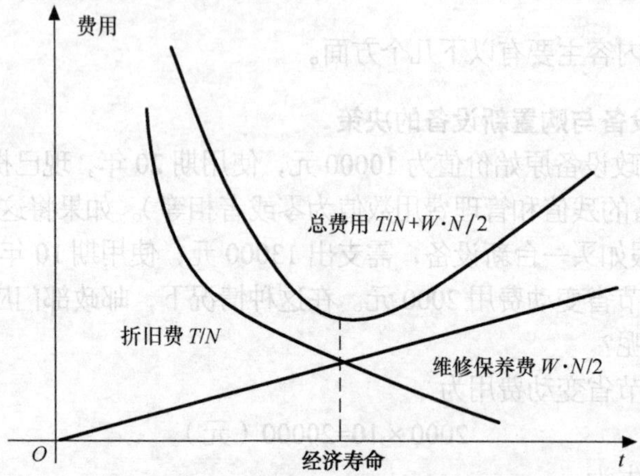

图 11-3　折旧费、保养费和总费用曲线图

根据 $$\frac{T}{N_0}=\frac{W\cdot N_0}{2}$$

得 $$N_0=\sqrt{\frac{2T}{W}}$$

这就是求设备经济寿命的公式。

（2）求设备经济寿命举例

例 11-3：某邮政设备的原始价值为 20000 元，每年以等值增加的维修保养费用为 800 元，试求该设备的经济寿命与最低总费用。

通常，计算设备的经济寿命主要有以下两种方法。

1．列表计算法

根据上述资料，计算出各年份的折旧费、维修保养费与总费用，如表 11-1 所示。

从表 11-1 中可以看出，当使用年限为 7 年时，其折旧与维修保养费用最低，此时费用为 5657 元。可见该设备使用 7 年最为经济合算。

2．公式计算法

根据计算经济寿命的公式，得经济寿命（年限）为

$$N_0=\sqrt{\frac{2T}{W}}=\sqrt{\frac{2\times 20000}{800}}=7.071\ （年）$$

根据最低总费用的公式得最低总费用为

$$Z=\frac{T}{N_0}+\frac{W\cdot N_0}{2}=\frac{20000}{7}+\frac{800\times 7}{2}=5657\ （元）$$

可见，列表计算法和公式计算法的计算结果是一致的。

表 11-1　　列表计算　　单位：元

使用年限	折旧费 $\frac{T}{N}$	维修保养费 $\frac{W \cdot N}{2}$	总费用 $\frac{T}{N}+\frac{W \cdot N}{2}$
1	20000	400	20400
2	10000	800	10800
3	6666	1200	7866
4	5000	1600	6600
5	4000	2000	6000
6	3333	2400	5733
7	2857	2800	5657
8	2500	3200	5700
9	2222	3600	5822
10	2000	4000	6000

该设备使用 7 年最为经济合算，此时总的年折旧费用与维修保养费用最低，为 5657 元。但如继续使用至第 8 年、第 9 年，其费用支出，所增无几，故 7~9 年均可视为经济寿命期。第 9 年以后可报废更新。

复习思考题

1. 解释概念

（1）邮政通信设备；（2）邮政通信设备管理；（3）设备自然寿命；（4）设备经济寿命；（5）设备技术寿命；（6）设备维修。

2. 问答题

（1）邮政通信设备管理工作的基本原则是什么？

（2）邮政通信设备管理工作的任务和基本内容是什么？

（3）在选购邮政通信设备时，如何进行经济评价？

（4）邮政通信设备主要有哪些维修方法？其中如何利用维修记录分析法对邮政通信设备进行维修？

（5）邮政企业如何对通信设备进行改造？

（6）邮政通信设备更新时的决策过程是什么？有哪些方法？

参 考 文 献

[1]吴象南，杨海荣．邮政通信组织管理．北京：人民邮电出版社，1991.

[2]范鹏飞．现代车间管理．北京：电子工业出版社，1991.

[3]魏允平，范鹏飞．现代班组管理．南京：南京出版社，1992.

[4]申振峰，杨海荣，唐占杰．邮政通信生产组织．北京：人民邮电出版社，1992.

[5]范鹏飞．邮政通信生产管理．北京：电子工业出版社，1992.

[6]范鹏飞．邮政通信发展对策．北京：科学技术文献出版社，1993.

[7]黄宪明，张关基．中国邮电百科全书·邮政卷．北京：人民邮电出版社，1994.

[8]顾联瑜，谭小为，杜应鑫，范鹏飞．邮政经营理论与实践．北京：科学技术文献出版社，1994.

[9]曹庆丰，范鹏飞．市场营销学．北京：警官教育出版社，1994.

[10] 范鹏飞．现代管理科学基础．北京：中国人事出版社，1994.

[11] 范鹏飞．邮政经营．北京：科学技术文献出版社，1995.

[12] 杨海荣，顾联瑜，焦铮．邮政通信网组织与管理．北京：人民邮电出版社，1996.

[13] 申振峰．邮政生产组织学．西安：陕西科学技术出版社，1998.

[14] 杨海荣，申振峰．邮政通信组织与管理．北京：人民邮电出版社，1998.

[15] 范鹏飞，谭小为．邮政营销．北京：中国科学技术出版社，1998.

[16] 范鹏飞．邮政企业集约化经营及其仿真．北京：中国科学技术出版社，1999.

[17] 苑春荟．邮政管理．北京：中国人民大学出版社，1999.

[18] 杨海荣．邮政实物传递网．北京：北京邮电大学出版社，2000.

[19] 苑春荟．邮政运作管理．北京：北京邮电大学出版社，2000.

[20] 杨海荣．通信企业生产运作管理．北京：人民邮电出版社，2002.

[21] 范鹏飞，邢军．网络邮政．北京：中国科学技术出版社，2002.

[22] 范鹏飞，吴祖讲．邮政职工修养．北京：中国科学技术出版社，2003.

[23] 顾联瑜．中国邮政改革与发展研究．北京：人民出版社，2004.

[24] 范鹏飞，陈志琳，王明华．现代通信企业策划．北京：中国科学技术出版社，2004.

[25] 杨海荣．邮政概论（第二版）．北京：北京邮电大学出版社，2005.

[26] 《交通大辞典》编辑委员会．交通大辞典．上海：上海交通大学出版社，2005.

[27] 范鹏飞，刘铭，张士彬．通信企业采购管理．北京：中央文献出版社，2006.

[28] 范鹏飞，邢军．通信企业管理艺术．北京：中央文献出版社，2006.

[29] 范鹏飞，陈志琳．通信企业危机管理．北京：中国出版集团现代教育出版社，2006.

[30] 王为民．邮政通信组织管理．北京：北京邮电大学出版社，2008.

[31] 中国邮政集团公司．邮政企业普法教材（二）．北京：中国法制出版社，2009.

[32] 范鹏飞，邢军．中国邮政发展方略．北京：中央文献出版社，2009.

[33] 范鹏飞，陈志琳．精益物流．北京：中央文献出版社，2009.

[34] 范鹏飞，吴铮．中国邮政储蓄银行发展对策．北京：光明日报出版社，2009.

[35] 黄和生．中国通信图史．广州：南方日报出版社，2009.
[36] 王为民．邮政基础管理实务．北京：北京邮电大学出版社，2010.
[37] 范鹏飞．范鹏飞文集．北京：中国社会出版社，2010.
[38] 范鹏飞，周南平．落实科学发展观 推进邮政大发展．北京：光明日报出版社，2010.
[39] 范鹏飞，邢军，金自强．邮政企业精细化管理．北京：光明日报出版社，2011.